学ぶ人は、変えてゆく人だ。

目の前にある問題はもちろん、

人生の問いや、

社会の課題を自ら見つけ、

挑み続けるために、人は学ぶ。

「学び」で、

少しずつ世界は変えてゆける。

いつでも、どこでも、誰でも、

学ぶことができる世の中へ。

旺文社

世界史
基礎問題精講

沼田 英之 著

Basic Exercises in World History

旺文社

編集担当：上原 英
装丁デザイン：イイタカデザイン
本文図版：株式会社ユニックス
編集協力：青柳幸那（株式会社友人社）
本文デザイン：内津 剛（及川真咲デザイン事務所）

はじめに

本書は，大学入試の基礎体力をつけるための問題集です。入試問題から，近年の出題傾向にあった良問を厳選しました。

空欄補充形式が多い基礎レベル問題では，解答となる歴史用語を問題文中の空欄に当てはめて読み込むことで各テーマの全体像をイメージすることができ，続いて得点力アップをめざした実戦レベル問題を演習することで，正解にアプローチする上で必要な応用力を身につけることができます。また，解説では，設問で問われた歴史用語に関連する知識もカバーできるよう工夫し，「精講」「この用語もおさえる！」「整理の視点」などと合わせて学習することで，テーマごとの基本事項を全体的に確認できるよう配慮されています。

本書は，習得した世界史の知識を問題演習によって実戦的に鍛え上げる，そのスタートにもっともふさわしい問題集といえるでしょう。この問題集が皆さんの大学合格の一助となることを心から願っています。

最後に，この価値ある問題集をつくる機会を与えてくださった旺文社担当の上原さん，原稿を隅々までチェックしてくださった河合塾世界史科の佐々木尊雪先生，その他，お手伝いいただいたすべての方々に，この場を借りて心からお礼を申し上げます。

沼田英之

本書の構成

本書は，大学入試の基礎体力をつけるための問題集です。

これから世界史の入試勉強を始める人から難関レベルの問題に挑戦したい人まで，確かな「入試基礎力・解答力」を身につけることができます。

厳選された40テーマ

厳選され，かつ取り組みやすいテーマ数で構成しています。

1日1テーマ取り組めば，全40日で世界史のほぼ全範囲の学習が可能です。目標に合わせて，取り組みやすいペースで学習を進めてください。

段階的に学習できる2ステップの問題構成

1テーマを2ステップに分け，STEP 1 基本レベル STEP 2 実戦レベル の2レベル構成にしています。2レベルの問題を段階的に学習することで，入試に必要な基礎力・解答力を身につけることができます。

STEP 1 基本レベル

◆各テーマのもっとも基本的な内容で構成

◆用語の空欄補充問題など，やさしい問題形式が中心

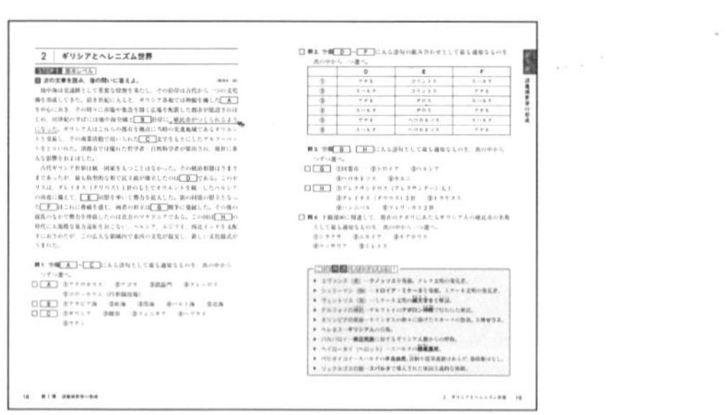

STEP 2 実戦レベル

◆各テーマの発展的な内容で構成

◆正誤問題や文章の選択問題など，解きごたえのある問題形式が中心

◆ STEP 1 より文章量もアップ

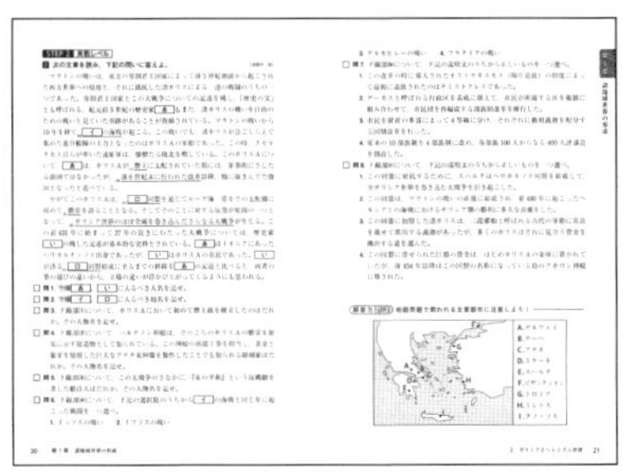

この用語もおさえる！　各テーマで，さらに覚えておくべき用語・合否ラインの用語などを整理して掲載しています。

整理の視点　各テーマの重要事項を，テーマ特有の観点と結びつけて効果的に整理しています。

解答力UP！　入試問題の実戦的な解答テクニック，押さえておきたい観点などを紹介しています。

知識を定着させ，理解を深める解説・精講

基本事項をていねいに確認できる解説に加え，入試で差がつく知識などを整理した 精講 を掲載しています。最重要用語は赤太字，次に重要な用語は黒太字，重要な説明部分には波線を引いています。

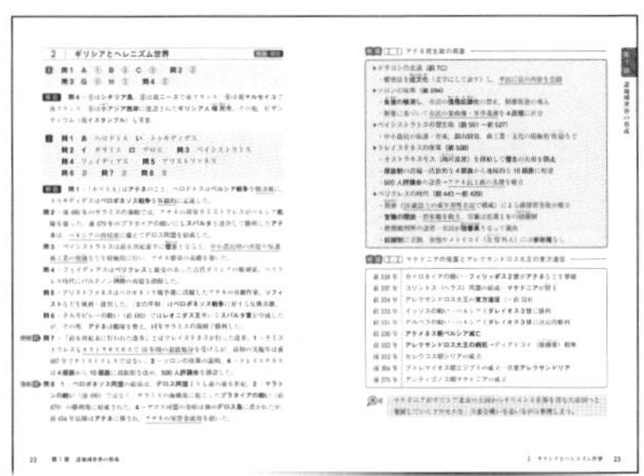

焦点　押さえておきたい観点，著者からのアドバイスなどを掲載しています。

やや難・難　掲載された問題の中でも難しめの問題・難しい問題につけています。

本書の特長

『世界史　基礎問題精講』は，実戦形式で問題を解きながら，「入試基礎力・解答力」を身につけることができる問題集です。

入試問題を読んで答えを導き出す力が身につくように，本書には以下のような特長をもたせています。

「基礎問」で入試の基礎力が身につく！

大学入試に必要な基礎力が身につく問題（＝基礎問）を，STEP 1 基本レベル STEP 2 実戦レベル としてレベル別に 40 テーマ分選定しました。

実際の入試問題に挑戦しながら，標準～難関レベル入試頻出の知識を押さえることができます。

さまざまな「問題形式」に対応できる力がつく！

入試の**「問題形式」**に着目し，STEP 1 ではやさしい形式（用語の空欄補充問題など），STEP 2 では解きごたえのある形式（正誤問題や文章の選択問題など）を採用しています。

知識は，単に覚えただけでは得点になりません。入試の問題形式に合わせて解答できることが必要であり，この問題形式によって難易度も変化します。

本書では，基本的な形式から解きごたえのある形式まで，段階的にトレーニングできるよう問題を選定しています。

難関校入試で解答できる「読解体力」がつく！

難関校入試では，試験時間内に設問文や多くの選択肢を読みこなす**「読解体力」**が求められます。加えて，さまざまな形式の問題にも対応できなければなりません。

そのため，STEP 1 よりも STEP 2 では設問文や選択肢の文章をボリュームアップし，問題形式のバリエーションも増加するように問題を設定しています。

STEP 1 ⇒ STEP 2 と段階的に取り組むことによって，標準～難関レベルの入試問題に対応できる読解体力が身についていきます。

本書を使い，入試に必要な**「基礎力」**と**「解答力」**（＝「問題形式への対応力」「読解体力」）を身につけてください。

本書の使い方

1．STEP 1 に取り組む！

まず，各テーマの基本的な内容を押さえた STEP 1 に取り組みましょう。

解き終えたら答え合わせをし，理解できた問題には ☑ をつけ，できなかった問題はできるようになるまで何度もくり返し挑戦してください。

小問ごとに □（＝チェックボックス）がついています。

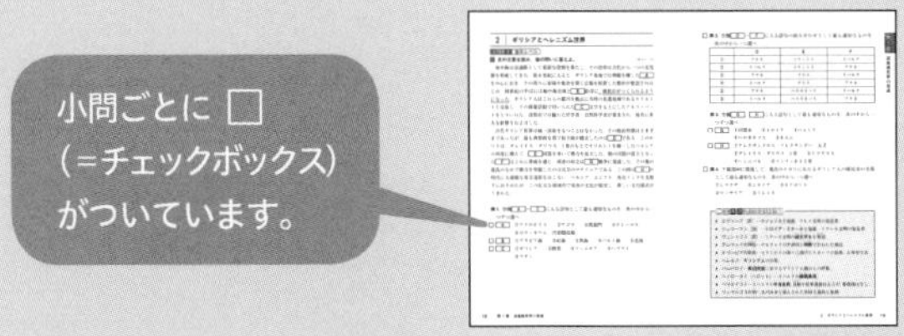

この用語もおさえる！や 整理の視点，解答力 UP! を読み，不足している知識を補うことも大切です。

2．STEP 2 に取り組む！

次に，各テーマの発展的な内容の STEP 2 に取り組みましょう。

解きごたえのある問題がそろっていますので，一度で終わらせるのではなく，何度もくり返し臨んでください。

STEP 1 からいきなりレベルを上げるのが不安な人は，先に全 40 テーマの STEP 1 に取り組み，その後に STEP 2 に挑戦しても OK です。

3．解説・精講を読み込む！

解説には，解答に関する基本的な事項だけでなく，解答の周辺事項などについて説明を加えているものもあり，用語と用語のつながりを再確認できます。

精講 では，入試で差がつく知識や，合否の分かれ目となる内容などを掲載しており，難関レベルまでの知識を押さえることができます。

熟読し，入試に必要な知識をしっかりと身につけましょう。

4．時間をおいて何度も解く！

一回解いて満足するのではなく，全問できるようになるまで，何度もくり返し挑戦しましょう。

本書には，入試に必要な知識が詰まっています。書いてある内容が完全に理解できるまでくり返し，確かな「基礎力」「解答力」を身につけてください。

もくじ

第3章 一体化へ進む世界と反動

第4章 地球世界の形成と混迷

※本書で使用している入試問題は，原典の様式を尊重して掲載していますが，一部の問題のみを抜き出す，解答を補うなどの改題を適宜行っています。また編集上の都合により，設問文や問題番号，用語の表記などは，本書内で統一している箇所もあります。

第1章 諸地域世界の形成

1 古代オリエント世界・古代イラン

STEP 1 基本レベル

□ 1A 次の文章の［　　］に入る最も適当な語句を下記の語群から選べ。(駒澤大・改)

ティグリス川とユーフラテス川を代表とした大河流域に形成された沖積平野において，最初の都市国家の担い手は，しばしば民族系統不明とされている［1］であった。［1］は楔形文字を用いて経済文書や英雄伝説などを記した。現存する世界最古の文学作品とされるウルクの王の冒険譚を描いた［2］は，後の時代に『旧約聖書』に影響を与えたことでも良く知られている。［1］に始まり，バビロニアで確立した［3］の風習は，ユダヤ教やキリスト教の伝統の中で制度化された。

［1］の都市国家は，紀元前三千年紀半ばに［4］の王サルゴン1世によって征服された。メソポタミアにおいて最初の統一国家を樹立した［4］ではあったが，異民族の侵入によって滅んだと考えられている。続いてメソポタミアにおける覇権を掌握したのは，ユーフラテス河中流を拠点にバビロン第1王朝を建てた［5］であった。同王国第6代目の王ハンムラビは，商業発展のため運河などの交通網の整備を行ない，「目には目を，歯には歯を」で知られた［6］で有名なハンムラビ法典を制定した。ハンムラビ王の時代に栄えたバビロン第1王朝ではあったが，早くから鉄器を本格的に使用していた［7］によって滅ぼされた。ボアズキョイに都を定めた［7］はシリアをめぐって，幾度か北アフリカの強国［8］と対立したが，紀元前12世紀に東地中海で猛威をふるった［9］の来襲と内紛によって滅亡したと考えられている。［8］は［9］による侵入を水際で阻止した。北アフリカ地域はその後も［8］を中心として周辺諸地域に影響力を持ち続けたが，アッシュル＝バニパル王率いる［10］，そして続くカンビュセス2世（ダレイオス1世の先王）の［11］による支配を受け徐々に衰退していった。［11］は地方行政の長として［12］を配置し，「王の目」「王の耳」と呼ばれた行政官を用いてエーゲ海からインダス川にまで至る広大な地域を支配した。

〔語群〕 **あ**．シュメール人　**い**．エジプト　**う**．アッシリア
え．死者の書　**お**．乾地農法　**か**．ギリシア人　**き**．「川の間の土地」
く．灌漑農業　**け**．マケドニア　**こ**．ギリシア神話　**さ**．選民思想
し．アムル人　**す**．「エジプトはナイルのたまもの」　**せ**．火葬

そ．スパルタ　た．ヒッタイト人　ち．復讐法　つ．アッカド人
て．「肥沃な三日月地帯」　と．ササン朝　な．エトルリア人
に．略奪農法　ぬ．1週7日制　ね．サトラップ　の．ヴァイキング
は．コンスル　ひ．カッシート人　ふ．ディクタトル
へ．アケメネス朝　ほ．海の民　ま．ギルガメシュ叙事詩　み．フルリ人

1B 次の文章を読んで，下記の問いに答えよ。 （青山学院大・改）

エジプトでは前3000年ごろに統一王国が成立している。古王国時代になると王権が強化される。この時代の首都は（　a　）であった。巨大なピラミッドが盛んに建造されたが，最大のものは第（　b　）王朝のクフ王のピラミッドである。しかし，しだいに各地の知事が独立して強大になり，王権は弱体化する。再統一が実現し，（　c　）を首都とする中王国時代が始まるのは前2050年ごろのことである。

中王国が衰えた後の前18世紀末に（　d　）と呼ばれる民が，シリア方面から侵入し，前17世紀には第15王朝としてデルタ地帯を支配した。前16世紀にこれを追い出して成立した[e]新王国は，これまでとは異なり，盛んにシリアに遠征する。こうして当時の強国，エジプト，ヒッタイト，カッシート，ミタンニがシリアで戦いを展開することになった。ラメス2世がヒッタイトと戦った（　f　）の戦いは特に有名である。ところが，前13世紀末に突然，「海の民」が出現し，エジプトを弱体化させ，ヒッタイトを滅ぼしてしまう。オリエントを統一する世界帝国が出現するのは前1000年紀に入ってからなのである。

□ **問1.**（　a　）に入る都市名として適切なのはどれか，①～④から一つ選べ。
①テーベ　②ギザ　③メンフィス　④アレクサンドリア

□ **問2.**（　b　）に入る数字として適切なのはどれか，①～④から一つ選べ。
①3　②4　③5　④6

□ **問3.**（　c　）に入る都市名として適切なのはどれか，①～④から一つ選べ。
①テーベ　②ギザ　③メンフィス　④アレクサンドリア

□ **問4.**（　d　）に入る語として適切なのはどれか，①～④から一つ選べ。
①シュードラ　②コロヌス　③ウガリット　④ヒクソス

□ **問5.** 下線eの新王国の王で，アマルナに都を移したのはどの王か，①～④から一つ選べ。
①アメンホテプ4世　②ツタンカーメン　③ダヴィデ　④ダレイオス1世

□ **問6.**（　f　）に入る戦いとして適切なのはどれか，①～④から一つ選べ。
①ニハーヴァンド　②カデシュ　③イプソス　④アルベラ

STEP 2 実戦レベル

2 次の文章を読み，下記の問に答えよ。 (明治大・改)

紀元前6世紀半ば頃にイラン地域におこったアケメネス朝は古代オリエントを統一し，最盛期には西はエジプト・エーゲ海北岸から東はインダス川にいたる地域を支配下に置いた。㋐王国の絶頂期はダレイオス1世の時代であり，ダレイオス1世は，各州にサトラップ（知事）を置いて全国を統治し，同時に「王の目」・「王の耳」を巡回させ，サトラップを監察して中央集権化を図った。さらに「王の道」と呼ばれる国道を建設し，駅伝制を構築した。その後ダレイオス1世は，アケメネス朝の支配に対して［ ① ］を中心とするイオニア地方のギリシア人植民市が起こした反乱を鎮圧した。それをきっかけとしてペルシア戦争に突入し，アケメネス朝はギリシアに敗北した。そしてアケメネス朝は，ダレイオス3世の時代にマケドニアのアレクサンドロス大王によって滅ぼされた。

アレクサンドロス大王の没後，大王の遺領は［ ② ］（後継者）と呼ばれる部下の将軍たちによって争われ，イラン地域はギリシア系のセレウコス朝によって統治されたが，アム川上流のギリシア人が独立してバクトリアを建国し，㋑さらに東方に進出して領土を拡大していった。一方，遊牧イラン人の族長であったアルサケスは，カスピ海東南部にパルティアを建国した。パルティアは，紀元前2世紀半ばにメソポタミアを併合し，［ ③ ］に都を置き繁栄した。

3世紀前半にパルティアを倒して建国したのが，農業に基礎を置くイラン人のササン朝である。ササン朝は，西方で国境を接するローマ帝国と軍事的衝突が生じていたが，3世紀半ば頃にシャープール1世がシリアに侵入してローマ軍を撃破し，ローマ皇帝の［ ④ ］を捕虜としたこともあった。その後も，5世紀後半には中央アジアの遊牧民のエフタルの侵入をうけたが，ホスロー1世の時代にトルコ系遊牧民の突厥と結んでエフタルを滅ぼし，ビザンツ帝国のユスティニアヌス1世との戦いも優位に進め，和平を結んだ。しかしホスロー1世没後は衰退し，7世紀半ばにイスラーム勢力によって滅ぼされた。

これらの諸王朝では，領土内の諸民族の文化の融合が行われた。特に宗教に関して，アケメネス朝ではゾロアスター教が広く信仰され，ササン朝の時代にゾロアスター教の教典である『［ ⑤ ］』が編集された。また3世紀には，マニによってゾロアスター教や仏教・キリスト教を融合させた宗教（マニ教）がおこった。マニ教は国内では異端とされ弾圧されたが，北アフリカや中央アジアなどにひろまった。

さらにこれらの王朝では，建築・工芸が大いに発達し，たとえばササン朝で製作された銀器・ガラス器・毛織物・彩釉陶器の技術や様式は，西は地中海世界まで，東は南北朝・隋唐時代の中国を経て，㋒飛鳥・奈良時代の日本にまで伝えられた。

□ **問 1.** 文中の空欄①～⑤のそれぞれにもっとも適切と思われる語句を記入せよ。

問 2. 文中の下線部㋐～㋒に関して，下記の問(ア)～(ウ)に答えよ。

□ (ア)　下線部㋐に関して，現在のイランのケルマーンシャー州にある巨大な磨崖碑に刻まれた碑文で，ダレイオス1世が自らの即位の経緯を記録したものは，何と呼ばれているか。

□ (イ)　下線部㋑に関して，バクトリアからギリシア人勢力が西北インドに進出してヘレニズム文化をもたらしたが，その後，西北インドに成立したクシャーナ朝のカニシカ王の時代に，ヘレニズム文化と仏教文化が融合した。そこではギリシア彫刻の技法を取り入れた仏像などの仏教美術が有名である。このような仏教美術の中心となった西北インド地域は，何と呼ばれているか。

□ (ウ)　下線部㋒に関して，飛鳥・奈良時代に日本に伝わってきたものとして，法隆寺の獅子狩文錦と正倉院の漆胡瓶が有名であるが，同じく正倉院に所蔵されている，ササン朝において製作されたとされるガラス製碗は何と呼ばれているか。

解答力UP! 地図問題で問われる主要都市に注意しよう！

1 | 古代オリエント世界・古代イラン　解答・解説

1A 1 あ　2 ま　3 ぬ　4 つ　5 し　6 ち　7 た　8 い
9 ほ　10 う　11 へ　12 ね

1B 問1 ③　問2 ②　問3 ①　問4 ④　問5 ①　問6 ②

解説 **1B** **問1** −テーベは**中王国・新王国**の首都。カイロ近郊の**ギザ**にはクフ王などのピラミッドやスフィンクスが造営された。**アレクサンドリア**はプトレマイオス朝の首都で，**ムセイオン**（王立研究所）などが創建された。

問4 −**シュードラ**は古代インドの**ヴァルナ制**では最下層にあたる隷属民階層。**コロヌス**はローマ時代の**小作人**。ウガリットはフェニキア人がシリアに建設した都市国家。

問5 −アメンホテプ４世（イクナートン）の下では，自由で写実的な造形美術を特色とするアマルナ美術が発達した。**ツタンカーメン**はアメンホテプ４世の次王で，アメンホテプ４世の始めたアトンの唯一神信仰を，アモン＝ラーの多神教に戻した。

問6 −**ニハーヴァンドの戦い**は642年にイスラーム勢力がササン朝を破った戦い。**イプソスの戦い**は前301年に起こったディアドコイ（後継者）戦争中の最後の決戦。アルベラの戦いは**アレクサンドロス大王**が前331年に**アケメネス朝**のダレイオス３世を破った戦い。

2 **問1** ① ミレトス　② ディアドコイ　③ クテシフォン
④ ウァレリアヌス　⑤ アヴェスター
問2 (ア) ベヒストゥーン碑文　(イ) ガンダーラ地方　(ウ) 白瑠璃碗

解説 **問1** ①−アケメネス朝に対する**ミレトス**の反乱を**アテネ**が支援したことがペルシア戦争（前500～前449）につながった。②−ディアドコイ戦争の結果，アレクサンドロス大王の遺領は**プトレマイオス朝エジプト**，**セレウコス朝シリア**，**アンティゴノス朝マケドニア**などに分裂した。③−クテシフォンはパルティア王ミトラダテス１世が建設した軍事都市で，**パルティア**や**ササン朝**の首都となった。④−ウァレリアヌスはローマの軍人皇帝の一人。この時の戦いは**エデッサの戦い**（260）と呼ばれる。⑤−ゾロアスター教は，善悪二元論や最後の審判を特徴とする**イラン**の民族宗教。**光明神・善神**はアフラ＝マズダ，**暗黒神・悪神**はアーリマンと呼ばれ，中国では祆教の名で知られた。

問2 (ア)−**ベヒストゥーン碑文**を手がかりに，イギリス人学者**ローリンソン**が楔形文字（シュメール人が考案した**粘土板**などに記す文字）の解読に成功した。エジプトの神聖文字（ヒエログリフ）は，ロゼッタ＝ストーンを手がかりに，フランス人学者シャンポリオンが解読した。

(イ)－クシャーナ朝の**カニシカ王**は，ガンダーラ地方にある**プルシャプラ**に首都を置き，**大乗仏教**などを保護した。

や 難 (ウ)－ササン朝美術は，**イラン**の伝統的技法にギリシアやインドなどの要素を融合した美術様式。その影響を受けた代表的な美術工芸品が，**法隆寺**（飛鳥時代）の**獅子狩文錦**，**正倉院**（奈良時代）の**漆胡瓶**と**白瑠璃碗**である。

精講 1-1 ヘブライ人の歴史

前 15 C　カナーン（パレスチナ）に定住

・一部はさらに**エジプト（新王国）**に移動

前 13 C「出エジプト」

・預言者モーセの指導，途中の**シナイ山**で神から**十戒**を授かる

・唯一神ヤハウェ（ヤーヴェ）の**一神教**が成立

・パレスチナ帰還→**ペリシテ人**との抗争から国家建設に着手

前 11 C　**統一王国**の建設（前 1000 頃）

・ダヴィデ王（2代）…**イェルサレム**を首都とする

・ソロモン王（3代）…**最盛期**，首都にヤハウェ神殿を造営

前 922　**南北分裂**（ソロモン王の死後）

・イスラエル王国（北）→**アッシリア**により滅亡（前 722）

・ユダ王国（南）→**新バビロニア（カルデア）**により滅亡（前 586）

前 586　バビロン捕囚（～前 538）

・ネブカドネザル２世が**ユダ王国**の住民をバビロンに強制連行

・キュロス２世（アケメネス朝）による解放（前 538）

前 538　イェルサレムの**ヤハウェ神殿**を再建→**ユダヤ教**の成立

焦点　古代オリエント世界のなかで頻出の「ヘブライ人の歴史」については，ヘブライ人の民族的苦難を中心にユダヤ教が成立するプロセスをよく見ておこう。

精講 1-2 アケメネス朝ペルシアの国王と事績

キュロス2世	アケメネス朝を創始した初代国王。スサに首都を置き，**メディア・リディア・新バビロニア（カルデア）**を征服。
カンビュセス2世	第2代の王。前525年にエジプトを征服して**オリエント統一**を達成。
ダレイオス1世	アケメネス朝**最盛期**の王。新都ペルセポリスを造営。各地の州にサトラップ（**知事**）を置き，「王の目」「王の耳」を派遣して監視する中央集権体制を確立。「王の道」と呼ばれる幹線道路上に**駅伝制**（えきでんせい）を整備し，**度量衡**（どりょうこう）**の統一**も実施。対外的にはペルシア戦争を始めた。
ダレイオス3世	アケメネス朝**最後**の王。**アレクサンドロス大王**にイッソスの戦い（前333），アルベラの戦い（前331）で敗北。部下に暗殺される（前330）。

精講 1-3 パルティア・ササン朝ペルシアの国王と事績

アルサケス	**パルティア**の初代国王（アルサケス朝）。中国名である安息（あんそく）の名の由来。
アルダシール1世	**ササン朝**の初代国王。**ゾロアスター教の国教化**。
シャープール1世	**ササン朝**第2代の王。エデッサの戦い（260）でローマ皇帝ウァレリアヌスを捕虜（ほりょ）とし，東方（とうほう）では西北インドのクシャーナ朝を攻撃。
ホスロー1世	**ササン朝最盛期**の王。ビザンツ皇帝ユスティニアヌス1世と抗争し，中央アジアでは**突厥**（とっけつ）と同盟してエフタルを滅ぼす。

精講 1-4 その他の基礎用語

▶エジプト編

・ヘロドトス…「エジプトはナイルのたまもの」の言葉を残したギリシアの歴史家。

・ノモス…上(かみ)エジプト・下(しも)エジプトに複数あった集落・行政単位。

・十進法・太陽暦(たいようれき)・測地術…**エジプト**の記数法・暦・計測技術。

▶メソポタミア編

・ウル・ウルク・ラガシュ…シュメール人の都市国家。

・ジッグラト（聖塔(せいとう)）…メソポタミアで建設された神殿(しんでん)を頂く建造物。

・六十進法・占星術(せんせいじゅつ)・太陰暦(たいいんれき)・１週７日制…**メソポタミア**の記数法・暦・風習。

・アラム人…セム語系民族。**ダマスクス**を拠点に内陸中継(ちゅうけい)貿易で活躍。**アラム文字**を考案し，**ソグド文字**など中央アジア諸文字の母体となる。

・フェニキア人…セム語系民族。**シドン・ティルス**を拠点に地中海貿易で活躍。**フェニキア文字**を考案し，ギリシア人に伝えられて**アルファベット**の母体となる。北アフリカに**カルタゴ**を建設（ティルスの植民市(しょくみんし)）。

・アッシュルバニパル…アッシリア最盛期の国王。**ニネヴェ**に図書館を建設。

・リディア（リュディア）…アッシリア滅亡後の**アナトリア**（小(しょう)アジア）を支配。首都サルデス。世界最古の**金属貨幣(かへい)**を使用。

2 ギリシアとヘレニズム世界

STEP 1 基本レベル

1 次の文章を読み，後の問いに答えよ。 (東洋大・改)

地中海は交通路として重要な役割を果たし，その沿岸は古代から一つの文化圏を形成してきた。前8世紀に入ると，ギリシア各地では神殿を擁した[A]を中心におき，その周りに市場や集会を開く広場を配置した都市が建設されはじめ，同世紀の半ばには地中海全域と[B]沿岸に(a)植民市がつくられるようになった。ギリシア人はこれらの都市を拠点に当時の先進地域であるオリエントと交易し，その商業活動で用いられた[C]文字をもとにしたアルファベットをとりいれた。諸都市では優れた哲学者・自然科学者が輩出され，後世に多大な影響をおよぼした。

古代ギリシア世界は統一国家をもつことはなかった。その統治形態はさまざまであったが，最も典型的な形で民主政が確立したのは[D]である。このポリスは，ダレイオス（ダリウス）1世のもとでオリエントを統一したペルシアの再攻に備えて，[E]同盟を率いて勢力を拡大した。別の同盟の盟主となった[F]はこれに脅威を感じ，両者の対立は[G]戦争に発展した。その後の混乱のなかで勢力を伸張したのは北方のマケドニアである。この国は[H]の時代に大規模な東方遠征をおこない，ペルシア，エジプト，西北インドを支配下におさめたが，この広大な領域内で東西の文化が混交し，新しい文化様式がうまれた。

問1. 空欄[A]～[C]に入る語句として最も適切なものを，次の中から一つずつ選べ。

□ [A] ①アクロポリス　②アゴラ　③凱旋門　④クレーロス　⑤コロッセウム（円形闘技場）

□ [B] ①アラビア海　②紅海　③黒海　④バルト海　⑤北海

□ [C] ①ギリシア　②楔形　③フェニキア　④ヘブライ　⑤ラテン

□ **問 2.** 空欄 D ～ F に入る語句の組み合わせとして最も適切なものを，次の中から一つ選べ。

	D	E	F
①	アテネ	コリントス	スパルタ
②	スパルタ	コリントス	アテネ
③	アテネ	デロス	スパルタ
④	スパルタ	デロス	アテネ
⑤	アテネ	ペロポネソス	スパルタ
⑥	スパルタ	ペロポネソス	アテネ

問 3. 空欄 G ， H に入る語句として最も適切なものを，次の中から一つずつ選べ。

□ G ①同盟市　②トロイア　③ペルシア
④ペロポネソス　⑤ポエニ

□ H ①アレクサンドロス（アレクサンダー）大王
②ダレイオス（ダリウス）3世　③トラヤヌス
④ハンニバル　⑤フィリッポス2世

□ **問 4.** 下線部(a)に関連して，現在のナポリにあたるギリシア人の植民市の名称として最も適切なものを，次の中から一つ選べ。
①シラクサ　②ニカイア　③ネアポリス
④マッサリア　⑤ミレトス

この用語もおさえる!

- エヴァンズ（英）…**クノッソス**を発掘。クレタ文明の発見者。
- シュリーマン（独）…**トロイア・ミケーネ**を発掘。ミケーネ文明の発見者。
- ヴェントリス（英）…ミケーネ文明の**線文字B**(せんもじ)を解読(かいどく)。
- デルフォイの神託(しんたく)…デルフォイの**アポロン神殿**(しんでん)で行われた神託。
- オリンピアの祭典…オリンポスの神々に捧げたスポーツの祭典。主神**ゼウス**。
- ヘレネス…**ギリシア人**の自称。
- バルバロイ…**周辺民族**に対するギリシア人側からの呼称。
- ヘイロータイ（ヘロット）…スパルタの**隷属農民**(れいぞく)。
- ペリオイコイ…スパルタの**半自由民**。貢納(こうのう)や従軍義務はあるが，参政権はなし。
- リュクルゴスの制…**スパルタ**で導入された軍国主義的な体制。

STEP 2 実戦レベル

2 次の文章を読み，下記の問いに答えよ。 (法政大・改)

マラトンの戦いは，東方の専制君主国家によって前5世紀初頭から起こされた西方世界への侵攻と，それに抵抗した諸ポリスによる一連の戦闘のうちの一つであった。専制君主国家とこの大戦争についての記述を残し，「歴史の父」とも呼ばれる，紀元前5世紀の歴史家［あ］もまた，諸ポリスの戦いを自由のための戦いと見ていた形跡があることが指摘されている。マラトンの戦いから10年を経て(a)［イ］の海戦が起こる。この戦いでも，諸ポリスが急ごしらえで集めた連合艦隊の主力となったのはポリスAの軍船であった。この時，クセルクセス自らが率いた遠征軍は，惨憺たる敗北を喫している。このポリスAについて，［あ］は，ポリスAが(1)僭主に支配されていた間には，軍事的にさしたる強国ではなかったが，(b)前6世紀末に行われた改革以降，他に抜きんでた強国となったと述べている。

やがてこのポリスAは，(c)［ロ］同盟を通じてエーゲ海一帯をその支配圏に収めて(2)繁栄を誇ることとなる。そしてそのことに対する反発が原因の一つとなって，(3)ギリシア世界のほぼ全域を巻き込んださらなる大戦争が生じる。この前431年に始まって27年の長きにわたった大戦争については，歴史家［い］の残した記述が基本的な史料とされている。［あ］はイオニアにあったハリカルナッソス出身であったが，［い］はポリスAの市民であった。［い］が語る(c)［ロ］同盟結成に至るまでの経緯を［あ］の記述と比べると，両者の筆の運びの違いから，立場の違いが浮かび上がってくるようにも思われる。

□ **問1.** 空欄［あ］，［い］に入るべき人名を記せ。

□ **問2.** 空欄［イ］，［ロ］に入るべき地名を記せ。

□ **問3.** 下線部(1)について，ポリスAにおいて初めて僭主政を樹立したのはだれか。その人物名を記せ。

□ **問4.** 下線部(2)について，パルテノン神殿は，そのころのポリスAの繁栄を如実に示す建造物として知られている。この神殿の再建工事を担当し，黄金と象牙を使用した巨大なアテナ女神像を製作したことでも知られる彫刻家はだれか。その人物名を記せ。

□ **問5.** 下線部(3)について，この大戦争のさなかに，『女の平和』という反戦劇を著した劇詩人はだれか。その人物名を記せ。

□ **問6.** 下線部(a)について，下記の選択肢のうちから［イ］の海戦と同じ年に起こった戦闘を一つ選べ。

1. イッソスの戦い　　**2.** イプソスの戦い

3. テルモピレーの戦い　　4. プラタイアの戦い

□ 問7. 下線部(b)について，下記の説明文のうちから正しいものを一つ選べ。

1. この改革の時に導入されたオストラキスモス（陶片追放）の制度によって最初に追放されたのはテミストクレスであった。
2. デーモスと呼ばれる行政区を基底に据えて，市民が所属する区を複雑に組み合わせて，市民団を再編成する部族制改革を断行した。
3. 市民を財産の多寡によって4等級に分け，それぞれに権利義務を配分する国制改革を行った。
4. 従来の10部族制を4部族制に改め，各部族100人からなる400人評議会を創設した。

□ 問8. 下線部(c)について，下記の説明文のうちから正しいものを一つ選べ。

1. この同盟に対抗するために，スパルタはペロポネソス同盟を結成して，全ギリシア世界を巻き込む大戦争を引き起こした。
2. この同盟は，マラトンの戦いの直後に結成され，前480年に起こったペルシアとの海戦におけるギリシア側の勝利に多大な貢献をした。
3. この同盟に加盟した諸ポリスは，三段櫂船と呼ばれる古代の軍船に兵員を載せて供出する義務があったが，多くのポリスはそれに見合う資金を拠出する道を選んだ。
4. この同盟に寄せられた巨額の資金は，はじめポリスAの金庫に置かれていたが，前454年以降はこの同盟の名称になっている島のアポロン神殿に移された。

解答力UP! 地図問題で問われる主要都市に注意しよう！

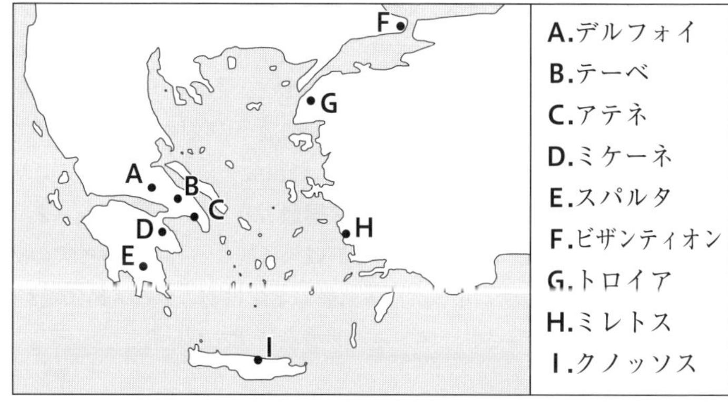

2 | ギリシアとヘレニズム世界 解答・解説

1 問1 A ① B ③ C ③ 問2 ③
問3 G ④ H ① 問4 ③

解説 問4 ‒ ①はシチリア島，②は現ニースで南フランス，④は現マルセイユで南フランス，⑤は小アジア西岸に建設されたギリシア人植民市。その他，ビザンティウム（現イスタンブル）も重要。

2 問1 あ ヘロドトス い トゥキディデス
問2 イ サラミス ロ デロス 問3 ペイシストラトス
問4 フェイディアス 問5 アリストファネス
問6 3 問7 2 問8 3

解説 問1 ‒「ポリスA」はアテネのこと。ヘロドトスは**ペルシア戦争**を物語風に，トゥキディデスは**ペロポネソス戦争**を客観的に記述した。

問2 ‒ 前480年のサラミスの海戦では，アテネの将軍テミストクレスがペルシア艦隊を破った。前479年のプラタイアの戦いにも**スパルタ**と連合して勝利した**アテネ**は，ペルシアの再侵攻に備えてデロス同盟を結成した。

問3 ‒ ペイシストラトスは前6世紀前半に**僭主**となると，中小農民層の再建や保護，商工業の奨励などを積極的に行い，アテネ繁栄の基礎を築いた。

問4 ‒ フェイディアスは**ペリクレス**と親交のあった古代ギリシアの彫刻家。ペリクレス時代にパルテノン神殿の再建を指揮した。

問5 ‒ アリストファネスはペロポネソス戦争期に活躍したアテネの喜劇作家。**ソフィスト**などを風刺・批判した。『女の平和』は**ペロポネソス戦争**に対する反戦喜劇。

問6 ‒ テルモピレーの戦い（前480）では**レオニダス王**率いる**スパルタ軍**が全滅したが，その間，**アテネ**は艦隊を整え，同年サラミスの海戦で勝利した。

やや難 問7 ‒「前6世紀末に行われた改革」とはクレイステネスが行った改革。**1** ‒ テミストクレスもオストラキスモスで10年間の追放処分を受けるが，最初の実施年は前487年でテミストクレスではない。**3** ‒ ソロンの改革の説明。**4** ‒ クレイステネスは**4部族**から**10部族**に部族制を改め，**500人評議会**を創設した。

やや難 問8 **1** ‒ **ペロポネソス同盟**の結成は，**デロス同盟**よりも前の前6世紀。**2** ‒ **マラトンの戦い**（前490）ではなく，サラミスの海戦後に起こった**プラタイアの戦い**（前479）の勝利後に結成された。**4** ‒ デロス同盟の金庫は初め**デロス島**に置かれたが，前454年以降は**アテネ**に移され，アテネの軍資金流用を招いた。

精講 2-1 アテネ民主政の発達

▶ドラコンの立法（前 7C）

・慣習法を**成文化**（文字にして表す）し，平民に法の内容を公開

▶ソロンの改革（前 594）

・**負債の帳消し**，市民の**債務奴隷化**の禁止，**財産政治**の導入

・財産に基づいて市民の参政権・軍事義務を**４段階**に区分

▶ペイシストラトスの僭主政（前 561 ～前 527）

・中小農民の保護・育成，銀山開発，商工業・文化の積極的奨励など

▶クレイステネスの改革（前 508）

・オストラキスモス（陶片追放）を創始して**僭主**の出現を**防止**

・**部族制**の改編…氏族的な**４部族**から地縁的な **10 部族**に増設

・**500 人評議会**の設置→アテネ民主政の基礎を確立

▶ペリクレスの時代（前 443 ～前 429）

・民会（18 歳以上の成年男性市民で構成）による**直接民主政**が確立

・**官職の開放**…将軍職を除き，官職は任期１年の**抽選制**

・民衆裁判所の設置…市民が**陪審員**となって裁決

・**奴隷制**に立脚，女性やメトイコイ（在留外人）には**参政権**なし

精講 2-2 マケドニアの発展とアレクサンドロス大王の東方遠征

前 338 年	カイロネイアの戦い…**フィリッポス２世**が**アテネ**などを撃破
前 337 年	コリントス（ヘラス）同盟の結成…**マケドニア**が盟主
前 334 年	アレクサンドロス大王の**東方遠征**（～前 324）
前 333 年	イッソスの戦い…ペルシア王**ダレイオス３世**に勝利
前 331 年	アルベラの戦い…ペルシア王**ダレイオス３世**に決定的勝利
前 330 年	**アケメネス朝ペルシア滅亡**
前 323 年	**アレクサンドロス大王の病死**→ディアドコイ（後継者）戦争
前 312 年	セレウコス朝シリアの成立
前 304 年	プトレマイオス朝エジプトの成立…首都**アレクサンドリア**
前 276 年	アンティゴノス朝マケドニアの成立

マケドニアがギリシア北方の王国からオリエント世界を含む大帝国へと発展していくプロセスを，主要な戦いを追いながら整理しよう。

3 古代ローマとキリスト教

STEP 1 基本レベル

□ **1** 次の文章を読み，それぞれ(1)～(10)の設問について〔 〕内の語句から最も適切と思われるものを選べ。 (学習院大・改)

前2世紀のギリシア人歴史家(1)〔①タキトゥス ②プルタルコス ③ポリビオス ④リウィウス〕は共和政ローマの政治体制を王政，貴族政，民主政の特長を兼ね備えた混合政体であると述べている。この共和政ローマは，前272年に南イタリアのギリシア人植民市(2)〔①タレントゥム ②ネアポリス ③マッサリア ④ミレトス〕を破って，イタリア半島の征服を完成させた。イタリア半島におけるローマの支配は，分割統治と呼ばれ，支配下に入った諸都市に異なる待遇を与えることで，諸都市が団結してローマに反抗することを防ぐものだった。

イタリア半島を征服した共和政ローマは間もなくイタリア半島の外に軍隊を派遣し，北アフリカの都市カルタゴとの100年以上にわたる，計3回のポエニ戦争を開始した。カルタゴは，フェニキア人都市(3)〔①カデシュ ②シドン ③ティルス ④ダマスクス〕が，前9世紀に建設した植民市であり，地中海西部の海上交通を支配する大勢力であった。第1回ポエニ戦争は地中海の海上交通の要に位置するシチリア島を舞台に行われ，ローマが勝利してシチリアを最初の(4)〔①自治領 ②植民地 ③属州 ④保護領〕と呼ばれる海外領土とした。第2回ポエニ戦争では，カルタゴの将軍(5)〔①アンティゴノス ②セレウコス ③テミストクレス ④ハンニバル〕が大軍を率いてローマの本拠地イタリアに侵入し，しばしばローマ軍を破って有利に戦いを進めたが，北アフリカのカルタゴ本国の(6)〔①カンナエ ②ザマ ③テルモピレー ④マラトン〕で(5)がローマの将軍スキピオに敗れ，カルタゴは降伏した。

地中海世界の支配者となった共和政ローマでは，前2世紀後半から，内政面での問題が次々に明らかになった。まず，共和政ローマの海外発展を支えた軍事力の中核を担っていた(7)〔①騎士 ②元老院議員 ③中小農民 ④都市平民〕層の没落の問題が争点となった。前133年に始まったグラックス兄弟の改革も，(7)の救済を当初目的としていた。しかし，この改革は有力政治家間の党派対立もはらんでいた。やがて元老院の多数派から成り，元老院の権威を重んじる閥族派（オプティマテス）と市民の間での人気を獲得して民会での投票により政治目標を実現しようとする民衆派（ポプラレス）との対立が表面化した。

閥族派を代表する政治家が，貴族出身の(8)〔①スパルタクス ②スラ ③ド

ラコン　④プトレマイオス〕であり，民衆派を代表するのは地方都市出身のマリウスであり，この両者の対立が，前80年代には激しい内乱を引き起こした。この内乱は，閥族派の勝利に終わり，(8)は独裁官となって民衆派を粛清する一方で改革を実施した。(8)の死後に勢力を伸ばしたのが，(8)のかつての部下であったポンペイウス，クラッスス，そしてマリウスの妻の甥であった(9)〔①アントニウス　②カエサル　③ブルートゥス　④レピドゥス〕であった。ポンペイウスとクラッススは(8)の元部下であって元々は閥族派に属していたが，元老院の多数派と対立するようになっていた。(9)はマリウスの縁者のため閥族派から疑われる存在であった。彼らは元老院の多数派に対抗するために私的政治盟約を結び，第1回三頭政治を始めた。

(9)は，(10)〔①ガリア　②ゲルマニア　③ダキア　④パルティア〕遠征の成功から大きな政治勢力を持つようになった。一方，クラッススは遠征中に戦死し，ポンペイウスは元老院多数派と和解して(9)と対立するようになったが，前49年に始まった内乱で(9)に敗れた。(9)は，終身独裁官となって様々な改革を断行したが，共和政派によって暗殺された。後に(9)の姪の息子であるオクタウィアヌスが内乱に勝利して，事実上の君主政である元首政を始め，共和政は終了した。

この用語もおさえる！

- コンスルとディクタトル…コンスルは執政官（統領），ディクタトルは独裁官。
- 身分闘争…**パトリキ（貴族）**に対する**プレブス（平民）**の政治的権利の要求運動。
- 十二表法（前5C半ば）…ローマ最初の成文法。プレブスに法を公開。
- リキニウス・セクスティウス法（前367）…2人の**護民官**が制定。コンスル1名をプレブスから選出，公有地占有を制限。
- ホルテンシウス法（前287）…平民会の決議が元老院の承認がなくとも国法となることを定めた法。
- ノビレス…パトリキとプレブス上層からなる**新貴族**。身分闘争後に官職を独占。
- ラティフンディア（ラティフンディウム）…戦争捕虜を**奴隷**として使役する大土地経営。**ブドウ**やオリーブなどを栽培。3世紀頃には衰退し，**コロヌス**（小作人）を使った**コロナトゥス**が発達。
- 同盟市戦争（前91～前88）…**ローマ市民権**を要求した同盟市の反乱。**スラ**が鎮圧。
- スパルタクスの反乱（前73～前71）…**剣闘士スパルタクス**を中心とした反ローマ反乱。**クラッスス**に敗れる。

STEP 2 実戦レベル

2 次の文章を読み，下記の問いに答えよ。 (明治大・改)

古代の地中海世界にはさまざまな宗教が誕生し，それぞれが影響や融合そして対立をしながら，人々の価値観と行動様式の規範を支えていた。それは(a)ローマによって政治的に地中海世界が統一された後でも変わりはなかった。しかし，ローマ帝国が「(ア)」に続く「(イ)」を経て専制君主政の体制となると，(b)キリスト教がミラノ勅令によって公認宗教とされ，以後，皇帝の権力と結びついて急速に勢力を拡大した。

もともと，ユダヤ教の改革運動の中で登場したイエスが，権威主義と戒律主義を批判したため，ユダヤ教徒に訴えられてローマの官憲によって磔刑に処されたことが，キリスト教の起こりであった。その後公認されるまで，(c)幾多の迫害を耐え忍び，多くの殉教者を出しながらも，キリスト教は帝国内でしだいに帰依者を増やしていった。

この時期のローマ帝国には，キリスト教以外の宗教がまだ多数存在していた。皇帝を崇拝する祭祀は，帝国の最も重要な宗教儀礼であったし，種々の密儀宗教や伝統的な多神教も，決してなくなっていたわけではない。

他方で，ローマ帝国における信仰を独占したキリスト教の組織が拡大すると，(d)教義をめぐる対立が深刻化し，公会議の開催という形で皇帝の介入を招いた。そこで否定された教義は「異端」とされ，その信奉者は帝国内での布教の禁止や，帝国からの追放の処分をうけた。しかし，異端もまったく消え去ったわけではなく，とくに(e)イエスに神性のみを認めようとする宗派は，単性論派として西アジア世界に根強く残った。

キリスト教が国教となって間もなく，ローマ帝国は東西に分裂した。東ローマ帝国の首都は政治と経済の中心として栄えたが，(f)宗教の面でもキリスト教の5つの総主教座の一つとして地位を高めていった。東ローマ帝国は，6世紀に一時，地中海世界をふたたび統一するが，その後はスラヴ人の移住や騎馬遊牧民の侵入，そしてササン朝ペルシアの攻勢にあい勢力を後退させた。

□ **問1.** 空欄(ア)と(イ)に入る語句として，最も合わしい組み合わせを一つ選べ。

A. (ア)ローマの平和　(イ)3世紀の危機
B. (ア)内乱の1世紀　(イ)ローマの平和
C. (ア)同盟市戦争　(イ)軍人皇帝時代
D. (ア)第1回三頭政治　(イ)第2回三頭政治

□ **問 2.** 下線部(a)に関連して，ローマ帝国による地中海世界統一に関する説明として，誤りを含むものを一つ選べ。

A. 前 31 年のアクティウムの海戦で，オクタウィアヌスの軍が勝利した。

B. アクティウムの海戦の翌年，プトレマイオス朝は滅亡した。

C. オクタウィアヌスは，元老院からプリンケプスの称号を贈られた。

D. ローマによる地中海世界統一後，皇帝が統治する帝政がはじまった。

□ **問 3.** 下線部(b)に関連して，キリスト教を公認した皇帝の施策として，適切なものを一つ選べ。

A. 帝国に 2 人の正帝と 2 人の副帝をおいた。

B. ソリドゥス金貨を創設した。

C. 帝国の全自由民に市民権を付与した。

D.『ローマ法大全』を編纂させた。

□ **問 4.** 下線部(c)に関連して，公認されるまでのキリスト教に関する説明として，誤りを含むものを一つ選べ。

A. 迫害を逃れてカタコンベと呼ばれる地下墓所を礼拝場所とした。

B. ネルウァ帝により 64 年のローマ大火の責任を負わされた。

C. コイネーを用いた『新約聖書』の編纂が進められた。

D. 皇帝崇拝を拒否したキリスト教徒の多くが殉教した。

□ **問 5.** 下線部(d)に関連して，キリスト教公認から国教化までの間に行われた公会議とそれを開催した皇帝の組み合わせとして，適切なものを一つ選べ。

A. ニケーア公会議―コンスタンティヌス帝

B. ニケーア公会議―ユリアヌス帝

C. エフェソス公会議―テオドシウス帝

D. エフェソス公会議―テオドシウス 2 世

□ **問 6.** 下線部(e)について，単性論派キリスト教の説明として，適切でないものを一つ選べ。

A. カルケドン公会議で異端とされた。

B. イスラーム王朝の下でも信仰が許された。

C. 中国では景教として知られた。

D. エジプトにはコプト教会が今なお存続している。

□ **問 7.** 下線部(f)に関連して，東ローマ帝国の首都以外の総主教座都市として，適切でないものを一つ選べ。

A. イェルサレム　　B. エフェソス

C. アレクサンドリア　　D. アンティオキア

3 | 古代ローマとキリスト教 解答・解説

1 (1) ③ (2) ① (3) ③ (4) ③ (5) ④
(6) ② (7) ③ (8) ② (9) ② (10) ①

解説 (1)－リウィウスは『ローマ建国史』，タキトゥスは『ゲルマニア』，プルタルコスは『対比列伝（英雄伝）』を著した帝政期の歴史家。(6)－カンナエ（カンネー）の戦い（前216）では，ハンニバルがローマ軍を撃破した。(7)－中小農民層没落の背景には，戦費自弁での長期従軍による疲弊，属州からの安価な穀物の流入，戦争捕虜を奴隷として使役するラティフンディアの発達などがあった。騎士（エクイテス）は，徴税請負人として属州経営から富を得た。(8)－スパルタクスはローマで反乱を起こした剣闘士。クラッススやポンペイウスに鎮圧された。(9)－アントニウスとレピドゥスはカエサルの部下で，第2回三頭政治のメンバー。ブルートゥスはカエサルを暗殺した共和派の政治家。(10)－パルティア遠征はクラッススが行い，その途中で戦死した。ダキアはドナウ川以北の地で，現在のルーマニアあたり。

2 問1 A 問2 C 問3 B 問4 B
問5 A 問6 C 問7 B

解説 問1 －「ローマの平和（パクス＝ロマーナ）」はアウグストゥス（前1世紀～）から五賢帝（～2世紀末）までの約200年間を指す。軍人皇帝時代に象徴される「3世紀の危機」には，ゲルマン人やササン朝ペルシアからの外圧，パルミラ（シリアの隊商都市）の反ローマ闘争などが起こった。

問2 C －元老院が与えた称号は「プリンケプス（第一の市民）」ではなく「アウグストゥス（尊厳者）」。

問3 B －「キリスト教を公認した皇帝」とはミラノ勅令（313）を出したコンスタンティヌス帝。ソリドゥス金貨はビザンツ帝国でノミスマと呼ばれた。Aはディオクレティアヌス帝，Cはカラカラ帝，Dはビザンツ皇帝ユスティニアヌス1世の事績。

問4 B －「ネルウァ帝」ではなく「ネロ帝」。ネルウァは五賢帝最初の皇帝。

やや難 問5・問6 －「エフェソス公会議－テオドシウス2世」の組み合わせも正しいが開催は431年で，392年のキリスト教の国教化以後のこと。この公会議で異端とされたネストリウス派は中国で景教と呼ばれた。

やや難 問7 －ローマ帝国時代に総主教座（五本山）が置かれた都市は，ローマ・コンスタンティノープル・アンティオキア・イェルサレム・アレクサンドリア。ローマとコンスタンティノープル以外の都市は，7世紀に正統カリフ時代（第2代ウマル）のイスラーム勢力に奪われた。

精講 3-1 ローマ皇帝の事績

アウグストゥス	**元首政**（プリンキパトゥス）の創始。
ネロ	最初の**キリスト教迫害**。ローマの大火が原因。
トラヤヌス※	帝国の**最大領土**（ダキアの属州化）。
ハドリアヌス※	ブリタニアに城壁建設。**ユダヤ人**の反乱鎮圧。
マルクス＝アウレリウス＝アントニヌス※	ストア派の哲人皇帝（『**自省録**』を著す），**大秦王安敦**の中国名で『後漢書』に登場。
ディオクレティアヌス	**専制君主政**（ドミナトゥス）の創始。四帝分治制（テトラルキア）を導入。
コンスタンティヌス	ミラノ勅令の発布。ニケーア公会議の開始。コンスタンティノープルに遷都（330）。
ユリアヌス	**ミトラ教**に心酔して異教の復活を図るが失敗。
テオドシウス	キリスト教の国教化，帝国の東西分割（395）。

※は五賢帝時代の皇帝。

精講 3-2 キリスト教の公会議と異端

ニケーア公会議　（325）…アタナシウス派が**正統**，アリウス派が**異端**となる
エフェソス公会議（431）…ネストリウス派が**異端**となる
カルケドン公会議（451）…単性論派が**異端**となる

焦点　アタナシウス派は「**イエス＝人間＝神**」を唱え，その教えは後に三位一体説（**父なる神，子のイエス，聖霊**の3者は等質不可分）として確立。アリウス派は「**イエス＝人間**」としてイエスの神性を否定したため，異端とされて北方の**ゲルマン人**に伝播した。ネストリウス派は「**イエス＝人間，その後，イエス＝神**」としてイエスの人性と神性を分離したことで異端となった。単性論派は「**イエス＝神**」としてイエスの人性を否定したことで異端となったが，エジプト（**コプト教会**）や**シリア**などに定着した。

4　古代インド

STEP 1　基本レベル

1　次の文章を読み，下記の問に答えよ。　(明治大・改)

古代インドにおいて初めて統一国家が形成されたのは前4世紀頃である。ナンダ朝を倒して，[　①　]を首都として建国されたマウリヤ朝がそれである。その後第3代の王であるアショーカ王の時代に南部を除くインドの統一に成功した。アショーカ王は仏教に帰依し，第3回仏典結集を行い，王子であった[　②　]をスリランカに派遣して仏教布教活動を行わせた。一方でアショーカ王は，法（ダルマ）の下での統治を理想とし，各地にアショーカ王の詔勅を刻んだ磨崖碑・石柱碑を建立した。しかしながら，マウリヤ朝はその後衰退し，前2世紀に滅亡した。

4世紀から6世紀半ばまでインド大陸を統治したグプタ朝において，インド古典文化は黄金期を迎えることとなった。グプタ朝は，第3代の王[　③　]が北インドを統一し，そこでは特に，サンスクリット語で書かれた，主にヒンドゥー教系の文学である，サンスクリット文学が最盛期を迎えた。また芸術においては，アジャンター石窟寺院の仏像や壁画に代表され，ガンダーラ美術と対比される，グプタ様式といわれる純インド的な美術様式が完成された。

その後グプタ朝は，騎馬遊牧民であるエフタルの侵入などにより弱体化し，6世紀半ばに滅亡した。その後の混乱を経て，ハルシャ王が北インドを再統一して[　④　]朝を建てた。ハルシャ王は，唐から訪れた玄奘を厚遇し，玄奘はインド東部に建てられた仏教学院・大学であるナーランダー僧院で学び，帰国後は，仏典の漢訳を行った。しかし[　④　]朝は，ハルシャ王の死後崩壊し，北インドはヒンドゥー諸侯が建てた小王国の分立状態となり，この状態は13世紀まで続いた。

一方，西北インドでは，アム川流域に成立したギリシア系の王国であるバクトリアが，マウリヤ朝の衰退に乗じて西北インドに侵入した。バクトリアは，ガンダーラ美術に影響を与えた。その後1世紀にイラン系のクシャーン人がクシャーナ朝を建てた。そして2世紀のカニシカ王の時代にクシャーナ朝は全盛期を迎えた。カニシカ王は仏教を保護し，第4回仏典結集を行った。これらの時代に西北インド地域で仏教寺院などが数多く建設された。7世紀以降この地域はイスラーム化されて現在に至っているが，今もインドおよびアフガニスタンに多くの仏教遺跡が存在している。

他方スリランカでは，前5世紀頃にアーリヤ系の[　⑤　]人がインド北西部からスリランカに移住して[⑤]王国を建国した。この王国では[②]による布教活動以降，仏教が広く信仰された。この王国は19世紀まで存続し，ヨーロッパ，イスラーム，東アジアなどの様々な地域から多くの人々が来訪した。

□ **問**．文中の空欄①～⑤のそれぞれにもっとも適切と思われる語句を下記の語群から一つずつ選べ。

〔語群〕 A．マヒンダ　B．パーラ　C．トプラ
D．ヴァーカータカ　E．パータリプトラ　F．ボンベイ
G．シンハラ　H．ドラヴィダ　I．ヴィジャヤナガル　J．ムーア
K．シャンデルナゴル　L．サムドラグプタ　M．マドラス
N．シュンガ　O．チャンドラグプタ1世　P．ヴァルダナ
Q．マトゥラー　R．チャンドラグプタ2世　S．セーナ
T．シュードラ　U．ヴァルダマーナ　V．プルシャプラ
W．マイソール　X．サータヴァーハナ

この用語もおさえる！

▶ インダス文明の遺跡…**モエンジョ＝ダーロ**（シンド地方），**ハラッパー**（パンジャーブ地方），ドーラヴィーラーが代表的な遺跡。神殿や王宮は未発見。**インダス文字**は未解読。

▶ アーリヤ人（印欧語系）…前1500年頃に**カイバル峠**から**パンジャーブ地方**に進入。定住後に神々の賛歌集である『**リグ＝ヴェーダ**』が成立。前1000年頃から**ガンジス川流域**に進出して**鉄器**を使用。征服活動を通じて**ヴァルナ**を形成。前6世紀頃から各地に都市国家が成立し，**マガダ国**や**コーサラ国**などが発展。

▶ ヴァルナ…**バラモン**（司祭）・**クシャトリヤ**（戦士）・**ヴァイシャ**（庶民）・**シュードラ**（隷属民）の4つの階層からなる身分制度でヴァルナの枠外に**不可触民**が置かれる。ヴァルナの内部には，職業と結びついた社会集団である**カースト（ジャーティ）**が成立。

▶ サータヴァーハナ朝…ドラヴィダ系。**デカン高原**を支配。**季節風貿易**で繁栄。

▶ チョーラ朝…ドラヴィダ系の**タミル人**の王朝。**シュリーヴィジャヤ**に遠征。

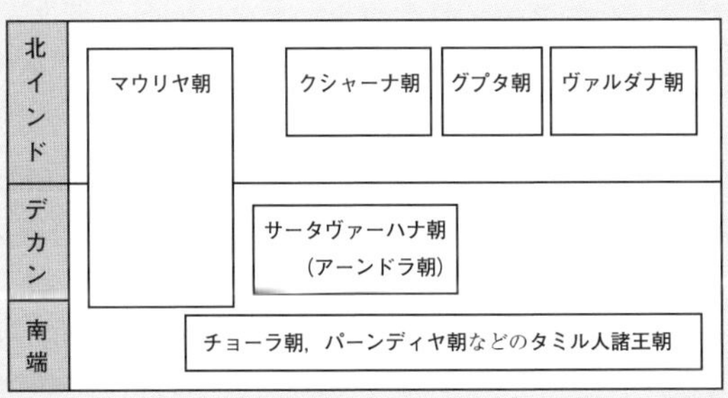

STEP 2 実戦レベル

2 次の文章（A・B）はインドの歴史について述べたものである。よく読んで，下記の設問に答えよ。 （中央大・改）

A．前7世紀ごろ，ガンジス川流域は稲作農業や手工業が発展し，商業活動が活発になり，城壁のある都市を持つ国家が数多くつくられた。前6世紀ごろにはマガダ国や（ 1 ）国が勢力をのばし，それにともない武士階層のクシャトリヤや商業に従事するヴァイシャの支持を背景に新しい宗教がうまれた。なかでもガウタマ＝シッダールタは仏教，(a)ヴァルダマーナはジャイナ教を開いた。前4世紀になると，マケドニアの（ 2 ）大王がアケメネス朝を滅ぼし，さらに西北インドにまで進出した。前4世紀の終わりには，マガダ国の武将チャンドラグプタが都（ 3 ）を奪って(b)マウリヤ朝をたてた。第3代(c)アショーカ王の時代に，マウリヤ朝は最盛期に達し，王は征服活動の際に多くの犠牲者を出したことを悔い，しだいに仏教に帰依するようになった。しかし，アショーカ王の死後，非仏教勢力の反発もあり，マウリヤ朝は衰退した。その後，西北インドにはバクトリアのギリシア人が進入し，ヘレニズム文化をもたらした。つづいてイラン系遊牧民が西北インドに進出し，紀元後1世紀になると今度はバクトリア地方からクシャーン人がインダス川流域にはいってクシャーナ朝をたてた。この時代には，出家者の解脱を中心とする仏教教団に対抗し，在家者をふくむ万人の救済を目的とする大乗仏教がおこった。大乗仏教では衆生救済のために修行にはげむ者を広く菩薩として信仰した。クシャーナ朝の保護をうけた大乗仏教は，ガンダーラを中心とする仏教美術とともに各地に伝えられ，中央アジアから中国・日本にまで影響を与えた。こうした大乗仏教の教理は，2世紀ごろ（ 4 ）によって体系化され，(d)カニシカ王は大乗仏教を厚く保護した。クシャーナ朝はササン朝ペルシアの圧迫により3世紀に衰亡した。

B．4世紀はじめ，マガダ地方でチャンドラグプタ1世が(e)グプタ朝をたてた。グプタ朝は，チャンドラグプタ2世のときに最盛期を迎え，北インドの統一に成功した。バラモン教からヒンドゥー教への展開がすすんだころ，バラモンをおもな担い手とする諸学問も発展した。グプタ朝は，中央アジアの遊牧民（ 5 ）の進出により西方との交易が打撃をうけたことや，地方勢力の自立が強まったことにより衰退し，6世紀半ばに滅亡した。7世紀前半にハルシャ＝ヴァルダナがカナウジを都として，一時，北インドの大部分を統一したが，彼の死後帝国は瓦解した。以後，デリーにイスラーム政権が樹立されるまでの約600年間のインドでは，小王国の群雄割拠がつづいた。その王にはクシャトリヤ身分の王の子を称する者が多かったので，この時代は（ 6 ）時代とよばれる。しかし，実際には，これらの王国の多くは，外来の民族や山地の部民族の出身者が樹立したものである。

グプタ朝時代以降，ヴァルナ制度の枠のなかで，職業の世襲化・固定化がすすみ，ヒンドゥー教とむすびついたカースト制度が確立した。なお，「カースト」は，ポルトガル語の「カスタ」に由来する語である。一方，仏教は都市の商工業者の没落によって経済的支援を失い，やがて(f)ヒンドゥー教のなかに吸収されていった。こうして，政治的にも文化的にも独自性が強い諸地域からなり，ヒンドゥー教とカースト制度を共通の特徴とするインド社会の原型が形成された。

☐ **設問1．**空欄(1～6)に入るもっとも適切な語句を答えよ。なお，(2)(4)には人名が入る。

☐ **設問2．**下線部(a)について。ジャイナ教に関するつぎの記述（あ～う）は正しいか。それぞれについて，正しければ①を，誤っていれば②を選べ。

あ．禁欲的な苦行の実践と不殺生を強調した。

い．シヴァやヴィシュヌといった主神のもとにまとめられた多神教である。

う．保守的なバラモンの支配に不満を持つ商人層に信者が広がった。

☐ **設問3．**下線部(b)について。マウリヤ朝が巨大な帝国を形成した，その領域として正しい組み合わせはどれか。1つ選べ。

①東はガンジス川上流域，南はデカン高原

②東はガンジス川中流域，北はチベット高原

③東はガンジス川中流域，南はデカン高原

④東はガンジス川下流域，北はチベット高原

⑤東はガンジス川下流域，南はデカン高原

☐ **設問4．**下線部(c)について。アショーカ王の時代にかかげられた，人間として守るべき倫理規範は何というか。その名称を答えよ。

☐ **設問5．**下線部(d)について。この時代において，インドに大量の金をもたらした貿易の相手国はどこか。その名前を答えよ。

☐ **設問6．**下線部(e)について。グプタ朝で公用語として使われていた言語は何か。1つ選べ。

①アヴェスター語　②ケチュア語　③サンスクリット語

④ソグド語　⑤トカラ語

☐ **設問7．**下線部(f)について。7世紀ごろ，仏教やジャイナ教に対する攻撃をおこない，ヒンドゥー教の神々への絶対的帰依を説いた宗教運動が広がった。その運動の名称を答えよ。

4 古代インド　解答・解説

1 ① E ② A ③ R ④ P ⑤ G

解説 ②・⑤－アショーカ王の**第３回仏典結集**では**上座部仏教**の経典が編纂されたことから，王子マヒンダの布教を通じ，**シンハラ人**の**スリランカ**は上座部仏教の一大中心地となった。

2 **設問１** **1** コーサラ **2** アレクサンドロス **3** パータリプトラ
4 竜樹（ナーガールジュナ） **5** エフタル **6** ラージプート
設問２ **あ** ① **い** ② **う** ① **設問３** ⑤ **設問４** ダルマ
設問５ ローマ帝国 **設問６** ③ **設問７** バクティ運動

解説 **設問１** **1**－コーサラ国はガンジス川中流域で強盛を誇ったが，マガダ国に滅ぼされた。**2**－**アレクサンドロス大王**の登場が，マガダ国の政治的混乱とマウリヤ朝成立の背景となった。**3**－**パータリプトラ**はガンジス川中流域の水陸交通の要衝にある都市。**グプタ朝**もパータリプトラを都とした。**4**－竜樹（ナーガールジュナ）は**サータヴァーハナ朝**出身の仏教学者で，**菩薩信仰**に基づく**大乗仏教**の教義を確立した。**クシャーナ朝**のカニシカ王は**大乗仏教**を中心に**第４回仏典結集**を行い，ガンダーラ地方のプルシャプラを都とした。このことが**ギリシア様式**の**仏像**に代表される**ガンダーラ美術**を発達させた。**5**－中央アジアの遊牧民**エフタル**は**グプタ朝**を衰亡させたが，６世紀に**突厥**と同盟した**ササン朝**のホスロー１世に征服された。**6**－「**ラージプート**」はクシャトリヤの子孫を意味し，北インドの君主はこの呼称により支配権を正統化した。

設問２ **あ・う**－ヴァルダマーナ（マハーヴィーラ）が創始したジャイナ教は，苦行と徹底した**不殺生主義**によって輪廻の苦しみからの解脱を説く宗教。不殺生主義を最も順守できる**ヴァイシャ**，とくに商人層に多くの信者を得た。**い**－シヴァ（破壊神・創造神）やヴィシュヌ（世界維持の神）はともにヒンドゥー教の最高神。**ヒンドゥー教**は**バラモン教**（自然神を崇拝する祭式重視の伝統宗教）と先住民の**土着信仰**が融合して成立し，**グプタ朝**の時代に信者が増加した。

設問３·４－**マウリヤ朝**は南端（デカン高原以南）を除くインドのほぼ全域を支配した。**カリンガ国**征服時の大量虐殺をきっかけに**仏教**に帰依したアショーカ王は**ダルマ**（法）による統治をめざし，その方針を刻んだ**石柱碑**や**磨崖碑**，また**ストゥーパ**（仏塔）を各地に建立した。

やや難 **設問５**－**ローマ帝国**は，**季節風貿易**を通じてサータヴァーハナ朝やチョーラ朝などから**香辛料**や中国産の**絹織物**を輸入し，その対価として大量の**金貨**を支払っていた。この金貨は**南アジア**の交易で流通したほか，**クシャーナ朝**では改鋳されて独自の金貨として使用された。

やや難 **設問6** －サンスクリット語は古代インドの文語。グプタ朝の時代には**サンスクリット文学**が流行し，『**シャクンタラー**』で有名なカーリダーサなどが**チャンドラグプタ2世**の宮廷で活躍した。

やや難 **設問7** －バクティ運動は7世紀頃に**南インド**で始まり，14世紀以降は**北インド**にも広がった。最高神への絶対的帰依を説くその教えは，**イスラーム教**のスーフィズムにも通じ，16世紀には両者の融合によって**ナーナク**がシク教を創始するなど，インドの宗教に多大な影響を与えた。

精講 4-1 インドの思想・宗教

バラモン教	**自然神**を崇拝する多神教。バラモンが祭式を独占。
ウパニシャッド	元来は「**奥義書**」の意味。バラモン教の祭式至上主義への反省から生まれた哲学思想。生前の行為である**業（カルマ）**によって来世に生まれ変わる**輪廻転生**の概念を生み，それからの**解脱**（解放）の道を説く新たな宗教を誕生させた。
仏教	ガウタマ＝シッダールタが創始。八正道による解脱。
ジャイナ教	**2** **設問2**の解説参照。
ヒンドゥー教	**2** **設問2**の解説参照。

焦点 仏教とヒンドゥー教は，古代インド諸王朝の政治とどのように関係するのかについても注意しておこう。

精講 4-2 グプタ朝時代のインド古典文化

カーリダーサに代表される**サンスクリット文学**のほか，インドの**二大叙事詩**『マハーバーラタ』『ラーマーヤナ』や，『マヌ法典』も完成した。**仏教美術**では純インド的なグプタ様式が確立し，**アジャンター石窟寺院**にはグプタ様式の仏画が数多く収蔵される。また，仏教の研究機関としてナーランダー僧院が創建され，のちに唐僧の玄奘（『**大唐西域記**』を著す）や義浄（『**南海寄帰内法伝**』を著す）が学んだ。

5 東南アジア（18 世紀まで）

STEP 1 基本レベル

1 以下の文を読んで，下の問いに答えよ。 （札幌大・改）

東南アジアでは，前 4 世紀から［ 1 ］と呼ばれる稲作文化が生まれ，ベトナム北部を中心に発展した。この文化の銅鼓と呼ばれる青銅器や鉄器には中国の影響がみられるが，紀元前後以降は，中国支配下にあったベトナム北部を除いて，次第にインドの影響が色濃くなっていく。

1 世紀末にメコン川下流に建国された［ 2 ］は，この地域における最古の国家とされており，その貿易港オケオは南シナ海とタイ湾を結ぶ中継基地として栄えた。2 世紀には，ベトナム中部にチャム人が［ 3 ］を建国し，後漢から独立した。

その後，5 世紀には，インド文明の要素が東南アジアの社会に明瞭に定着し始める（インド化）。5 世紀前半における東南アジア島嶼部にはすでにヒンドゥー教が普及しており，すぐその後を追うように大乗仏教の普及が始まっている。一方，大陸部では，6 世紀にメコン川中流域にクメール人によるカンボジア（真臘）が興り，7 世紀には［ 2 ］を滅ぼした。真臘は 8 世紀にはジャワの［ 4 ］の進出を受けいったん分裂するが，9 世紀初めに［ 5 ］により再び統一を果たすと隆盛を誇り，スールヤヴァルマン 2 世（在位 1113 年～ 50 年頃）の治世には，壮大なヒンドゥー教寺院が建てられた。

12 世紀，カンボジアの版図がマレー半島北部にまで及んだころ，その西，イラワディ川流域を支配していたのはミャンマー（ビルマ）系の［ 6 ］であった。そこでは，大乗仏教とは系統を異にする，スリランカ経由で伝来した仏教が受け入れられ，その後，隣接するタイのスコータイ朝およびその後継の［ 7 ］もこれを保護し普及させた。［ 7 ］は東方に勢力を伸ばし，15 世紀には［ 5 ］を滅ぼした。

さらに，8 世紀ころから，ムスリム商人によりイスラーム教が東南アジアに伝来したといわれている。15 世紀初めころ，スマトラ出身のマレー系の王族がイスラーム教に改宗しマレー半島に［ 8 ］を建国すると，島嶼部ではイスラーム教が急速に広まっていった。

□ **問**．文中の 1 ～ 8 に適切な語句を語群から選び，記号で答えよ。

〔**語群**〕

ア．アッバース朝　**イ**．アユタヤ朝　**ウ**．アンコール朝
エ．ウマイヤ朝　**オ**．越南　**カ**．シャイレンドラ朝
キ．チャンパー　**ク**．ドンソン文化　**ケ**．パガン朝
コ．ビザンツ文化　**サ**．扶南　**シ**．マラッカ王国
ス．マジャパヒト王国　**セ**．ヤムチャー　**ソ**．李朝

この用語もおさえる！

- 港市国家（こうし）…港などの交易（こうえき）の拠点に成立した国家やその連合体。
- 銅鼓（どうこ）…**ドンソン文化**（ベトナム北部）を代表する青銅製（せいどうせい）の祭器（さいき）。
- オケオ…**扶南**（ふなん）の外港。ローマ金貨・インドの宗教遺物・漢（かん）の鏡などが出土。
- アンコール＝ワット…**アンコール朝**が造営した**ヒンドゥー教寺院**。後に**仏教寺院**として利用。
- アンコール＝トム…**アンコール朝**の王都。
- パレンバン…スマトラ島南部の都市で，**シュリーヴィジャヤ**の都。
- プランバナン寺院群…古マタラム国（マタラム朝）が建てた**ヒンドゥー教寺院群**。
- ワヤン…クディリ朝（ジャワ島東部）で発達した**影絵芝居**（かげえ）。
- 字喃（チュノム）…**陳朝**（ちん）（ベトナム北部）が漢字を母体に創始した民族文字。

STEP 2 実戦レベル

2 次の文章を読み，下記の問に答えよ。 (明治大・改)

紀元前後から，南シナ海とインド洋とをむすぶ海上交易が本格化した。これは，モンスーンという気象条件を利用した沿岸づたいの帆船航海が一般化したことによる。こうした海上交易の発展は，マレー半島や大陸沿岸部に，㋐船舶の乗り継ぎや風待ちのための中継地としての機能，香辛料など他の地域が求める豊富な物資の生産地としての機能といった多くの機能を持つ都市を誕生させ，これらを支配する在地権力の形成を促した。こうした都市の中から，メコン川下流域に建国された[①]や，サーフィン文化を基礎にして発展した[②]といった都市国家群を支配する大国も登場した。

他方内陸部でも，秦漢帝国の発展によって交易が活発化したことに影響されて，内陸交易網が発達し，これが海上交易と結びつけられていく。イラワディ川中流域では，1世紀からピュー都市国家群が成立した。5世紀になって，ピューが[①]と結ばれると，両者間の中継交易によってチャオプラヤ（メナム）川中・下流域でモン人の国家である[③]が勢力をのばした。

東南アジア東西交易の発展を背景として，4世紀末から5世紀にはいると，東南アジアの諸国家は，ヒンドゥー教や仏教，サンスクリット語などのインド文明を積極的に取り入れるようになった。この頃に東南アジアを訪れた㋑『仏国記』の著者は，ヒンドゥー教が盛んな様子を伝えている。大陸内陸部では，7世紀中頃に南インドからあらたな稲作技術が伝わり，[③]やカンボジアの平原地帯で水田の開発がすすんだ。こうした農業の発展はこれらの地域に強大な国家が建設される基礎となった。

7世紀になると，航海技術の発達により，沿岸部を航行するルートに代わり，マラッカ海峡を通過する海洋ルートが栄えるようになった。このようなルートの変更によって，新たな東西交易の中継拠点として，㋒スマトラ島の勢力が力を増していく一方，[①]などの旧ルート上の勢力が衰退した。その後8世紀になると，㋓ジャワ島中部の王朝が強大な海軍力で上記のスマトラ島の勢力に取って代わり，東南アジアの海路を制した。この勢力はさらにカンボジアに宗主権をもち，[②]に進攻するほどの大発展をみせた。

□ **問1.** 文中の空欄①～③のそれぞれにもっとも適切と思われる語句を記入せよ。

問2. 文中の下線部㋐～㋓に関して，下記の問㈠～㈣に答えよ。

□ ㈠ 下線部㋐に関して，このような機能を持つ都市を基盤とする国家は何と呼ばれているか。

□ (イ) 下線部㋑に関して，この著者は東晋の仏僧で，陸路でインドに入り，各種の仏典を得て，スリランカから海路で帰国したが，この人物は誰か。

□ (ウ) 下線部㋒に関して，7世紀にスマトラ島東南部を中心に建てられた国の中心として栄えた，スマトラ島東部の都市はどこか。

□ (エ) 下線部㋓に関して，大乗仏教を保護するこの王朝により，8世紀には5層の回廊の浮き彫りと504体の仏像により仏教的な世界観を表す寺院がジャワ島に建てられたが，それと同時期にジャワ島に存在した古マラタム国によって建設されたヒンドゥー教寺院群は，何と呼ばれているか。

整理の視点 東南アジアの地図

東南アジアの諸国家・諸王朝（▶精講 5-1 5-2）は，地図上で位置を確認しながら覚えよう。

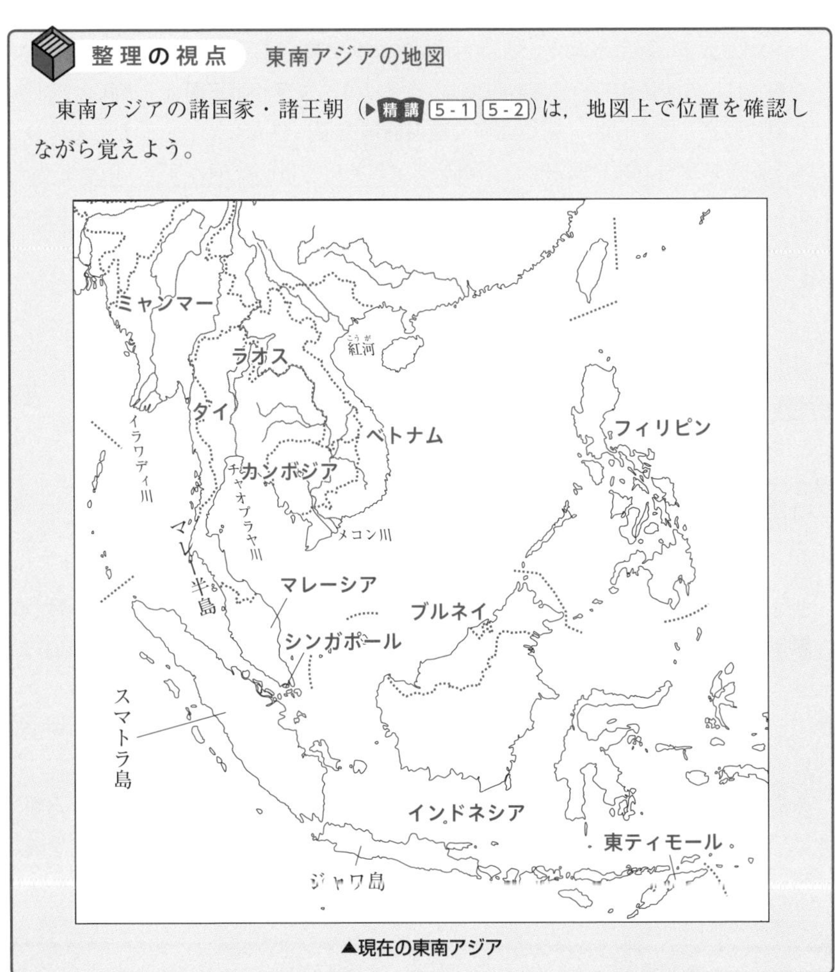

▲現在の東南アジア

5 | 東南アジア（18世紀まで） 解答・解説

1 1 ク 2 サ 3 キ 4 カ 5 ウ 6 ケ 7 イ 8 シ

解説 2－扶南は，1世紀に**メコン川下流域**に建国された港市国家。その外港のオケオはローマ帝国やインド，中国などとの**季節風貿易**で栄えた。3－チャンパーは中国で，**林邑**（後漢～唐初），**環王**（唐中期），**占城**（唐末～明）の名で呼ばれた。4－ジャワ島中部を支配したシャイレンドラ朝では，**大乗仏教**の建造物であるボロブドゥールが造営された。5－アンコール朝の下で最盛期を迎えた真臘（カンボジア）では，12世紀の**スールヤヴァルマン２世**の時代にアンコール＝ワットが造営された。6－ビルマ最初の統一王朝であるパガン朝は，13世紀に**元（フビライ＝ハン）**によって征服された。7－タイのアユタヤ朝では，17世紀に**朱印船貿易**を背景に日本人が流入し，**日本町**が形成された。8－マラッカ王国は，当初は**アユタヤ朝**に服属していたが，明の**鄭和の南海諸国遠征**に協力して自立した。その後，国王が**イスラーム教**に改宗し，東南アジア最初の本格的なイスラーム国家となった。

2 問1 ① 扶南 ② チャンパー ③ ドヴァーラヴァティー
問2 (ア) 港市国家 (イ) 法顕 (ウ) パレンバン
(エ) プランバナン寺院群

解説 問1 ①・②－**1**の解説参照。③－**ドヴァーラヴァティー**はタイのチャオプラヤ川下流域に**モン人**が建てた国家。

問2 やや難 (ア)－**港市国家**とは，港などの交易の拠点に成立した国家およびその連合体のこと。**扶南・チャンパー・シュリーヴィジャヤ**など東南アジアの諸国家の多くがこの類型に当てはまる。(イ)－法顕は東晋の僧で，**陸路**で**グプタ朝（チャンドラグプタ２世）**の時代のインドを訪れ，仏典を収集して**海路**で帰国し，『仏国記（法顕伝）』を著した。(ウ)－シュリーヴィジャヤの**パレンバン**には唐僧の義浄も立ち寄り，その著書『南海寄帰内法伝』にシュリーヴィジャヤの繁栄ぶりを記した。

やや難 (エ)－下線部の「ジャワ島中部の王朝」とは，シャイレンドラ朝のことで，設問文に示されるこの王朝が建立した大乗仏教関連の寺院とはボロブドゥールのことである。**ヒンドゥー教**のプランバナン寺院群を造営した**古マタラム国（マタラム朝）**は，その後東部に移って**クディリ朝**と称し，インドの叙事詩**『マハーバーラタ』**のジャワ語訳や，それを題材としたワヤン（影絵芝居）が流行するなど，**ヒンドゥー・ジャワ文化**が開花した。

精講 5-1 東南アジアの諸王朝①

▶カンボジア・ベトナム中南部（メコン川流域）

・扶南（1～7Ｃ）…**季節風貿易**で繁栄（外港オケオ）。

・チャンパー（2～17Ｃ）…ベトナム中部に**チャム人**が建国。後に後漢から独立。

・真臘（6～15Ｃ）…アンコール朝（9～15Ｃ）が最盛期。

▶タイ（チャオプラヤ川流域）

・**ドヴァーラヴァティー**（7～11Ｃ）…**モン人**が建国。

・スコータイ朝（13～15Ｃ）…**タイ人**が建国。上座部（じょうざぶ）仏教。タイ文字。

・アユタヤ朝（14～18Ｃ）…アユタヤの**日本町**が発達。

・ラタナコーシン（チャクリ）朝（18Ｃ～）…タイの**現王朝**。

▶ベトナム北部（紅河（こうが）〔ソンコイ川〕流域）

・李（り）朝**大越国**（だいえつこく）（11～13Ｃ）…紅河の流域に建国。都は**ハノイ**。

・陳（ちん）朝大越国（13～14Ｃ）…**元**を撃退。民族文字の字喃（チュノム）を創始。

・黎（れい）朝大越国（15～18Ｃ）…**チャンパー**征服。分裂後に**西山**（タイソン）**朝**が成立。

・阮（げん）朝**越南国**（19～20Ｃ）…阮福暎（げんふくえい）が西山朝を倒して建国（都**ユエ**〔**フエ**〕）。

▶ビルマ（ミャンマー）（イラワディ川流域）

・パガン朝（11～13Ｃ）…上座部仏教。ビルマ文字。**元**の侵攻で滅亡。

・タウングー（トゥングー）朝（16～18Ｃ）

・コンバウン（アラウンパヤー）朝（18～19Ｃ）…**清**（シン）の朝貢国。

精講 5-2 東南アジアの諸王朝②

▶スマトラ島

・シュリーヴィジャヤ（7～14Ｃ）…パレンバン中心。**大乗仏教**。

・アチェ王国（15～20Ｃ）…北端の**イスラーム教国**。**オランダ**の進出。

▶ジャワ島

・シャイレンドラ朝（8～9Ｃ）…ボロブドゥールの造営。

・古マタラム国（マタラム朝）（8～10Ｃ）…プランバナン寺院群の造営。

・クディリ朝（10～13Ｃ）…ワヤン（影絵芝居）の発達。

・シンガサリ朝（13Ｃ）…**元軍**のジャワ遠征を背景に崩壊。

・マジャパヒト王国（13～16Ｃ）…**ヒンドゥー教国**。

・バンテン王国（16～19Ｃ）…**イスラーム教国**。**オランダ**の進出。

・マタラム王国（16～18Ｃ）…**イスラーム教国**。**オランダ**の進出。

▶マレー半島

・マラッカ王国（14Ｃ末～16Ｃ）…**イスラーム教国**。**ポルトガル**の進出。

6 黄河文明～秦帝国

STEP 1 基本レベル

□ **1** 次の文章の［　　］に入る最も適当な語句を下記の語群から選べ。（駒澤大・改）

中国では紀元前5000年ごろに黄河の上・中流域で彩陶を特色とする文化が出現した。この文化は彩陶が最初に発見された遺跡の名前をとって［ 1 ］とも呼ばれる。一方，ほぼ同時期の長江流域では［ 2 ］などで大量の稲モミが出土しており，稲作を主な生業とする高度な文化が存在していたことが知られているが，王朝と称されるような発達した社会は紀元前2000年ごろに黄河流域で誕生した。

史書によれば中国最初の王朝は［ 3 ］であるが，現在実在が確認できる最古の王朝は［ 4 ］である。［ 4 ］において王は神意を問う占いの主宰者であり，その占いの記録は［ 5 ］として亀甲や牛の肩胛骨の上に刻まれた。また高度に発達した青銅器も数多く製作され，祭祀用の道具として利用された。

紀元前11世紀に［ 4 ］を滅ぼして成立した［ 6 ］は，一族や功臣に領地を与えて世襲の諸侯とし各地を統治させる［ 7 ］を行ったと考えられている。また，［ 6 ］の青銅器には金文と呼ばれる銘文が鋳込まれることが多く，そこでは天命を受けた［ 8 ］としての王の権威が強調され，青銅器祭祀を通じた王権の強化が図られていた。

前8世紀，［ 6 ］が東の［ 9 ］に遷都し，春秋時代が始まった。王の権威は次第に弱まり，諸侯は列国との間に同盟を結び，その盟主となることで主導権を握ろうとした。このような有力諸侯を［ 10 ］と呼ぶ。続く戦国時代の中国では鉄製農具や［ 11 ］が普及し，農業生産性が大いに高まった。同時に商業も活発化し，刀の形をした刀銭や農具の形をした［ 12 ］などといった青銅貨幣が作られた。特に戦国時代の秦で作られた［ 13 ］は，秦による中国統一ののち，統一貨幣として定められることとなった。

〔語群〕

あ．甲骨文字　**い**．洛邑　**う**．竜山文化　**え**．銅鼓
お．周　**か**．牛耕　**き**．チャンパー　**く**．楚
け．高祖　**こ**．蟻鼻銭　**さ**．河姆渡遺跡
し．楔形文字　**す**．井田制　**せ**．半両銭
そ．殷　**た**．五銖銭　**ち**．敦煌　**つ**．スキタイ
て．布銭　**と**．斉　**な**．封建制　**に**．上帝

ぬ．仰韶文化　**ね**．鎬京　**の**．焼畑農業
は．ドンソン　**ひ**．燕　**ふ**．三星堆遺跡　**へ**．天子
ほ．夏　**ま**．覇者　**み**．鼎

整理の視点　諸子百家の時代

封建制に基づく旧来の社会秩序が崩壊し，**実力主義の風潮**が高まった**春秋時代末期**から**戦国時代**にかけ，諸侯たちは富国強兵の一環として乱世を生き抜く知恵をもった有能な人材を積極的に登用した。このことが当時の思想界を刺激し，多くの思想家や諸学派を登場させた。これらを総称して**諸子百家**といい，後代に受け継がれる**中国学術思想の原形**が成立した。

儒家（**孔子**・**孟子**・**荀子**など）は，家族道徳の実践を通して**仁**（目上の人や身分が上の人を大切にする道徳的心情）の完成を説き，道徳に基づいて国家を統治することを訴えた。**墨家**（**墨子**など）は，儒家の教える仁を差別愛として批判し，**兼愛**（博愛主義）や**非攻**（戦争否定）などを説いた。これに対して**道家**（**老子**・**荘子**など）は，儒家や墨家の説を人為的なものとして否定し，**無為自然**を唱えて自然の原理にしたがって生きることの大切さを教えた。一方，**法家**（**商鞅**・**韓非**・**李斯**など）は，君主の定めた法によって人民を統治する術を説き，その現実的な考え方は戦国時代においてもっとも高い支持を得た。そのほかにも，天体の運行に関連させて現実の人間生活の意味を説く**陰陽家**（**鄒衍**），諸国の君主に外交戦略を説く**縦横家**（**蘇秦**・**張儀**など），兵法と戦略を説く**兵家**（**孫子**・**呉子**など），論理学派である**名家**（**公孫竜**など），農耕の重要性を説く**農家**など，多くの学派が登場した。

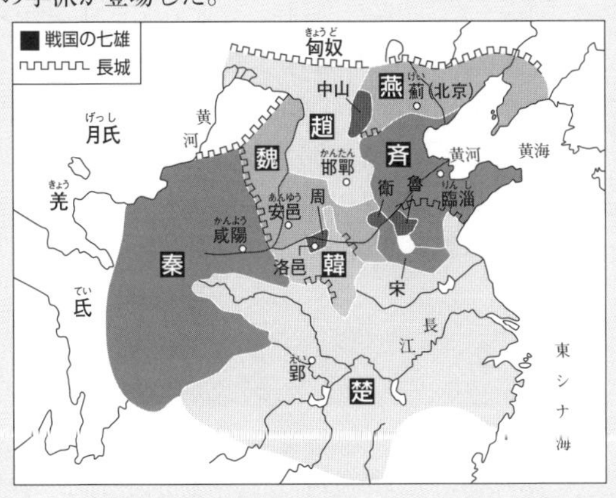

▲**戦国時代の中国**（前4世紀末）

STEP 2 実戦レベル

2 次の文章は，殷から秦時代に関する中国の歴史について述べたものである。よく読んで，下記の設問に答えよ。 (中央大・改)

前二千年紀（前16世紀ごろから前11世紀ごろ）に実在した殷（商）は，多くの氏族集団が連合し，王の都のもとに多数の邑（城郭都市）が従属する形で成り立った国家であった。殷では，宇宙を支配する帝（上帝）と王の祖先がともに崇拝された。王はその祭祀をつかさどり，帝の意志を占うことによって，神権政治をおこなったが，やがて前11世紀ごろに，西方辺境の氏族が殷を滅ぼした。それが周であった。

新たな盟主となった周では，都を鎬京（現在の西安付近）におき，また東方の拠点も建設された。そしてそこでは，領地の分与による統治のしかたの1つである（　1　）制が敷かれた。すなわち，周の（　1　）制では，周王が一族や功臣と連合に加わった有力氏族の首長をそれぞれ諸侯に任じ，領地と農民を世襲的に支配させた。さらに諸侯らはまた，一族を卿・大夫・士の身分に分け，卿・大夫に領地を与え，農民を支配させた。さらに諸侯などは，本族・分族といった血縁集団（宗族）を組織し，宗法とよばれる規範で結束をつよめた。

その後，西北の周辺民族の活動が活発化したため，前8世紀に周は都を鎬京から東方の拠点に移すこととなった。その前770年からはじまる東周時代は約550年間つづいた。これが(a)<u>春秋・戦国時代</u>である。なお，それ以前を西周時代という。それらを経て，最初の統一王朝となったのが，戦国の七雄の1つである秦であった。秦王の政は，前221年に全国を統一して君主となった。そしてこのとき，中国ではじめて王にかえて「皇帝」の称号が採用されたのである。

始皇帝は，世襲にもとづく（　1　）制にかわって，中央から官吏を派遣して各地を統治させる（　2　）制を施行した。その（　2　）制のもとでは，(b)<u>皇帝権力による中央集権化</u>がはかられた。ところが，始皇帝の死後，陳勝・呉広の乱がおこるなどして，秦は前206年に短命で滅んだ。しかしながら，中国では，秦の時代に中央集権国家が成立し，こうした統治はその後およそ二千年にわたり，その国家体制の礎となったのである。

□ **設問 1.** 空欄（**1・2**）に入るもっとも適切な語句を答えよ。

□ **設問 2.** 下線部(a)について。中国の春秋・戦国時代に関するつぎの記述（**あ～う**）は正しいか。それぞれについて，正しければ①を，誤っていれば②を答えよ。

あ. 春秋時代には，鉄製農具の使用がはじまった。

い. 春秋・戦国時代を通じて，華夷思想がしだいに形成された。

う. 戦国時代に漢字のもととなった甲骨文字が発明された。

□ **設問 3.** 下線部(b)について。この中央集権化等に関するつぎの記述（**あ～う**）は正しいか。それぞれについて，正しければ①を，誤っていれば②を答えよ。

あ. 租・調・庸という新しい税制が全国で実施された。

い. 文字・貨幣・度量衡の統一がはかられた。

う. 焚書・坑儒による思想統制がなされた。

解答力UP! 地図問題で問われる主要都市に注意しよう！

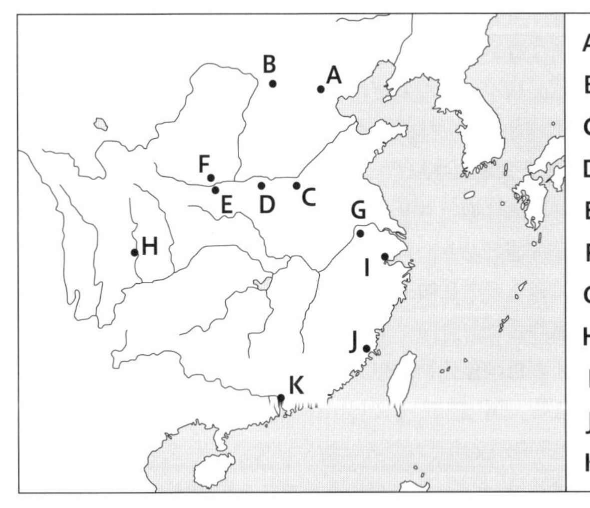

A. 大都（現・北京）
B. 平城（現・大同）
C. 開封
D. 洛陽
E. 長安（現・西安）
F. 咸陽
G. 建業or建康（現・南京）
H. 成都
I. 臨安（現・杭州）
J. 泉州
K. 広州

6　黄河文明～秦帝国　解答・解説

1　1 ぬ　2 さ　3 ほ　4 そ　5 あ　6 お　7 な　8 へ
9 い　10 ま　11 か　12 て　13 せ

解説　1－仰韶文化では，アワやキビなどの雑穀が栽培された。2－稲作の痕跡を残す河姆渡遺跡は，長江文明を代表する遺跡。3－夏は禹（伝説的帝王の一人）が創始したとされる。8－天子とは，天帝（天）の命を受けて地上の支配者となった有徳者のことで，天命があらたまり，天子が代わって王朝が交替することを易姓革命といい，儒家の孟子が理論化した（平和的な政権移譲を「禅譲」，武力による政権交替は「放伐」）。12・13－布銭は戦国時代の趙・魏・韓などで使用された。刀銭（刀の形）は燕・斉で，蟻鼻銭（子安貝の形）は楚でおもに使用されたが，中央に孔のあいた円銭（環銭）は秦で使用され，その形状は半両銭に継承された。

2　設問1　1 封建　2 郡県
設問2　あ ①　い ①　う ②　設問3　あ ②　い ①　う ①

解説　設問1　1－周の封建制は，血縁に基づく主従関係によって成立した地方分権的な統治制度。周王は家臣となる諸侯に封土（封邑）を与え，その領地支配を認める一方，諸侯は周王に忠誠を誓い，軍役・貢納などの義務を負った。西ヨーロッパの封建制が血縁関係にない個人間の主従関係であることから双務的な契約を必要としたのに対し，周の封建制には契約の観念はなかった。2－秦の郡県制は，前4世紀に秦王の孝公が商鞅（法家の一人）を登用して導入したことに始まる制度で，地方を郡・県に分け，中央（都）から官吏を直接派遣することで中央集権的な統治を可能にした。前3世紀後半に秦の始皇帝は，法家の李斯を丞相（行政の最高官職）に登用し，郡県制を中国全土に拡大した。しかし，急激な統一事業が民衆生活を窮乏させ，始皇帝の死後，陳勝・呉広の乱（前209～前208）が起こった。

やや難　設問2　あ－鉄製農具は春秋時代末期に登場し，牛耕の開始や諸侯の治水灌漑事業と重なって，農業生産力を飛躍的に向上させた。これにより，氏族による共同耕作から家族ごとの個別耕作が可能となり，共有地の解体による土地の私有化が進んだ。さらに余剰生産物の流通を背景に商工業も発達し，各国で鋳造された青銅貨幣が流通した。い－華夷思想とは，自国を世界の中心である「華」と考え，夷狄として周辺民族を野蛮視する自国優位の思想。春秋・戦国時代に中国文化圏の拡大と交流が盛んになった結果，「中国」としての一体感が生まれたことがその成立の背景となった。う－甲骨文字が発明されたのは殷の時代。

設問3　あ－租・調・庸は北魏に始まり，隋や唐に継承された税制度。

精講 6-1 「春秋の五覇」と「戦国の七雄」

春秋時代には周王を尊び外敵と戦う**尊王攘夷**をスローガンに**諸侯連合の盟主**となる有力諸侯が登場した。これらの有力諸侯は**「覇者」**と呼ばれ，斉の桓公や晋の文公，楚の荘王など代表的な5人の覇者を総称して**「春秋の五覇」**という。これに対して**戦国時代**に登場した**「戦国の七雄」**は周王を完全に無視し王を自称した7人の大諸侯のことで，燕・斉・楚・秦・趙・魏・韓の7つの国に分かれて激しく攻防したが，前221年に**秦王の政**（後の**始皇帝**）が斉を破り，**中国統一**を達成した。

精講 6-2 始皇帝（秦）の事績

内政	中央官制…**丞相**（行政），太尉（軍事），御史大夫（官吏の監察）。 地方統治…**郡県制**を全国的に施行。 思想統制…**焚書・坑儒**（実用書以外を焼き，儒家を弾圧）。 各種統一…**度量衡**，**貨幣**（半両銭の鋳造），**文字**などの統一。
対外	匈奴（**モンゴル高原**）の討伐→**戦国時代**からの**長城**を修築。 **南方の諸民族**を平定→南海郡など3郡を設置。

秦の始皇帝の事績は入試の最頻出テーマの一つ。内政と対外政策の2つに分けて重要事項を整理しよう。

精講 6-3 その他の基礎用語

- **殷墟**…殷代後期の都の遺跡。河南省安陽市で発掘された。
- **神権政治**…神意と考える占いの結果に基づいて行われる政治。殷の政治が典型。
- **渭水**…黄河の支流。**周**（**鎬京**）・**秦**（**咸陽**）・**前漢**（**長安**）などの都が置かれた。
- **卿・大夫・士**…周王や諸侯に従う世襲の家臣団。
- **宗法**…父系の親族集団（宗族）を維持するための規範。周の**封建制**の支柱。
- **兵馬俑**…**始皇帝**の陵墓の周辺から出土した兵士や馬の陶製の像。
- **「王侯将相いずくんぞ種あらんや」**…**陳勝**の言葉。秦末の実力主義を象徴。

7 漢帝国（前漢・新・後漢）

STEP 1 基本レベル

1 漢代の政治・社会・文化に関する次の文章を読み，［ 1 ］〜［ 6 ］の問いに答えよ。 (日本大・改)

秦末の混乱状況の中で項羽を退けた劉邦は，前3世紀末に漢（前漢）を建国したが，秦の始皇帝が志したような，全土におよぶ中央集権的支配を築くことができなかった。のち景帝のとき［ 1 ］の乱を鎮圧したことで，中央集権体制の確立へ向かい，こうした好条件のもとで武帝が即位する。彼は国内の秩序確立を背景に，対外積極攻勢に出た。匈奴を挟撃することをねらって西方の大月氏に張騫を派遣し，同盟締結を試みた。大月氏はこれに応じなかったが，張騫の報告を受けて武帝は西域への大進出をはたした。また朝鮮には［ 2 ］など4郡を，ベトナム北・中部方面にも諸郡を設置した。こうして漢は巨大な帝国となった。紀元1世紀の初め，外戚の王莽により政権が奪われたが，ほどなく劉秀が後漢を樹立した。後漢は1世紀末ごろ，西域都護の班超の活躍により西域全域にわたる支配権を誇ったが，宦官の横暴による政治の混乱が続き，黄巾の乱と呼ばれる大農民反乱に見舞われて滅亡への道をたどった。

この間，3前漢の武帝は儒学を官学化し，地方の有徳者を推薦させて官吏に登用する制度を設けた。武帝はまた，大征服事業に伴って生じた財政難に対しては塩・鉄・酒の専売制をしき，均輸法・平準法という物価調整策もとった。一方，地方では豪族勢力が成長し，皇帝の全土支配を脅かす存在となっていった。この傾向は後漢の時代にいっそう顕著となり，黄巾の乱の鎮圧に際して漢の皇帝権力は無力で，豪族勢力に頼らざるを得なかった。その中で華北を掌握する力を築いていったのが曹操であり，やがて中国は三国時代を皮切りとする魏晋南北朝時代へ突入する。

漢代には後世に影響を及ぼす数々の文化的業績が残された。前漢の司馬遷は長大な歴史書である『［ 4 ］』を残したが，紀伝体と呼ばれるその独自の編纂形式は，その後の中国の諸王朝の正史の形式として継承された。また儒学が官学とされたことを機に，5儒教の経典に対する注釈学が開拓された。それは訓詁学と呼ばれ，後漢の［ 6 ］によって確立された。さらに，今日用いられる漢字の諸形態，すなわち楷書，草書，行書がそろったのも漢代であり，初の漢字字書である『説文解字』も出現した。そして漢字を記す素材である紙も製作法の改良がなされ，以後，紙は従来の木簡・竹簡にとって代わって普及することになった。

□ 1 空欄 1 に該当する最も適切なものを，次の①～④の中から1つ選べ。

①八王 ②呉楚七国 ③赤眉 ④陳勝・呉広

□ 2 空欄 2 に該当する最も適切なものを，次の①～④の中から1つ選べ。

①敦煌郡 ②南海郡 ③日南郡 ④楽浪郡

□ 3 下線部**3**に該当する制度として最も適切なものを，次の①～④の中から1つ選べ。

①郷挙里選 ②科挙 ③一条鞭法 ④九品中正

□ 4 空欄 4 に該当する最も適切なものを，次の①～④の中から1つ選べ。

①漢書 ②四庫全書 ③資治通鑑 ④史記

□ 5 下線部**5**に属さないものを，次の①～④の中から1つ選べ。

①『論語』 ②『春秋』 ③『文選』 ④『孟子』

□ 6 空欄 6 に該当する最も適切なものを，次の①～④の中から1つ選べ。

①孔穎達 ②蔡倫 ③鄭玄 ④顔真卿

この用語もおさえる！

- ▶ **劉邦（高祖）**…秦末に兵を挙げ，**項羽**（楚の武将）を破って**前漢**を創始。
- ▶ **仏教伝来**…紀元前後（後漢初め）に西域経由で伝来。**大乗仏教**が主流。
- ▶ **徴姉妹の反乱**…後漢の光武帝時代に**ベトナム**の交趾郡（ハノイ付近）で起こった反乱。
- ▶ **西域都護**…亀茲（クチャ）に置かれた西域都護府の長官。**班超**が活躍した。
- ▶ **甘英**…班超の部下。**大秦国（ローマ帝国）**に派遣されたが，途中で帰国した。
- ▶ **大秦王安敦**…**マルクス＝アウレリウス＝アントニヌス帝**の中国名。その使者と称するものが**日南郡**にやってきたことが，『後漢書』に記録されている。
- ▶ **黄巾の乱**（184）…太平道の**張角**が起こした後漢末の農民反乱。**曹操**など地方豪族の台頭を招いた。
- ▶ **太平道**…**張角**が始めた民間信仰。呪文による治病を説く。**道教**の源流。
- ▶ **五斗米道**…**張陵**が始めた民間信仰。**道教**の源流。

STEP 2 実戦レベル

2 次の文章（A・B）は，漢代に関する中国の歴史について述べたものである。よく読んで，下記の設問に答えよ。 （中央大・改）

A. 秦にかわって，前202年に長安（現在の西安）を都としておこったのが漢であった。そこでは，秦の行政制度を引き継ぎつつも，さらに王国を設けて，皇族や功臣たちを諸侯王とした。これを（ 1 ）制という。つまり，漢のはじめに採用された（ 1 ）制では，封建制と郡県制が併用される形となった。しかしその後，諸侯の権力はしだいに奪われていった。また，それに抵抗する（ 2 ）の乱が前154年に鎮圧されたことで，漢の（ 1 ）制は実質的に郡県制とほとんどかわらないものとなったのである。

そして，秦につづいて，漢でも，第7代皇帝の武帝（在位前141―前87）のころまでには，やはり中央集権化がはかられた。その強力な権力のもとで，前2世紀後半に大規模な対外戦争をすすめた武帝であったが，かれはまた内政改革にも取り組んでいった。つまり，均輸・(a)平準法などの政策により，その深刻な財政難をのりきろうとしたが，結局失敗した。その治世には，皇帝に権力が集中したわけだが，その死後，皇帝権力は逆に弱まった。すなわち，大土地所有をおさえる限田策は徹底せず，かえって豪農が成長して，地域社会に勢力をはり，官僚となって中央・地方の政界にも進出していった。そしてそれらの台頭にくわえて，皇帝の側近である外戚や宦官のあいだでも権力抗争が生じたのである。

そうしたなかで，外戚から出た（ 3 ）が新をおこした。なお，それ以前の漢を前漢という。（ 3 ）は，周代の制度を理想と考えてその復活をはかり，急激な変革をおこなったが，赤眉の乱など各地で反乱がおこり，新はまもなくたおれることとなった。

B. そして，この動乱のなかから勢力を伸ばしたのが，漢の一族の劉秀であった。かれは，漢を復興して(b)光武帝（在位25～57）となった。これが後漢である。かれは都を（ 4 ）に移し，内政重視の政策に転換し，漢王朝を再興した。後漢では，はじめ内政に力を入れていたが，やがて西域に進出し，（ 5 ）が西域都護となり，西域支配につとめ，部下の甘英を大秦国に派遣した。

その後，(c)官界に進出した豪族の勢力と外戚・宦官との権力抗争がつよまった。つまり，中央における宦官による官僚や学者にたいする弾圧であった166年・169年の（ 6 ）などの党派争いがくりかえされ，中央の政治はみだれにみだれた。さらに2世紀末には，張角が組織した太平道などの宗教結社がつくられた。張角は，困窮した農民を武装化して，184年に黄巾の乱をおこした。この乱ののち，高官や豪族も私兵を集めて自立し，各地で軍事集団による群雄割拠の状態がうまれ，220年についに後漢は滅亡した。

なお最後に，(d)漢の時代の文化についてみると，歴史書では，（　7　）の『史記』や（　8　）の『漢書』などが特筆される。

□ **設問1.** 空欄（1～8）に入るもっとも適切な語句を答えよ。なお，（　3　）（　5　）（　7　）（　8　）には人名が入る。

□ **設問2.** 下線部(a)について。この平準法とはいかなる制度か。30字以内で説明せよ。

□ **設問3.** 下線部(b)について。光武帝の事跡等に関するつぎの記述は正しいか。正しいものを1つ選べ。

① 戦国時代の長城を修築して匈奴に対抗した。
② 華南を征服して南海（現在の広州）などに3郡をおいた。
③ 倭人の使者に金印を授けた。
④ その陵の墓域にうめられたのが「兵馬俑」である。
⑤ 江南と華北を結ぶ大運河を建設した。

設問4. 下線部(c)について。当時の官界に進出した豪族の勢力と外戚・宦官に関するつぎの記述（**あ～う**）は正しいか。それぞれについて，正しければ①を，誤っていれば②を記せ。

□ **あ**. 豪族には科挙により登用された官吏が含まれる。
□ **い**. 外戚には皇后の親族が含まれる。
□ **う**. 宦官とは宮廷につかえる去勢された男性のことである。

□ **設問5.** 下線部(d)について。武帝の時代に，董仲舒の提案により，儒学が官学とされた。儒学の主な経典である五経とは一般に何をさすか。そのうち3つは『易経』・『書経』・『詩経』である。のこりの2つの正しい組み合わせを1つ選べ。

①『礼記』・『春秋』
②『礼記』・『大学』
③『中庸』・『春秋』
④『中庸』・『大学』
⑤『論語』・『大学』

7 | 漢帝国（前漢・新・後漢）　解答・解説

1 1 ② 2 ④ 3 ① 4 ④ 5 ③ 6 ③

解説 1 − 陳勝・呉広の乱（前 209 〜前 208）は秦末の農民反乱。赤眉の乱（18 〜 27）は王莽の失政に対して起こった新末の農民反乱。八王の乱（290 〜 306）は西晋の皇族が起こした帝位継承をめぐる内乱。

2 − 敦煌郡は河西４郡の一つで，最西端に置かれた郡。南海郡と日南郡は南越征服後に置かれた南海９郡に含まれ，ベトナム中部のユエ（フエ）付近にあった日南郡は最南端の郡となった。このほか，ハノイ付近には交趾郡が置かれた。

3 − 九品中正は魏の文帝（曹丕）が創始した官吏任用制度。科挙は隋の文帝（楊堅）が創始した学科試験に基づく官吏任用制度。一条鞭法は明代後期に始まる税制度。

4 − 司馬遷は前漢の武帝に仕えた史官。『漢書』は後漢の班固が記した紀伝体の正史。『資治通鑑』は北宋の司馬光が編纂した歴史書で，孔子の『春秋』と同じく，編年体（年代順の記述形式）で書かれている。『四庫全書』は清の乾隆帝の時代に完成した中国最大の叢書（種々の書物を集めた書）。

5 − 『文選』は南朝の梁の皇族であった昭明太子が編纂した詩文集。

6 − 蔡倫は製紙法を改良した後漢の宦官。紙の普及以前は竹の小札に文字を記す竹簡の使用が一般的であった。

2 設問１ 1 郡国 2 呉楚七国 3 王莽 4 洛陽 5 班超 6 党錮の禁 7 司馬遷 8 班固

設問２ 物資が豊富なときに貯蔵し，物価が上がると売り出す物価抑制法。

設問３ ③　設問４ あ ② い ① う ①　設問５ ①

解説 設問１ 1 − 郡国制は高祖（劉邦）が導入した統治制度で，長安を中心とした直轄領に郡県制を，周辺地域には諸侯王に統治を委ねる封建制を併用した。2 − 呉楚七国の乱（前 154）の背景には，景帝が実施した諸侯王抑圧策に対する不満があった。3 − 外戚の王莽は讖緯説（中国古代の予言）などを用いて政権を奪い新を創始したが，『周礼』（周代の諸制度の記録）に基づく復古主義によって社会混乱を引き起こし，赤眉の乱（18 〜 27）を招いた。4 − 劉秀（光武帝）は洛陽を都に有力豪族の連合政権を樹立し，漢を再興した（後漢の創始）。5 − 班超は班固の弟。6 − 党錮の禁（166, 169）に始まる中央政界の混乱は，黄巾の乱（184）の背景となった。7・8 − 上記 **1** 4 の解説参照。

やや難 設問２ − 前漢の武帝は平準法で物価の抑制を図った。武帝が導入したもう一つの均輸法は，特産地で物資を税として納めさせ，不足地に転売する物価調整法のこと。

武帝の経済政策は，民間商業の利益を国家が奪う結果を招いた。

設問3 －**光武帝**は**倭**の**奴国**の朝貢を受け，**漢委奴国王印**（金印）を授けた。①②④は秦の**始皇帝**，⑤は隋の**文帝**や**煬帝**の説明。

設問4　あ－「科挙」ではなく「**郷挙里選**」。科挙の登場は**隋**の時代以降。

設問5 －精講 7-2を参照。

精講 7-1 武帝（前漢）の事績

内政	董仲舒（儒学者）の献言…儒学の官学化，**五経博士**の設置 郷挙里選の制定…**地方長官**に有徳者を**推薦**させる官吏任用制度 均輸法・平準法の制定，塩・鉄・酒の専売，**五銖銭**の鋳造など
対外	匈奴の討伐…**張騫**の**大月氏**派遣（失敗），衛青や霍去病らの将軍が活躍 **河西４郡**（敦煌など）の設置 南越の征服…**南海９郡**（南海・交趾・日南など）の設置 衛氏朝鮮の征服…**朝鮮４郡**（**楽浪**・**真番**・**臨屯**・**玄菟**）の設置 大宛（フェルガナ）遠征…**李広利**の活躍，**汗血馬**の獲得

焦点　前漢の武帝の事績は，入試の最頻出テーマの一つ。内政と対外政策の2つに分けて重要事項を整理しよう。

精講 7-2 五経と四書

五経とは，『**詩経**』（中国最古の詩集），『**書経**』（政治の記録），『**易経**』（占いの書），『**春秋**』（孔子の書いた魯の年代記），『**礼記**』（道徳の書）の５つの経典を指し，**儒教の根本経典**として漢代に確定した。**後漢**の**鄭玄**によって大成された**訓詁学**は，これらの経典の字句解釈を行う学問として発達したが，**唐**の**孔穎達**らが太宗の命を受けて国家公認の注釈書となる『**五経正義**』を編纂すると，経典解釈が固定化され，儒学は停滞した。その反動として**南宋**の**朱熹**が大成した理性を重視する宋学（朱子学）では，朱熹の選定した４つの書，『**大学**』『**中庸**』（ともに『礼記』の一編），『**論語**』（孔子と弟子の言行録），『**孟子**』（孟子の書）を**四書**として重視した。

8 魏晋南北朝時代

STEP 1 基本レベル

1 次の文章を読み，下記の問いに答えよ。 (法政大・改)

中央アジアを経由して紀元前後頃に伝えられた仏教が，中国の一般社会に広まったのは魏晋南北朝の動乱時代で，これは戦乱による社会不安を背景としている。この時代は，一方では(a)貴族社会の成立を特徴として，また他方では異民族の侵入や様々な王朝の興亡を特徴とする時代でもあった。後漢ののち，魏・呉・蜀の三国が中国に分立したが，魏が263年[1]を滅ぼした。しかし魏では，将軍であった[A]が，魏の元帝より禅譲を受けて帝位につき西晋を建国し，280年[2]を滅亡させ中国を統一した。

しかしながら，この中国の統一は長くは続かなかった。[A]の死後，幼少の恵帝の即位に乗じた外戚の政権争いに端を発し，(b)司馬一族による権力をめぐる内乱が生じた。この内乱において，諸王が兵力として期待したのが周辺の遊牧諸民族であった。(c)五胡と称されるこれら遊牧諸民族は，兵力として存分に力を発揮して勢力を増しながら，やがて各地で蜂起することとなった。このうち，山西で挙兵した匈奴を中心とした勢力により，西晋は滅亡した。

西晋が滅亡すると，西晋の一族であった[B]が江南に逃れ，[あ]を都とし，西晋を復興して東晋を建国した。江南では，東晋の滅亡後，いずれも[あ]を都とした南朝と称される(d)4王朝が短期間に興亡を繰り返した。南朝では，豪族たちが上級官職を独占したり，荘園の経営を行うことにより，その勢力を強めたために君主権は弱体であった。また，正統的な漢民族文化を維持する(e)貴族的な文化が発展した。

一方の華北では，進入した五胡の13国と漢人の3国を総称する五胡十六国の時代へと突入し，再び動乱の時代を迎えることになった。華北の統一は，439年鮮卑の拓跋氏のたてた北魏の[C]により行われた。この北魏以後の華北の5王朝は北朝と称される。

北魏では，第6代皇帝[D]が，農耕民社会の安定と税収の確保と増大のために，(f)土地制度や村落制度を導入した。また，漢化政策として鮮卑の服装や言語を禁止したのだが，こうした政策に対する反発を招き，軍人の反乱を契機に北魏は東魏と西魏に分裂した。さらに，東魏は[3]に，西魏は[4]に倒され，[3]も[4]により滅ぼされた。中国が再び統一されるには，[4]から出た隋の[E]が南朝の[5]を倒すまで待たねばならなかった。

☐ **問 1.** 空欄 あ に当てはまる最も適切な地名を下記の選択肢から選べ。

ア. 洛陽 **イ.** 平城 **ウ.** 成都 **エ.** 雲南 **オ.** 雲崗
カ. 敦煌 **キ.** 酒泉 **ク.** 疏勒 **ケ.** 長安 **コ.** 建康

☐ **問 2.** 空欄 1 ～ 5 に当てはまる最も適切な国名を下記の選択肢から選べ。

ア. 呉 **イ.** 北斉 **ウ.** 韓 **エ.** 趙 **オ.** 陳 **カ.** 北周 **キ.** 燕
ク. 蜀 **ケ.** 北魏 **コ.** 斉 **サ.** 東晋 **シ.** 楚 **ス.** 西晋 **セ.** 秦

☐ **問 3.** 空欄 A ～ E に当てはまる最も適切な人名を下記の選択肢から選べ。

ア. 太武帝 **イ.** 司馬遷 **ウ.** 文帝 **エ.** 司馬睿 **オ.** 義浄
カ. 光武帝 **キ.** 仏図澄 **ク.** 玄奘 **ケ.** 洪武帝 **コ.** 司馬光
サ. 司馬炎 **シ.** 法顕 **ス.** 孝文帝 **セ.** 張騫

☐ **問 4.** 下線部(a)について，門閥貴族の形成につながった，この時代の官吏任用制度として最も適切なものを**ア**～**オ**のうちから一つ選べ。

ア. 郷挙里選 **イ.** 九品中正 **ウ.** 科挙 **エ.** 省試 **オ.** 殿試

☐ **問 5.** 下線部(b)について，この内乱として最も適切なものを**ア**～**オ**のうちから一つ選べ。

ア. 黄巾の乱 **イ.** 黄巣の乱 **ウ.** 呉楚七国の乱
エ. 安史の乱 **オ.** 八王の乱

☐ **問 6.** 下線部(c)について，五胡として最も適切なものを**ア**～**オ**のうちから一つ選べ。

ア. 烏孫・羯・月氏・氐・匈奴 **イ.** 鮮卑・氐・羌・匈奴・月氏
ウ. 匈奴・突厥・羯・鮮卑・氐 **エ.** 氐・羌・匈奴・羯・鮮卑
オ. 月氏・羯・羌・烏孫・匈奴

☐ **問 7.** 下線部(d)について，4 王朝の続く順として最も適切なものを**ア**～**オ**のうちから一つ選べ。

ア. 呉・梁・斉・宋 **イ.** 宋・斉・梁・陳 **ウ.** 秦・楚・梁・宋
エ. 陳・梁・宋・斉 **オ.** 斉・宋・陳・梁

☐ **問 8.** 下線部(e)について，最も適切なものを**ア**～**オ**のうちから一つ選べ。

ア. 国風文化 **イ.** 竜山文化 **ウ.** 仰韶文化 **エ.** 天平文化 **オ.** 六朝文化

☐ **問 9.** 下線部(f)について，最も適切なものを**ア**～**オ**のうちから一つ選べ。

ア. 均田制 **イ.** 屯田制 **ウ.** 井田制 **エ.** 租調庸制 **オ.** 占田・課田法

STEP 2 実戦レベル

2 次の文章を読み，下線部(1)〜(6)について下記の【設問】に答えよ。（中央大・改）

漢王朝の皇帝は劉氏，そのあとに劉氏が建てた王朝もたいてい「漢」と称した。(1)後漢が倒れたあと，魏は曹氏，呉は孫氏，蜀は劉氏によって建てられ，三国が分立した。魏は「曹魏」とも呼ばれ，蜀は漢帝室の子孫であると称したため，(2)正式には「漢」と称した。中国の各王朝には，このように王朝の名称のほかに，その王朝を建てた家（帝室）の姓をとった国姓があった。

(3)魏から政権をゆずりうけた晋は司馬氏，これが江南に移ったのちは東晋，それ以前は西晋と呼ばれている。東晋のあとは劉氏の宋，蕭氏の斉，同じく(4)蕭氏の梁，陳氏の陳と興亡をかさねた。いわゆる南朝である。

北方では五胡十六国が興亡した。その中で，苻氏の前秦は華北統一の勢いを一時期示したが，東晋に敗れて衰退した。そのあとをうけて台頭した姚氏もまた秦と称した。これは「後秦」と呼ばれ，別に「姚秦」とも称される。五胡十六国の時代のあと，北方を統一した(5)北魏は拓跋氏が建てたので，「拓跋魏」とも呼ばれる。北魏のあとは拓跋氏の東魏・西魏，高氏の北斉，宇文氏の北周の諸王朝が興亡した。これを北朝といい，(6)その間に創行された制度の多くは楊氏の隋，李氏の唐へ引き継がれた。

【設問】

□ (1) 後漢が倒れる一因となる農民反乱を指導した太平道の教祖は誰か。

□ (2) この王朝は蜀のどの都市に都を置いたか。

□ (3) 中国の王朝交替には，魏晋のように政権をゆずりうける禅譲と，殷周のように武力による放伐の二通りの形式があった。このような王朝交替を漢字4字で何というか。

□ (4) 梁武帝の長子昭明太子が古典文学の粋を集めて編纂（へんさん）した詩文集は何というか。

□ (5) a．北魏の都平城（現在の大同）の西郊では多くの石窟寺院が造営され，数多の仏像が開削された。平城西郊のその石窟寺院を何というか。

b．この時代は道教も力を持った。北魏の道教を大成し，太武帝に重用され，道教の国教化を推進した道士は誰か。

□ (6) 北朝創始になる諸制度の中で，北魏の孝文帝が制定した村落制度は何というか。

整理の視点　「魏晋南北朝の時代」の王朝の流れ図

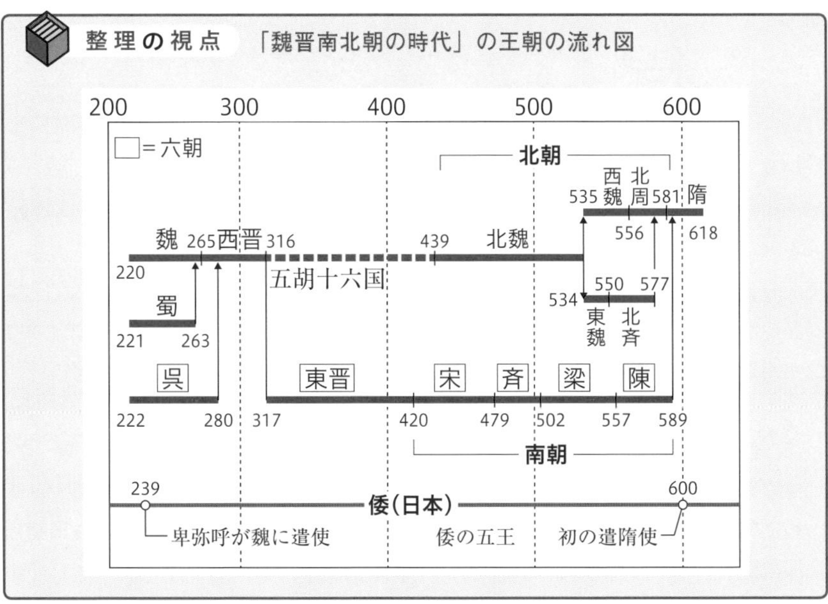

この用語もおさえる！

- **華北・四川・江南**…華北は**黄河流域**（とくに中・下流域の地域），四川は**長江上流域**，江南は**長江下流域**（または長江以南の地域）を指す地名。**曹操**が**赤壁の戦い**（208）で**劉備・孫権**連合軍に敗れると，これら三つの地域で中国が三分される状況となった。
- **曹丕（文帝）**…曹操の子。後漢の献帝から禅譲を受け，華北に**魏**を建国。
- **卑弥呼**…日本の**邪馬台国**の女王。**魏**に朝貢し，**親魏倭王**の称号を授かる。
- **劉備**…**蜀**を創始して四川を支配。宰相の**諸葛亮（諸葛孔明）**による補佐。
- **孫権**…**呉**を創始して江南を支配。**江南の経済開発**に着手。
- **建業・建康**…現在の**南京**。建業は**呉**の時代，建康は**東晋・南朝**の時代の名称。
- **前秦**…**五胡十六国**の一つ。華北を一時制覇したが，**淝水の戦い**で東晋に敗北。
- **拓跋珪（道武帝）**…鮮卑の首長。前秦崩壊後の華北に**北魏**を建国。

8 | 魏晋南北朝時代 解答・解説

1 問1 コ 問2 1 ク 2 ア 3 イ 4 カ 5 オ
問3 A サ B エ C ア D ス E ウ 問4 イ
問5 オ 問6 エ 問7 イ 問8 オ 問9 ア

解説 **問4**－九品中正では各地の**中正官**が官職候補者を9つのレベル（品）に評定して中央に報告したが，その上位（上品）は**地方豪族の子弟**に占められ，彼らは高級官職を独占する**門閥貴族**となった。特定の家柄に高級官職が支配される政情は，**「上品に寒門**（家柄の低い人）**なく，下品に勢族**（家柄の高い人）**なし」**と批判された。**殿試**とは**北宋**で始まった，皇帝自らが立ち会う科挙の最終試験のことで，**省試**（二次試験）の合格者が対象とされた。**問5**－八王の乱（290～306）を機に華北では五胡（**匈奴・羯・鮮卑・氐・羌**）が強勢となり，西晋はその一つの**匈奴**が起こした永嘉の乱（311～316）で滅んだ。**安史の乱**（755～763）と**黄巣の乱**（875～884）は唐の時代の反乱。**問6**－**氐**と**羌**はチベット系の民族。**問7**－**南朝の宋**は東晋の武将であった**劉裕**が創始した王朝。3番目の**梁**の**武帝**の時代が南朝の最盛期とされ，その子の昭明太子は**四六駢儷体**で書かれた詩文を含む**『文選』**を編纂した。**問8**－六朝とは現在の**南京**を都とした**呉・東晋・宋・斉・梁・陳**の6つの漢民族王朝を指す。**天平文化**は奈良時代，**国風文化**は平安時代の日本の文化。**問9**－均田制は**北魏**に始まり，**隋・唐**に継承された土地制度。**井田制**は**周**（西周）の土地制度。諸制度については**精講** 8-1を参照。

2 (1) 張角 (2) 成都 (3) 易姓革命
(4) 『文選』 (5) a 雲崗石窟寺院 b 寇謙之
(6) 三長制

解説 (1)－**太平道**の**張角**が指導した「後漢が倒れる一因となる農民反乱」とは，**黄巾の乱**（184）のこと。
(2)－**成都**は**蜀**（四川地方）の中心都市。
(3)－**易姓革命**は**儒家**の**孟子**によって理論化された。
(4)－**1**問7の解説参照。
(5)a－**北魏**では都の**平城**（現在の大同）近郊に雲崗石窟寺院が，**洛陽**に遷都後はその近郊に**竜門石窟寺院**が造営された。b－**道教**は**後漢末**の**太平道**や**五斗米道**（**天師道**）を源流とする中国最大の民間信仰で，財福や治病などの**現世的利益**を重視した。**寇謙之**は不老不死をめざす**神仙思想**や道家の**老荘思想**，**仏教**の儀礼面などを取り入れて五斗米道を改革し，道教を大成した。439年に華北を統一した北魏の太武帝はこの道教を国教とし，仏教を弾圧した。

(6) − 北魏の**孝文帝**の時代には，村落制度の**三長制**や土地制度の**均田制**が制定されたほか，鮮卑の言語や服装を禁止して漢民族への同化をはかる**漢化政策**がとられ，都も**平城**から**洛陽**に遷都した。これに対する反発から孝文帝の死後に鮮卑系軍人が反乱を起こし，北魏は**東魏**と**西魏**に分裂。その後，東魏は**北斉**に，西魏は**北周**に代わり，北斉を滅ぼした**北周**が一時的に華北の再統一を実現した。

精講 8-1 魏晋南北朝時代の諸制度

魏	**屯田制**…**曹操**が実施。兵士や農民を定住させて開墾・耕作させる。 九品中正…**曹丕**が創始。各地の**中正官**が官職候補者を中央に推薦。
西晋	占田・課田法 …**占田法**は身分に応じて貴族・官僚の土地所有を制限 **課田法**は農民に土地を支給，収穫物を納めさせる制度 **戸調式**…魏に始まり，西晋が整備した税制度
東晋	土断法…華北の**移民**を現住地の戸籍に登録する法。**南朝**でも実施。
北魏	三長制…**孝文帝**が開始した村落制度 均田制…**孝文帝**が始めた土地制度。国家が農民に土地を支給し，兵役や税制度の基盤とした。**男性**に加え，その**妻**・**奴婢**・**耕牛**にも給田。**隋**・**唐**でも実施（唐では男性のみに給田）。
西魏	府兵制…**均田制**と関連した**兵農一致**の軍隊制度。**隋**・**唐**でも実施。 租調庸制…**北魏**で原型が成立した税制度。**租**は**穀物**，**調**は**絹**や**綿**などの布類，**庸**は**中央**での**労役**のこと。**隋**・**唐**でも実施。

精講 8-2 魏晋南北朝時代の仏教

五胡十六国時代に**亀茲**（クチャ）出身の**仏図澄**や**鳩摩羅什**が来朝し，とくに鳩摩羅什は**仏典の漢訳**に貢献した。**北魏末**にはインド出身の**達磨**が来朝し，**禅**（**瞑想**）などによる修行を説く**禅宗**の基礎を築いた。中国僧では**東晋**の**慧遠**が**浄土宗**を開き，阿弥陀仏信仰による極楽浄土（天国）への往生を説いた。また**東晋**の**法顕**は**グプタ朝**の時代の**インド**を訪れて多くの仏典を持ち帰り，**『仏国記』**を著した。

9 隋・唐帝国

STEP 1 基本レベル

1 次の文章を読み，下記の問いに答えよ。 (法政大・改)

唐による政治の仕組みは，中央における官制として三省・六部・御史台を設け，地方に[1]をしいたものであった。三省は中央政府の最高機関として位置づけられた。三省のうち，中書省は皇帝の詔勅などの立案起草を行う機関であり，門下省は詔勅や奏文を審議する機関であり，修正や拒否の権限も有していた。また，尚書省は，六部を管轄して詔勅を実施する政務行政機関であった。そして，官吏の監察機関としての御史台が機能していた。

また唐では，財政と軍事力の確保と充実のために，農民を直接支配することが統治の根底にあった。そのための仕組みとして，成年男子に土地を均等に支給する[2]，穀物や絹布などの税や力役を負担させる[3]が整えられた。加えて，[4]により，兵役の義務を負わせていた。

唐の第二代皇帝の[A]は有能な臣下の補佐を得て唐朝の基礎を固め，国力を充実させた。その治世は「貞観の治」としてたたえられている。第三代皇帝の[B]のときには，百済・高句麗を滅ぼし，さらに西突厥やベトナム方面を攻撃して唐の最大領域を獲得することとなった。

[B]の死後，その皇后であった[C]が国号を周と称して，中国史上唯一の女帝となるなどの混乱が生じたが，第六代皇帝についた[D]は，国を引き締めるために，一方では賢臣を用いて内政を整えるのと同時に，他方では周辺異民族への防備のために国境地域に軍団を配備した。このような努力が実り，「開元の治」と呼ばれる安定期がもたらされた。

しかし，口分田の不足，農民の貧困化，荘園の拡大といった社会矛盾は深刻さを増しており，貧しい農民のなかには土地を捨てて逃亡する者が相次ぎ，[2]は実質的に機能しなくなっていた。

このような事情から，徴兵による[4]も大きく崩れていた。そこで，軍事面での立て直し策として代わりに採用されたのが，傭兵による[5]である。そして，彼ら傭兵の指揮官にあたる(a)<u>節度使</u>が，辺境の地の防備をするようになった。財政面での立て直し策としては，実際に所有している土地に応じて夏と秋の2回ほど徴税する両税法を施行した。また，塩を専売することによる財源の確保にも努めた。

しかしながら，9世紀の後半には，(b)<u>山東の塩の密売人のおこした反乱</u>が，華中から華南にまでも及ぶ農民の大反乱となり，唐の国としての権威は完全に失われた。そして, 907年に唐は滅亡し, 五代十国の時代を迎えることになった。

□ **問1.** 空欄［ 1 ］〜［ 5 ］に当てはまる最も適切な制度名を**ア〜コ**のうちからそれぞれ一つ選べ。

ア. 郡県制　**イ**. 募兵制　**ウ**. 井田制　**エ**. 均田制　**オ**. 府兵制
カ. 州県制　**キ**. 屯田制　**ク**. 三長制　**ケ**. 郡国制　**コ**. 租調庸制

□ **問2.** 空欄［ A ］〜［ D ］に当てはまる最も適切な人名を**ア〜コ**のうちからそれぞれ一つ選べ。

ア. 高祖　**イ**. 高宗　**ウ**. 太宗　**エ**. 西太后　**オ**. 韋后
カ. 武帝　**キ**. 煬帝　**ク**. 玄宗　**ケ**. 太祖　**コ**. 則天武后

□ **問3.** 下線部(a)について, 節度使の安禄山とその部将である史思明による安史の乱を鎮圧するために, 唐に援軍を送った異民族は何か。**ア〜オ**のうちから一つ選べ。

ア. 東突厥　**イ**. 吐蕃　**ウ**. ウイグル　**エ**. 柔然　**オ**. 鮮卑

□ **問4.** 下線部(b)について, この反乱として最も適切なものを**ア〜オ**のうちから一つ選べ。

ア. 黄巾の乱　**イ**. 陳勝・呉広の乱
ウ. 呉楚七国の乱　**エ**. 赤眉の乱　**オ**. 黄巣の乱

この用語もおさえる!

- **大興城**…隋の都。旧長安城の近郊に建設。唐の時代に都の**長安**となる。
- **李淵**…隋の軍人で, **唐**の初代皇帝。後に太宗（李世民）に幽閉され, 譲位した。
- **三夷教**…唐の長安で流行した**祆教**（ゾロアスター教）, **景教**（ネストリウス派キリスト教）, **摩尼教**（マニ教）の3つの外来宗教のこと。**大秦景教流行中国碑**は, 景教の繁栄を称えて大秦寺に奉納された。**イスラーム教**は三夷教には含まれないが, 中国では**回教**（**清真教**）と呼ばれた。
- **武韋の禍**…**則天武后**（高宗の皇后）や**韋后**（中宗の皇后）の混乱期のこと。則天武后は中国史上唯一の女帝となって国号を「**周**」と改称（武周革命）。その後, 復位した中宗を韋后が毒殺したが, その一族は李隆基（後の**玄宗**）に成敗された。
- **広州**…広東省の海港都市。古くから交易の拠点として繁栄。**ムスリム商人**が来訪し, 玄宗の時代に**市舶司**（海上交易の管理官庁）が設置された。その他, **揚州**（大運河の要衝にある物資の集積地）や**泉州**などの都市も繁栄した。

STEP 2 実戦レベル

2 次の文章を読み，問１～問５に答えよ。 (日本大・改)

隋や唐は，王朝をひらいた人物が北朝につらなる血統であったため，内政には主として(a)北朝以来の諸制度を採用した。ただし官僚の登用については，これまでの制度を廃止し，あらたに(b)科挙の制度を行った。

また外政の面では，隋は，モンゴル高原を中心とする北方で勢力をもった大遊牧国家突厥を攻撃したり，高句麗に３度にわたり遠征したりした。しかし，こうした度重なる周辺諸国への遠征に加え，(c)大土木事業にも農民を徴発したため，農民は困窮し，全土に農民反乱がおこり，それが隋滅亡の要因となった。

一方唐は，第３代皇帝の時代にはその勢力を中央アジアにまで拡大し，イスラーム世界とも接することになり，のちにタラス河畔でアッバース朝の軍と衝突することになった。唐は征服地には都護府をおき，服属した諸民族を支配したが，実際の統治は当地の有力者にまかせるという懐柔策をとった。加えて周辺の諸民族国家に対しては朝貢をさせたため，(d)唐の文物や制度が周辺諸国に取り入れられ，唐を中心とした東アジア世界が形成された。

しかし，8世紀以降になると，人口の増加や貧富の差の拡大などにより，(e)国初以来の政治・軍事に関わる諸制度の維持が難しくなっていった。加えて，安史の乱以降は，そもそも辺境防備のために設置された節度使が中国内部にもおかれ，地方の行政・財政権を掌握して軍閥化したため，唐の中央の統制力は弱体化していった。結果的に唐は，10世紀の初めに節度使の朱全忠によって滅ぼされた。

□ **問1.** 下線部(a)に関する記述として正しいものを，次の**1**～**4**の中から一つ選べ。

1. 土地制度として，隋は北魏の太武帝が実施した占田・課田法を受け継いだが，唐は北周の孝文帝が実施した均田制を継承した。

2. 土地制度として，隋は北魏の太武帝が実施した屯田制を受け継いだが，唐は北周の孝文帝が実施した均田制を継承した。

3. 軍事制度として，隋も唐も西魏以来の府兵制を受け継いだ。

4. 軍事制度として，隋は北斉が実施した衛所制を受け継いだが，唐は東魏が実施した府兵制を受け継いだ。

□ **問 2.** 下線部(b)に関する次の **1** ～ **3** の記述のうち，正しいものがあればその番号を，すべてが誤っている場合は0を答えよ。

1. この制度は，門閥貴族に不利であった九品中正を廃止し，貴族の高級官職独占を目指したものであった。

2. 隋・唐で実施されたこの制度では，皇帝自らが実施する殿試を含む三段階選抜の仕組みが確立されていた。

3. この制度では儒教が試験科目となったため，唐代には経書類の研究が進み，注釈書が編集された。

□ **問 3.** 下線部(c)に関する次の **1** ～ **3** の記述のうち，正しいものがあればその番号を，すべてが誤っている場合は0を答えよ。

1. 物資輸送の便をはかるために，杭州と広州を結ぶ大運河の開削工事に多くの農民を徴発した。

2. 北朝の諸政権によって最初に築かれた長城を修築・連結するために，その事業に多くの農民を徴発した。

3. 都の郊外に大規模な離宮である円明園を造営するため，その事業に多くの農民を徴発した。

□ **問 4.** 下線部(d)に関する次の **1** ～ **3** の記述のうち，正しいものがあればその番号を，すべてが誤っている場合は0を答えよ。

1. 6世紀末に中国東北地方に建国された渤海は，唐の官僚制や都城プランを熱心に取り入れた。

2. 676年に朝鮮半島を統一した高句麗は，唐の官僚制を導入した。

3. 日本は唐に朝貢の使節を送り，律令制などを受容していった。

□ **問 5.** 下線部(e)に関する次の **1** ～ **3** の記述のうち，正しいものがあればその番号を，すべてが誤っている場合は0を答えよ。

1. 傭兵による府兵制のかわりに，徴兵による募兵制が採用されるようになった。

2. 土地の兼併によって荘園が不足するようになったため，均田制の実施が困難になった。

3. 租庸調制がくずれ，780年に，土地や資産に応じて課税される両税法が採用された。

9 | 隋・唐帝国　解答・解説

1 問1　1 カ　2 エ　3 コ　4 オ　5 イ
問2　A ウ　B イ　C コ　D ク　問3 ウ　問4 オ

解説 問1　1 −**州県制**は隋・唐の**地方行政制度**。**郡県制**と同じく中央集権的な統治を可能にした。2 −**唐**の**均田制**は**丁男**（21 〜 59 歳）や**中男**（18 〜 20 歳）に対し，世襲地の**永業田**（20 畝）と貸与地の**口分田**（80 畝）を支給した。3 −**租**は穀物，**調**は布類（絹・綿・麻），**庸**は**中央での労役**（年 20 日）を指し，その他に地方官庁での労役である**雑徭**（年 40 〜 50 日）があった。4・5 −唐では**農閑期**に農民を軍事訓練し，徴兵期間中は租調庸の支払いを免除した。しかし，均田制の動揺を背景に農民の徴兵が困難になると，**玄宗**は**募兵制**に切り替えた。**問2** −**太宗**は**律**（**刑法**）・**令**（**民法・行政法**）・**格**（律・令の補足）・**式**（施行細則）を整備して「**貞観の治**」の善政を行い，**高宗**は積極的な対外遠征によって**唐の最大領土**を築いた。その後，**則天武后**（高宗の皇后）や**韋后**（中宗の皇后）による混乱期を経て，**玄宗**の治世前半には「**開元の治**」の善政が見られたが，晩年は**楊貴妃**を溺愛したことで楊一族が台頭。タラス**河畔の戦い**（751）で**アッバース朝**に敗れ，節度使の**安禄山**や**史思明**らが起こした安史の乱（755 〜 763）のなかで退位した。**問3** −ウイグルは安史の乱で唐を助けた**トルコ系**民族。8 世紀から 9 世紀にかけて**モンゴル高原**で強盛となったが，トルコ系の**キルギス**に滅ぼされた。**東突厥**は**唐**の**太宗**に服属した**トルコ系**民族。**吐蕃**は**ソンツェン＝ガンポ**が 7 世紀に**チベット**に建国した王国。**柔然**は 5 〜 6 世紀に鮮卑に代わって**モンゴル高原**を支配した**モンゴル系**民族。**問4** −**黄巣の乱**（875 〜 884）は**王仙芝**や**黄巣**ら塩の密売商人が山東で起こした反乱。黄巣の部下であった**朱全忠**は唐に寝返って**節度使**（**藩鎮**とも呼ばれる）となったが，907 年に**唐**を滅ぼし，**五代**最初の**後梁**を建国した。

2 問1　3　問2　3　問3　0　問4　3　問5　3

解説 問1　1 −**占田・課田法**は西晋の土地制度。2 −隋・唐の土地制度は，北魏の孝文帝に始まる**均田制**。4 −隋・唐の軍事制度は，西魏に始まる**府兵制**。

やや難 **問2**　3 −唐の**太宗**の時代に，孔穎達らによって『**五経正義**』が編纂された。1 −**九品中正**が門閥貴族に有利であったことから，**学科試験**に基づく**科挙**が創始された。2 −**殿試**が実施されるのは北宋の時代から。

やや難 **問3**　1 −「**広州**」ではなく「**天津**（**北京**）」。2 −**長城**はすでに戦国時代に建設が始まっている。3 −**円明園**は清の時代に北京郊外に建設された洋風の離宮と庭園。ヴェルサイユ宮殿をモデルに，イエズス会宣教師の**カスティリオーネ**が設計した。

やや難 **問4** **3** －日本からの留学者であった**阿倍仲麻呂**は**玄宗**に重用され，唐に仕えた。**1** －渤海は**大祚栄**によって「**6世紀末**」ではなく「**7世紀末**」に建国された。都は**上京竜泉府**。**2** －「**高句麗**」ではなく「**新羅**」。

やや難 **問5** **3** －両税法は**徳宗**の宰相を務めた**楊炎**が導入した税制度。国家による大土地私有の公認を前提とした累進的な課税制度で，収穫期に当たる**夏・秋の二期**に分けて徴税された。**1** －**府兵制**が徴兵，**募兵制**が傭兵による軍隊制度。**2** －均田制の動揺を背景に有力者の土地兼併が進み，**荘園**（大土地経営）が拡大した。農民の多くは佃戸（小作人）となって荘園で使役された。

精講 9-1 唐の中央官制（三省六部一台）

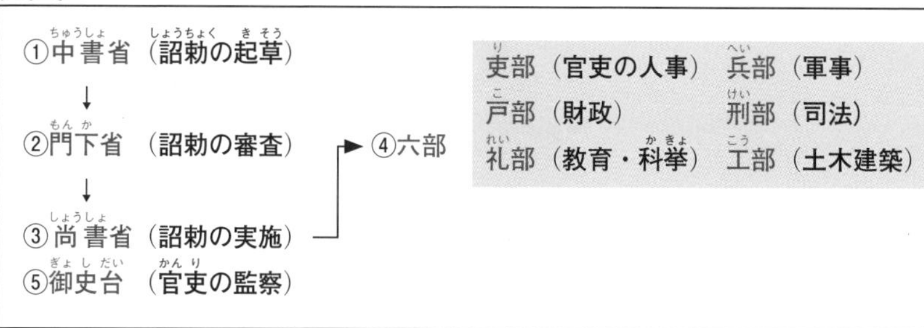

焦点　詔勅（皇帝の命令書）は①での起草，②での審査を経て③に送られ，付属機関の④で実施された。⑤はその際の官吏の不正を監視する機関。六部については，とくに吏部・戸部・礼部の3つの役所の職務に注意しよう。

精講 9-2 羈縻政策と冊封体制

羈縻政策とは**唐の支配領域**の辺境にある周辺民族の首長に唐の官職を与えて懐柔し自治を認めるもので，唐はその上に**都護府**を置いて間接的に統治した。代表的な都護府には安南都護府（ハノイ），**安東都護府**（平壌のち遼陽），**安西都護府**（高昌のち亀茲）がある。一方，冊封体制とは中国皇帝を主君，周辺国の王を臣下とする形式的な君臣関係によって成立した東アジアの国際秩序のこと。唐から**律・令**や**漢字**，**儒教**や**仏教**などを積極的に受容した結果，唐を中心に**東アジア文化圏**が成立した。

焦点　羈縻政策と冊封体制は，それぞれ論述問題で出題される場合があるので，その違いに注意して学習しよう。

10 宋と北方民族

STEP 1 基本レベル

1 宋に関する下記の設問に答えよ。 (南山大・改)

〔設問〕

□ (1) 北宋をたてた人物を選べ。

㋐朱全忠　㋑趙匡胤　㋒李世民　㋓朱元璋

□ (2) 北宋の都である開封の場所を地図上から選べ。

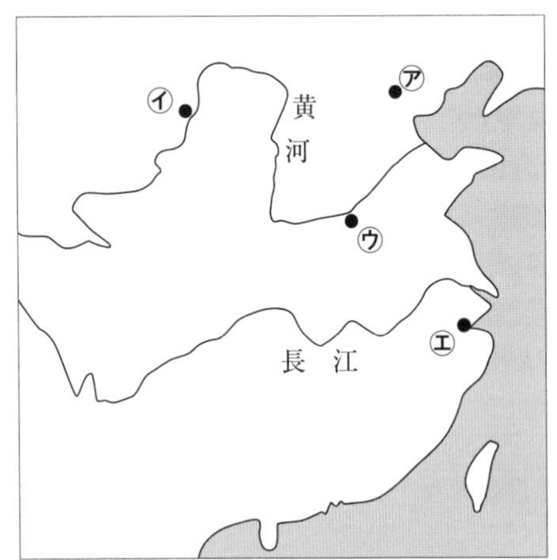

□ (3) 王安石を宰相に起用した皇帝を選べ。

㋐神宗　㋑高宗　㋒太宗　㋓欽宗

□ (4) 王安石の新法のうち，農民への低利貸し付けをおこなう政策を選べ。

㋐市易法　㋑募役法　㋒青苗法　㋓均輸法

□ (5) 宋の周辺諸国が建国された順に並んでいるものを選べ。

㋐ 西夏 ―― 金 ―― 遼　㋑ 西夏 ―― 遼 ―― 金

㋒ 遼 ―― 金 ―― 西夏　㋓ 遼 ―― 西夏 ―― 金

□ (6) つぎの文の空欄 **a**，**b** に入る語の組合せとして正しいものを選べ。

[a]を滅ぼした金は開封を陥落させ，北宋の皇帝らをとらえた。この事件を[b]と呼ぶ。

㋐ **a**．西夏　**b**．靖難の役　㋑ **a**．西夏　**b**．靖康の変

㋒ **a**．遼　**b**．靖難の役　㋓ **a**．遼　**b**．靖康の変

□ (7) 宋代に市舶司がおかれた都市に含まれないものを選べ。

㋐杭州　㋑泉州　㋒沙州　㋓明州

□ (8) 宋代の社会に関する記述として正しいものを選べ。

㋐ 佃戸と呼ばれる新興地主層が勢力をのばした。

㋑ 都市郊外に公所と呼ばれる定期市があらわれた。

㋒ 手工業者の同業組合である作がつくられた。

㋓ 江南が「湖広熟すれば天下足る」と言われる穀倉地帯となった。

この**用語**もおさえる！

- ▶ 武断政治…軍事力を背景とした政治。五代の**節度使**による政権が典型。
- ▶ 世宗（後周）…五代一の名君。歴代皇帝最後となる**仏教弾圧**を行った。
- ▶ 文治主義…官僚を配し，儀礼や法制によって政治を行う理念。北宋が採用。
- ▶ 岳飛…南宋の軍人。**主戦派**として金との対決を訴えたが，秦檜に敗れて獄死。
- ▶ 秦檜…南宋の政治家。**和平派**の中心。金を主君，南宋を臣下とする和議を結ぶ。
- ▶ 「清明上河図」…**開封**の繁栄を描いたとされる絵画。北宋の張択端の作。
- ▶ 景徳鎮…**青磁**や**白磁**が生産された中国第一の窯業都市。江西省北東部。
- ▶ ジャンク船…宋代以降，**中国商人**が南シナ海交易で使用した木造帆船。

STEP 2 実戦レベル

2 次の文章を読み，下記の問いに答えよ。 (法政大・改)

中国では唐の滅亡から［ 1 ］年の宋の中国統一までの間に，(1)華北の5王朝と江南・華南周辺の10国が興亡した。この5王朝の時代に貴族が没落し，かわって新興地主層や富商が力をのばし，産業が発達した。これを基盤として宋は経済的に繁栄した。宋の時代には，商業に対する規制がゆるみ，都市のなかで商業活動が活発におこなわれただけでなく，地方でも商業が盛んになった。そして，唐末から城壁外に自然発生的に生まれた交易所が，宋の時代には［ 2 ］と呼ばれる地方の小都市に発展した。貨幣経済も発展し，(2)多くの貨幣が流通した。海外貿易も活発であり，いくつかの港が栄えた。なかでも［ 3 ］は宋の南渡以降，最も繁栄し，マルコ＝ポーロにより世界第一の貿易港と西方に紹介されている。政治面では文治主義を採用して(3)官僚制を整え，君主独裁体制を樹立した。しかし，北方民族に対する防衛費などの出費と官僚の増加による経費増大などの財政破綻が問題となった。この財政破綻を立て直すため，神宗に登用された王安石は新法を実施したが，保守的な官僚層が反対した。特に［ 4 ］は哲宗の宰相となり，新法を廃止して旧法を復活させた。

宋を圧迫した北方民族には［ 5 ］系，［ 6 ］系，そして［ 7 ］系があり，宋は3つの民族それぞれと和約を結んで，国内に一応の平和を維持した。［ 5 ］系民族との和約は［ 8 ］と呼ばれ，宋は毎年絹13万匹，銀5万両，［ 9 ］2万斤を贈った。そして，［ 6 ］系民族とは毎年絹20万匹，銀10万両を贈る和約を結んだ。この［ 6 ］系民族は［ 7 ］系民族にいったんは滅ぼされたが，その皇族は中央アジアに逃れて，［ 10 ］を倒して国を建てた。この［ 7 ］系民族には宋も滅ぼされたが，皇帝の弟が江南に逃れて帝位についた。そして，江南に新しく建てられた宋は［ 7 ］系民族に対して臣下の礼をとる和約を結び，(4)両国の国境を定めた。

以上のように，宋の時代は北方民族の圧迫に対して守りの姿勢をとらされたことと，文化の担い手が貴族にかわって儒学の教養を身につけた知識層になったことなどから，(5)中国独自の庶民的な文化が発展した。

□ **問1**．空欄［ 1 ］～［ 10 ］に入る最も適切な語句を下記の語群のなかからそれぞれ一つ選べ。

〔語群〕

あ．欧陽脩　**い**．澶淵の盟　**う**．カラハン朝

え．ガズナ朝　**お**．960　**か**．976　**き**．979

く．慶暦の和約　**け**．広州　**こ**．米　**さ**．ゴール朝
し．サーマーン朝　**す**．塩　**せ**．司馬光
そ．紹興の和約　**た**．泉州　**ち**．草市　**つ**．蘇軾
て．チベット　**と**．茶　**な**．鎮　**に**．ツングース
ぬ．トルコ　**ね**．ホラズム　**の**．明州　**は**．モンゴル

□ **問2.** 下線部⑴の５王朝のうちの３王朝を建てた３人は同じ北方民族出身である。この民族の名称として，下記の記号のなかから正しいものを一つ選べ。
あ．ウイグル　**い**．匈奴　**う**．柔然　**え**．突厥　**お**．モンゴル

□ **問3.** 下線部⑵の流通した貨幣のなかで，民間で手形として用いられていたものが北宋の時代に紙幣として使われるようになり，世界最初の紙幣と言われているものがある。その紙幣の名前を記入せよ。

□ **問4.** 下線部⑶の官僚制において，官僚を出した家は，戸籍に明記され，役の減免などの特権が一代に限り与えられた。宋代以降，この官僚を出した家のことをなんと呼ぶか，その名前を記入せよ。

□ **問5.** 下線部⑷の両国の国境がどこに定められたか，その境界となったものの名前を記入せよ。

□ **問6.** 下線部⑸の宋の時代の文化にあてはまる正しいものを，下記の記号のなかから一つ選べ。
あ．儒学では宋学がおこり，経典の一つ一つの字句解釈を重んずる訓詁学が重視された。
い．宋学において，経典のなかで重んじられた四書とは，大学，中庸，論語，春秋の４書のことである。
う．『資治通鑑』は君主に資することを目的に紀伝体で書かれた。
え．宗教では，浄土宗が士大夫層に支持されたのに対して，禅宗は民衆の間に広まった。
お．美術では，写実的な文人画とならんで，自然観察を通して作者の心がつかみとった宇宙の理をうつし出そうとする院体画がさかんになった。
か．木版印刷が発明された。
き．庶民の文化が発展し，歌，せりふ，しぐさを伴う歌劇として雑劇が成立した。

10 | 宋と北方民族

解答・解説

1 (1) ㋑ (2) ㋒ (3) ㋐ (4) ㋒ (5) ㋓
(6) ㋓ (7) ㋒ (8) ㋒

解説 (1)－趙匡胤（太祖）は，後周の**世宗**の死後に部下に推されて皇帝となり，**開封**を都に**北宋**を創始。第2代の太宗は979年に**北漢**を滅ぼして**燕雲十六州**を除く**中国統一**を達成した。北宋は，**五代の武断政治**を改めて**文治主義**（官僚による支配）を徹底し，**節度使の解体**や皇帝直属の軍隊である**禁軍の増強**をはかった。また科挙も整備し，皇帝が立ち会って最終審査を行う**殿試**が導入された。(2)－地図中の㋐は**金**の都の燕京（北京），㋑は**西夏**の都の興慶，㋓は**南宋**の都の**臨安（杭州）**を指す。(3)・(4)－**王安石**は**青苗法**・**市易法**（中小商人への低利融資策）・**均輸法**（物価調整法）・**募役法**（富裕者から徴収した免役銭を財源に労働者を募るもの）の**富国策**に加え，**保甲法**（兵農一致の軍隊制度）や**保馬法**（軍馬の民間飼育）などの**強兵策**を打ち出すが，**旧法党**との対立で挫折した。(6)－**靖康の変**（1126～27）では徽宗（院体画の大家）やその子の欽宗らが**金**に連行された。その後，欽宗の弟の高宗が，**臨安**を都に宋（南宋）を再建した。(7)－沙州は**敦煌**を含む一帯に置かれた内陸の州。**市舶司**は**広州**や**泉州**などの海港都市に置かれた。(8)㋒－商人組合を行，手工業者組合を作と呼ぶ。㋐－「**佃戸**」ではなく「**形勢戸**」。佃戸は小作人。㋑－「**公所**」ではなく「**草市**」。この草市が発展して地方小都市の鎮が成立した。**公所**は明代の同郷・同業商人たちの相互扶助施設。㋓－正しくは「**蘇湖（江浙）熟すれば天下足る**」。**宋**・**元**では囲田（低湿地帯の干拓地）の造成や**占城稲**（ベトナム産の日照りに強い早熟米）の移植などで，**長江下流域（蘇湖）**が穀倉地帯となった。**明**・**清**の穀倉地帯は**長江中流域（湖広）**。

2 問1 1 き 2 な 3 た 4 せ 5 て 6 は 7 に
8 く 9 と 10 う
問2 え 問3 交子 問4 官戸
問5 淮河（淮水） 問6 き

解説 **問1** **1・2**－**1**の解説参照。**3**－マルコ＝ポーロは『**世界の記述（東方見聞録）**』のなかで**泉州**を「**ザイトン**」の名で紹介し，世界第一の貿易港と評した。**4**－旧法党の**司馬光**は，**編年体**の歴史書である『**資治通鑑**』を著した。**5・6・7・8・9**－精講 10-1を参照。**10**－遼の皇族の**耶律大石**は**カラハン朝**を滅ぼし，**西遼**（カラキタイ）を建国した。

問2－五代（後梁→後唐→後晋→後漢→後周）は，後梁と後周が漢民族王朝。

問3 －北宋では**交子**，南宋では**会子**と呼ばれる**紙幣**が使用された。

問4 －官戸は形勢戸を母体とし，**荘園**を経営する**大地主**でもあった。

問5 －**淮河**は気候の境界をなす河川で，北は畑作，南は稲作に適した。

や 難 **問6** **あ**－唐代に解釈が固定化した**訓詁学**に代わって**宋学**が登場した。**い**－『**春秋**』ではなく『**孟子**』。**う**－「**紀伝体**」ではなく「**編年体**」。**え**－**浄土宗**が**民衆**に，**禅宗**が**士大夫層**に支持された。**お**－**院体画**が写実的で，宇宙の理をうつし出そうとするのが**文人画**。**か**－**木版印刷**が発明されたのは唐の時代。

精講 10-1 遼・西夏・金

遼 (916～1125)	**契丹（モンゴル系）**の**耶律阿保機**が建国 **渤海**の征服（926），**後晋**から**燕雲十六州**を獲得（936） **澶淵の盟**（1004） …**宋**＝兄は，**遼**＝弟に**絹**・**銀**を毎年贈る **二重統治体制**…遊牧民などに**部族制**，農耕民に**州県制** **契丹文字**の創始…漢字とウイグル文字が母体
西夏 (1038～1227)	**タングート（チベット系）**の**李元昊**が建国 **慶暦の和約**（1044） …**宋**＝主君は，**西夏**＝臣下に**絹**・**銀**・**茶**を毎年贈る **西夏文字**の創始…漢字が母体 **モンゴル軍（チンギス＝ハン）**の攻撃で滅亡
金 (1115～1234)	**女真人（ツングース系）**の**完顔阿骨打**が建国 **遼**を滅ぼす（1125） **靖康の変**（1126～1127）で**北宋**を滅ぼす **南宋**と和議（1142） …**金**＝主君は，**南宋**＝臣下から**絹**・**銀**を毎年贈られる **二重統治体制**…**猛安・謀克**（女真人の部族制） **女真文字**の創始…漢字と契丹文字が母体 **全真教**の流行…**王重陽**が創始した**道教**の一派 **交鈔**の乱発と政治混乱→**モンゴル軍**の攻撃で滅亡

焦点 遼と金の実施した二重統治体制についてはとくに注意しよう。

11 モンゴル帝国と元

STEP 1 基本レベル

1 次の文を読み，下記の問いに答えよ。 (法政大・改)

1206年にオノン河畔の草原で，遊牧民諸部族が重要事項を審議・決定する集会である[A]が開催され，一人の男が彼らの君主に選出された。この君主とその子孫たちが，(1)史上空前の大帝国を建設し，ユーラシア大陸に「タタールの平和」と呼ばれる広範囲にわたる政治的統一と繁栄をもたらすこととなる。すでに1204年にトルコ系[B]部族を滅ぼしていたこの男は，[B]部族の族長の子クチュルクが1211年から王となっていた西遼（カラ＝キタイ）をも滅ぼし，さらに東西交易路を求めてホラズムへ使節団を派遣した。そしてこの使節団が虐殺されたのを機に，西方への大遠征が始まる。ホラズム王はカスピ海へ，王子はインドへ逃れたという。その後，この君主は西夏をも征服したがその帰路病死した。彼は千戸制という軍事・行政制度を組織し，帝国の基盤を築いた。そして西方遠征の後，自分の本拠地を末子トゥルイに，[B]部族の故地をオゴタイに，西遼の故地をチャガタイに与え，長子ジュチにはアルタイ北西部，イルティシ川流域を与え，それ以西の地の征服に命じたという。南方の農耕地帯は一族の共有とした。そして彼の築いた帝国の第2代の皇帝にはオゴタイを指名した。

オゴタイも父の遺志を継いで，内政を整えるとともに征服事業を続けた。父が攻撃した[C]を再び攻めて1234年に滅亡に追いやり，またジュチの子[イ]に命じて西征を行わせた。その後[イ]はキプチャク＝ハン国を建てる。オゴタイの死後は長子グユクが第3代皇帝となった。しかし，その後第4代皇帝となったのはトゥルイの長子[ロ]であった。これは[イ]がトゥルイの血統を支援したためである。これ以後トゥルイの子孫が帝位を占めることとなり，一族内部の対立抗争がこの帝国を分裂の危機にさらす。

[ロ]もまた征服と拡大を続けた。彼は弟[ハ]をチベット，雲南，ベトナムなどに遠征させ，別の弟[D]を西アジアに送ってアッバース朝を滅ぼした。[D]はその地にイル＝ハン国を建てる。[ロ]は南宋攻撃の途上で病死した。彼の死後，末弟[ニ]と[ハ]が帝位を争い[ハ]が[ニ]を抑えて第5代皇帝となる。

[ハ]は都を大都に遷し，1271年には国号を易経の句にちなんで大元（元）と改めた。しかし元朝と友好関係を保ったイル＝ハン国を除いて，遊牧的伝統に固執する諸ハン国は[ハ]と対立していた。第2代皇帝の孫にあたる[ホ]

が1266年に起こした反乱は数十年続いた。このことは帝国の事実上の分裂を示していると言えよう。その後帝国は元朝を宗主国とし，他のハン国がこれと連合する体制に落ち着いたが，これも元朝の崩壊とともに瓦解した。

□ **問1.** 空欄 A ～ D にもっともよくあてはまる語句を記せ。

□ **問2.** 空欄 イ ～ ホ にもっともよくあてはまる人名を下記の選択肢の中から選べ。

1. アリクブケ　**2.** ハイドゥ　**3.** バトゥ　**4.** フビライ　**5.** モンケ

□ **問3.** 下線部(1)について。つぎの国々についてその国がこの大帝国の侵攻を阻止した国であれば**1**を，この大帝国に服属した国であれば**2**を記せ。

a. 高麗　**b.** 陳朝　**c.** パガン朝　**d.** マムルーク朝

この用語もおさえる！

- ウルス…モンゴル語で「国家」を指す言葉。
- 千戸制…**チンギス＝ハン**が制定したモンゴル帝国の軍事・行政組織。
- カラコルム…**オゴタイ＝ハン**が建設したモンゴル帝国の都。
- ジャムチ…モンゴル帝国や元における**駅伝制**の通称。約10里ごとに駅を設置。
- 杭州・泉州…杭州は「**キンザイ**」，泉州は「**ザイトン**」の名で**マルコ＝ポーロ**がヨーロッパに紹介。とくに**泉州**は「**世界最大の貿易港**」と評された。

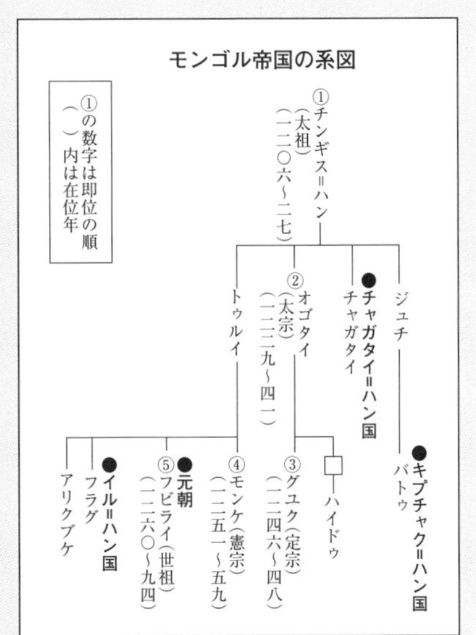

- 大運河…フビライが旧来の大運河を補修し，済州河などの新運河を開削。山東半島を経由して大都と江南を結ぶ**海運**も発達した。
- 元曲…宋代の雑劇から発達，大都で完成した古典演劇。『**西廂記**』『**漢宮秋**』など。
- 郭守敬…フビライに仕えた科学者。**イスラーム暦**の影響下に**授時暦**を作成。江戸時代の日本でつくられた**貞享暦**の基礎となる。

STEP 2 実戦レベル

2 次の文章は，モンゴル帝国の成立とその版図の拡大について述べたものである。よく読んで，下記の設問に答えよ。 (中央大・改)

遼が12世紀初めに滅ぶと，モンゴル高原の諸部族のあいだで統合の動きが強くなった。やがて，モンゴル高原北部にいたモンゴル族のなかで，（ 1 ）が勢力をのばした。彼は1206年に(a)ハン位につきチンギス＝ハンと名乗ってモンゴル帝国の建国を宣し，トルコ系・モンゴル系諸部族の統一を果たした。

服属した遊牧民は，チンギス＝ハンによって95の千戸集団に再編された。これらの集団は，軍事面では，チンギス＝ハンとその一族に率いられて，機動力に富む強力な騎馬軍団として征服活動をすすめた。東方では(b)金を攻撃し，西方では，西遼を1211年にうばったトルコ系遊牧民の（ 2 ）を倒し，さらにホラズム朝と西夏を攻略した。

チンギス＝ハンの死後即位したオゴタイは，カラコルムを都とし，1234年には金を滅ぼし華北を領有した。そして，兄ジュチの次子バトゥに西北ユーラシアへの遠征を命じ，キプチャク草原を制圧した。バトゥが率いるモンゴル軍は，キエフ公国などを服属させ，東欧に侵入し，1241年，ドイツ・ポーランド諸侯連合軍を破った。

バトゥの反対があったなか1246年に即位したオゴタイの長子グユクは，高麗・南宋への遠征を進め，一方ではネストリウス派キリスト教を保護した。

第4代皇帝には，バトゥの支持のもと，オゴタイの弟（ 3 ）の長子モンケが即位した。モンケは，弟のフビライを中国方面に遠征させ，その結果，高麗を服属させ，大理を併合するにいたった。また，おなじく弟の（ 4 ）を西アジア方面に遠征させ，（ 4 ）はバグダードを占領してアッバース朝を滅ぼした。モンケ自身も南宋に親征したが，その途中で陣没した。

モンケ没後，(c)帝位継承戦争を経てフビライが即位した。フビライは，東方の支配に力を注ぎ，1264年，カラコルムから(d)大都に遷都し，1271年に国号を(e)元と定めた。こうして，フビライの時代には，モンゴル帝国は，中国北部からロシア・イランにいたる広大な領域を支配するにいたった。

一族は，ここにいたるまで帝位継承をめぐってしばしば対立し，政治的分裂の状態にあった。バトゥはキプチャク＝ハン国を，チャガタイは(f)チャガタイ＝ハン国を，（ 4 ）は(g)イル＝ハン国をすでに建てており，それぞれにおいて独自の政権が成立していたのである。これらはときに争いつつも，大ハンのもとゆるやかに連合するという形をとっており，モンゴル帝国は，いわばチンギス家一門のウルスの集合体であった。

□ **設問 1.** 空欄（**1**～**4**）に入るもっとも適切な語句を答えよ。なお，(1)(3)(4)には人名を入れること。

□ **設問 2.** 下線部(a)について。ハン位の決定は，有力首長が集まる集会でおこなわれたが，この集会を何というか。その名称を答えよ。

□ **設問 3.** 下線部(b)について。金代に，全真教を開いたのは誰か。その名前を答えよ。

□ **設問 4.** 下線部(c)について。この帝位継承戦争でフビライに降伏した，モンケの弟は誰か。その名前を答えよ。

□ **設問 5.** 下線部(d)について。教皇の使節として，大都に1342年に到着し，4年ほどの滞在を経て，のちにその体験記を著したのは，次のうち誰か。1つ選べ。

①モンテ＝コルヴィノ　②マリニョーリ

③ルブルック　④マルコ＝ポーロ　⑤プラノ＝カルピニ

□ **設問 6.** 下線部(e)について。元軍は，1293年にジャワ島に侵攻したが，その前年に内乱で滅亡したジャワ島東部の王朝は何であったか。その王朝名を答えよ。

□ **設問 7.** 下線部(e)について。下記の文（**あ**～**え**）のうち，元の中国における統治の仕方・社会制度等について述べたものとして適切なものはいくつあるか。①～⑤から1つ選べ。

あ．中国の伝統的な官僚制を廃止した。

い．儒学の古典につうじた士大夫を重用し，官界に多く採用した。

う．青苗法という政策がとられた。

え．モンゴル語を公用語とした。

①1個　②2個　③3個　④4個　⑤0個

□ **設問 8.** 下線部(f)および(g)について。チャガタイ＝ハン国の都，イル＝ハン国の都はそれぞれどこであったか。その組み合わせとして適切なものを①～⑤から1つ選べ。

（チャガタイ＝ハン国の都）――（イル＝ハン国の都）

① アルマリク ―― タブリーズ

② エミール ―― サライ

③ アルマリク ―― エミール

④ タブリーズ ―― サライ

⑤ サライ ―― アルマリク

□ **設問 9.** 下線部(g)について。イクター制の採用・地租中心の税制の確立など内政の安定につとめたイル＝ハン国の第7代ハンは誰か。その名前を答えよ。

11 | モンゴル帝国と元 **解答・解説**

1 **問1** **A** クリルタイ **B** ナイマン **C** 金 **D** フラグ
問2 **イ** 3 **ロ** 5 **ハ** 4 **ニ** 1 **ホ** 2
問3 **a** 2 **b** 1 **c** 2 **d** 1

解説 **問2** **イ**－バトゥは，1241年のワールシュタットの戦いで**ドイツ・ポーランド連合軍**を破った。**ロ**－モンケ＝ハンの命で南征したフビライは，1254年に雲南にあった大理（937～1254）を滅ぼした。**ニ・ホ**－ハイドゥは，**アリクブケ**と**フビライ**の帝位継承争いでアリクブケを支援したが，フビライが大ハンに即位すると反発を強め，ハイドゥの乱（1266～1301）を起こした。この反乱で，モンゴル帝国は事実上分裂した。

問3 **a**－高麗（918～1392）は**朝鮮**の国家。開城から**江華島**に遷都して**モンゴル軍**に抗戦したが，その後は**元**に服属し，日本遠征（元寇）への協力を強いられた。**b**－ベトナム北部の**陳朝**（1225～1400）は3度にわたって元軍の遠征を退けた。**c**－パガン朝（1044～1299）はビルマ最初の統一王朝。**d**－マムルーク朝（1250～1517）は，パレスチナに侵攻した**モンゴル軍**を撃退した。この時に活躍したバイバルスはその後スルタンとなり，アッバース朝カリフの子孫をカイロで保護した。

2 **設問1** **1** テムジン **2** ナイマン **3** トゥルイ **4** フラグ
設問2 クリルタイ **設問3** 王重陽 **設問4** アリクブケ **設問5** ②
設問6 シンガサリ朝 **設問7** ① **設問8** ① **設問9** ガザン＝ハン

設問1 **1**－**テムジン**はチンギス＝ハンの本名。**2**－ナイマンは，ネストリウス派キリスト教を受容したトルコ系民族。**やや難** **3・4**－**トゥルイ**はチンギス＝ハンの末子。その子にはモンケを長男に，フビライ・フラグ・**アリクブケ**がいる。

設問2－本来は「集会」を意味するクリルタイは，モンゴル帝国の最高決議機関。**大ハン**の選出などが行われた。

設問3－王重陽が創始した**全真教**は**道教**の一派で，**禅宗**の影響下に**儒教・仏教・道教**の3教の調和をめざした。

設問4－**1**の解説参照。**設問5**－**精講** 11-2を参照。

設問6－**元軍**の**ジャワ遠征**の報に動揺したシンガサリ朝(1222～92)で内乱が起こり，新たにマジャパヒト王国（1293～1520頃）が誕生した。

設問7－**精講** 11-1を参照。

設問8・9－サライは**キプチャク＝ハン国**の都。**イル＝ハン国**のガザン＝ハンは，**イスラーム教**を国教とし，イラン人の宰相ラシード＝アッディーンに命じてモンゴル史を中心とした世界史である『**集史**』を編纂させた。

精講 11-1 元の中国支配

元は，中国の社会経済システムや官僚制を温存したが，モンゴル人が主要官職を独占し，財政面ではイラン系や中央アジア系の**色目人**を重用するなど，**漢人**（旧金統治下の人々）や**南人**（旧南宋統治下の人々）とは一線を画した。都は**大都**（現在の**北京**）に置かれ，中央の**中書省**（宋代以降は行政機関）と，その出先機関として地方に置かれた**行中書省**を中心に中国統治を行った。モンゴル語を**公用語**とし，**公文書**にはウイグル文字やモンゴル文字，**フビライ**がチベット仏教僧**パスパ**につくらせた**パスパ文字**を使用するなど，**科挙の中断**を含むモンゴル流の支配のなかで士大夫層（知識階級）は冷遇された。14 世紀中頃，財政難に陥った元が，**交鈔**乱発や**専売制強化**によって経済混乱を招くと，元に対する不満は一気に爆発し，**白蓮教徒**などを中心とした**紅巾の乱**（1351 ～ 66）が起こった。

精講 11-2 モンゴル帝国・元の東西交渉

	人物名	来訪地	内容
13C	プラノ＝カルピニ	**カラコルム**	**フランチェスコ派**で**教皇**の使節。グユク＝ハン（３代）に謁見。
	ルブルック	**カラコルム**	**フランチェスコ派**でルイ９世（仏）が派遣。モンケ＝ハン（４代）に謁見。
	マルコ＝ポーロ	**大都**	ヴェネツィアの商人，**フビライ**に仕える。『**世界の記述（東方見聞録）**』を残す。
	モンテ＝コルヴィノ	**大都**	**フランチェスコ派**で**教皇**の使節。中国最初のカトリック布教を行う。
14C	イブン＝バットゥータ	**大都**	モロッコのタンジール出身の大旅行家。『**旅行記（三大陸周遊記）**』を残す。
	マリニョーリ	**大都**	フランチェスコ派，教皇の使節。

12　明・清帝国

STEP 1　基本レベル

1 次の文を読み，【1】～【8】の設問に答えよ。答えは，それぞれの選択肢から一つずつ選べ。 (日本大・改)

1368年に【1】で即位し明朝をたてた洪武帝は，元末の戦乱により荒廃していた農村の回復や経済・治安の安定をめざした諸政策を実施した。農村では，連帯責任制度の一面も持つ【2】をしいて，土地台帳や租税台帳を整備した。また，対外交易に関しては，民間人の自由な対外交易と渡航を禁止する海禁政策を実施するとともに，対外交易を朝貢貿易に限定するきびしい対外関係管理体制をしいた。一方，明朝は，15世紀前半に7回の南海遠征を実施し，多くの国に朝貢を求めた。この遠征終了後，明の海上進出は停滞したが，かわりに[3]琉球王国などの中継貿易拠点が繁栄した。

しかし，明の朝貢貿易と海禁政策は，[4]貿易の利益を求める人びとによる，明の統制政策を打破しようとする動きと[5]世界的な商業活動の活発化のなかで動揺し，16世紀後半になると大きくゆるむこととなった。清代に入ると一時海禁政策が強化されたが，1684年に海禁が解除され，対外貿易が再び活発化した。18世紀半ばには乾隆帝がヨーロッパ船の来航を【6】1港に制限し，特定の商人組合に貿易を管理させることとなった。

他方，世界的な商業活動の活発化にともない，中国国内の綿織物や生糸などの手工業も発展し，従来の穀倉地帯では原料となる綿花や，養蚕に必要な桑の栽培が普及し，明末には【7】が新たな穀倉地帯となった。また，農村で商品作物の生産や手工業が発展するなか，各地には市場町（市鎮）が形成され，財貨が集まる大都市では商工業者が，同郷者や同業者の互助・親睦をはかるための【8】をつくって活動拠点とし，国内各地で活発な商業活動を展開した。

□【1】　空欄【1】に入る地名を，次の1～4から選べ。

1. 西安　2. 北京　3. 杭州　4. 南京

□【2】　空欄【2】に入るものを，次の1～4から選べ。

1. 里甲制　2. 府兵制　3. 衛所制　4. 均田制

□【3】　下線部【3】に関して，15世紀初めに琉球を最初に統一した人物を，次の1～4から選べ。

1. 尚賢　2. 尚巴志　3. 顧炎武　4. 顧憲成

□【4】 下線部【4】に関して，16 世紀半ばにしばしば明の北辺へ侵攻した韃靼（タタール）の族長を，次の **1** ～ **4** から選べ。

1. モンケ＝ハン　**2.** エセン＝ハン
3. ガザン＝ハン　**4.** アルタン＝ハン

□【5】 下線部【5】に関する次の **1** ～ **3** の文のうち，誤りを含むものを選べ。すべてが正しい場合は，**0** を答えよ。

1. スペインは，マニラを拠点にして，メキシコ銀で中国の物産を買い付けるアカプルコ貿易を展開した。
2. ポルトガルは，マカオを拠点にして日明間の中継貿易に参入した。
3. オランダは，台湾に拠点を築いたが，17 世紀に鄭成功により駆逐された。

□【6】 空欄【6】に入る地名を，次の **1** ～ **4** から選べ。

1. 泉州　**2.** 広州　**3.** 上海　**4.** 福州

□【7】 空欄【7】に入る地域を，次の **1** ～ **4** から選べ。

1. 黄河中流域　**2.** 黄河下流域　**3.** 長江中流域　**4.** 長江下流域

□【8】 空欄【8】に入るものを，次の **1** ～ **4** から選べ。

1. 会館・公所　**2.** 猛安・謀克　**3.** 市舶司　**4.** 都護府

この用語もおさえる！

- **明律・明令**…**洪武帝**が唐の律・令を参考に作成させた刑法と行政の法典。
- **朝貢貿易**…朝貢使節の貢物に対する返礼品として中国物産を与える**恩恵的**貿易。
- **紫禁城**…北京に遷都した**永楽帝**が築いた宮城。清代に再建・増築された。
- **鄭和**…雲南出身の**イスラーム教徒の宦官**。**永楽帝**の命で**南海諸国遠征**を行う。
- **北虜南倭**…**北虜**は北辺での**遊牧民**の侵入，**南倭**は沿岸地域を荒らす**倭寇**の脅威。
- **一条鞭法**…土地税と人頭税を合算して**銀納**する明の税制。**両税法**に代わって導入。
- **華僑**…**東南アジア**などに移住した中国系の人々。南海諸国遠征を機に本格化。
- **豊臣秀吉**…16 世紀末に**朝鮮王朝**に侵攻。朝鮮では**壬辰・丁酉倭乱**と呼ばれる。
- **李自成の乱**…明末の農民反乱。この反乱で**崇禎帝**が自殺し，明は滅亡した。
- **呉三桂**…清に帰順した明の武将。雲南の**藩王**となるが，後に**三藩の乱**を起こす。
- **鄭氏台湾**…**鄭成功**（**国姓爺**の異名，鄭芝竜の子）が台湾に建国。反清運動を展開。
- **ジュンガル**…モンゴル系の遊牧民。清の**乾隆帝**の時代に征服される。
- **典礼問題**…中国信者の典礼参加の是非をめぐる**カトリック教会**内部の論争。

STEP 2 実戦レベル

2 次の文を読み，下記の設問A・Bに答えよ。 (立教大・改)

洪武帝は支配機構の整備に力を注ぎ，元の時代に政治の中枢にあった(イ)とその長官の(ロ)を廃止し，六部を皇帝直属とするなど，皇帝中心の体制を敷いた。また，税制を厳格に実施するために農村部を(ハ)という連帯責任制度のもとに編成し，当番制によって(1)租税台帳の整備を行わせた。

さらに洪武帝は1397年に(2)民衆教化のための教訓を定め，国の安定化をはかった。また子を封じて諸王となし，各地に配置した。ただし，諸王はさほど実権を持たされておらず，次の建文帝の時代に諸王への抑圧が強まるに至って，これに対抗する(3)燕王が挙兵し，南京を占領して帝位についた。

明は，(4)東南沿海では民間人の海上交易を許さず，政府の管理する朝貢貿易を行った。東南方海上における(ニ)と呼ばれる海賊・商人集団の跳梁(ちょうりょう)には以前から悩まされていたが，永楽帝の時代には，(ニ)の禁止を条件に日本からの朝貢を認め勘合貿易が始まった。その後も明を中心とする朝貢貿易は，様々な国との間でおこなわれ，例えば黎朝も明と朝貢関係を結んだ。

国際的な商業の活発化は，中国国内の商工業の発展も促した。この発展にともない明の政府と結びついた商人が全国的に活動し富を築いた。大きな都市には同じ出身地の者や同業者の互助などを目的とした会館や(ホ)がつくられた。こうした都市には(5)科挙合格者や官僚経験者で出身地において勢力を持つ者も多く集まった。さらに明末文化の1つの流れとして科学技術への関心が高まり，様々な書物が編纂され，東アジア諸国に影響を与えた。

経済発展にともなう社会の変化や朝貢政策を超えた貿易の拡大に，明朝はしだいに対応できなくなっていった。15世紀のなかばには，西北モンゴルのオイラトがエセンの指揮のもと明との交易を求めて侵攻し，(ヘ)帝を捕えるという土木の変がおこった。エセンの死後，オイラトは分裂したが，16世紀にはタタールをひきいたアルタン=ハンが力をつけ明を圧迫した。

中国東北部で明の支配下にあったツングース系の女真族は，1616年に建州女真の一族長ヌルハチによって統一された。ヌルハチは軍事組織である(ト)の編制や満州文字の制作など独自の政策を進め明に対抗した。第2代の太宗ホンタイジは内モンゴルのタタール系の部族である(チ)を従え，1636年に国号を清と改めた。

明の万暦帝時代初期，官僚の最高位である首席内閣大学士として皇帝を補佐した(リ)の指導のもと行われた財政たて直しは，彼の死後なしくずしにされた。重税と飢饉(きん)のために各地でおきた反乱によって明朝は滅んだ。明の滅亡後，それに乗じて北京を占領した清は中国全土に支配をひろげた。第4代の康熙帝は呉三桂らによる乱を鎮圧し，清朝の基礎を固めた。(6)康熙帝の時代にはロシアとの間で条約を結んで国境を定めた。

清朝は中国統治にあたって，明の制度をほぼ踏襲した。一方で，軍制では満州族固有の社会組織をもとにした軍事組織を採用したが，これを補うため漢人で組織する（　ヌ　）のほか，雍正帝の時代には(7)皇帝直属の軍事・行政の諮問機関を設置した。また大規模な編纂事業をおこして学者を優遇したが，(8)反清的な言論に対しては厳しく弾圧した。

□ **A**．文中の空所（　**イ**　）～（　**ヌ**　）それぞれにあてはまる適当な語句をしるせ。

B．文中の下線部(1)～(8)にそれぞれ対応する次の問**1**～**8**に答えよ。

□ **1.** 洪武帝の時代に整備されたこの租税台帳の名をしるせ。

□ **2.**「父母に孝順なれ，長上を尊敬せよ」などの内容を含む，この教訓の名をしるせ。

□ **3.** 1399年に起きたこの事件の名をしるせ。

□ **4.** 明が政府の管理する朝貢貿易を推進する目的もあり実施した，この政策の名をしるせ。

□ **5.** こうした地方社会における実力者の呼び名を漢字2字でしるせ。

□ **6.** このとき結ばれた条約の名を，次の**a**～**d**から1つ選べ。

a．アイグン条約　　**b**．キャフタ条約

c．ネルチンスク条約　　**d**．北京条約

□ **7.** この諮問機関の名をしるせ。

□ **8.** 清は，禁書を行って思想統制をはかるほか，反清的とみなされる言論や表記を摘発し，その筆者を処罰するなどの弾圧を行った。この弾圧は何と呼ばれるか，その名をしるせ。

12 明・清帝国

解答・解説

1 【1】 4 【2】 1 【3】 2 【4】 4
【5】 0 【6】 2 【7】 3 【8】 1

解説 【2】－**里甲制**は**民戸**（一般農民）を管理する村落制度。連帯責任を課して**戸籍・租税台帳**である**賦役黄冊**の作成や徴税，治安維持に当たらせた。また**里老人**と呼ばれる長老が**洪武帝**の発布した**六諭**（6つの儒教道徳）を説いて回り，民衆を教化した。一方，兵役を負担する農民は**軍戸**とされ，軍事組織の**衛所制**で管理された。【3】－**尚巴志**は**琉球**にあった**中山王国**の国王。15世紀初めに全島を統一し，首里を都に琉球王国を建てた。【4】－**韃靼**（**タタール**）のアルタン＝ハンは，1550年に**北京**を包囲するなど明を圧迫した。同じく明の北辺を脅かしたモンゴル系遊牧民の族長には，土木堡で明の**正統帝**を捕らえる**土木の変**（1449）を起こした**オイラト**のエセン＝ハンがいる。【5】－ポルトガルは**中国産**の**生糸**と**日本銀**を交換する中継貿易を行った。【7】－**長江中流域**は**湖広地方**とも呼ばれ，「**湖広熟すれば天下足る**」と称された。【8】－会館・公所は，**山西商人**（山西省出身）や**徽州商人**（新安商人，安徽省出身）などの遠隔地商業集団の活動拠点となった。

2 **A** **イ** 中書省 **ロ** 丞相（宰相） **ハ** 里甲制 **ニ** 倭寇 **ホ** 公所
ヘ 正統 **ト** 八旗 **チ** チャハル **リ** 張居正 **ヌ** 緑営
B **1** 賦役黄冊 **2** 六諭 **3** 靖難の役 **4** 海禁 **5** 郷紳
6 c **7** 軍機処 **8** 文字の獄

解説 **A** **イ・ロ**－皇帝独裁体制の確立をめざす**洪武帝**の諸政策の一環。その他，**大義名分論**（君臣関係の絶対性を説く）を重視する**朱子学**を官学化し，一皇帝につき一元号を用いる**一世一元の制**を定めた。**ハ**－**1**【2】の解説参照。**ニ**－14世紀の倭寇は**前期倭寇**と呼ばれ，**日本人**の海賊が中心。明の**永楽帝**は，その取り締まりを条件に**足利義満**（室町幕府の第3代将軍）を**日本国王**に冊封し，**勘合貿易**を許した。16世紀の倭寇は**後期倭寇**と呼ばれ，**王直**など**中国人**の海賊による密貿易が盛んであった。**ホ・ヘ**－**1**の解説参照。**ト・チ**－ヌルハチの時代に**満州八旗**（満州人で構成）が，**太宗ホンタイジ**の時代に**モンゴル（蒙古）八旗**（モンゴル人で構成）と**漢軍八旗**（漢族で構成）が創設された。その後，中国支配が本格化する第3代の**順治帝**の時代には，旧明軍を再編制した治安維持部隊として**緑営**が創設された。太宗ホンタイジはチャハル征服を機に満州人・モンゴル人・漢族の支配者として皇帝に即位し，国号を**後金**から**清**と改めた。**リ**－**張居正**は韃靼（タタール）と講和し，また厳しい統制による財政再建をはかった。これに反発した**顧憲成**は官職を辞して故郷に帰り，**東林書院**を再興。政治や官僚の腐敗を鋭く批判した。これ以後，東林派と宦官勢力を中心とする非東林派との間で党争が激化した。**ヌ**－上記の解説参照。

B **1**－**土地台帳**は魚鱗図冊という。**2**－**1**【2】の解説参照。**3**－靖難の役（1399～1402）を起こした**燕王**（**朱棣**）は建文帝を廃して自ら即位し，永楽帝となった。**4**－明は**後期倭寇**に対処するため，16世紀後半に海禁緩和に踏み切った。**5**－郷紳は官職経験を持つ実力者として地方行政に強い影響力を持った。**6・7**－精講 12-2 を参照。**8**－文字の獄や禁書，辮髪の強制は清の**威圧策**。一方の**懐柔策**には満漢併用制や科挙の実施，大編纂事業の奨励などがある。

精講 12-1 鄭和の南海諸国遠征（1405～1433）

明の永楽帝の命で始まった鄭和の南海諸国遠征の目的は，一つは南海諸国に明への朝貢を促すこと。もう一つは東南アジアの**香辛料**など入手困難な南方物産を獲得することにあった。全部で**7回の遠征**では，明に朝貢した**マレー半島**のマラッカ王国に遠征隊の基地が設けられ，後半4回の航海の際には**ペルシア湾**の海港都市や**アラビア半島**のメッカ，**アフリカ東岸**のマリンディにまで到達した。

精講 12-2 清の最盛期（康熙～乾隆）

康熙帝	三藩の乱を鎮圧（1681），鄭氏台湾を平定（1683） ネルチンスク条約（1689） …**アルグン川**と**スタノヴォイ山脈**をもって**ロシア**と国境を定める 地丁銀制（人頭税を廃止して土地税に一本化した税制）を導入
雍正帝	軍機処を設置し，軍事・行政上の最高機関とする キリスト教布教の全面禁止（1724）…**典礼問題**に対処 キャフタ条約（1727）…**モンゴル方面**での国境を**ロシア**と画定
乾隆帝	回部やジュンガルを征服，**東トルキスタン**（新疆と改称）を領有。理藩院（間接支配地域である**藩部**を統轄する役所）を整備・拡充。ヨーロッパ諸国との貿易を広州一港に制限（1757）。

焦点　清の最盛期を築いた3人の皇帝，康熙帝・雍正帝・乾隆帝の事績は頻出事項の一つ。混同しないようにしっかり整理しておこう。

第2章 諸地域世界の交流

13 イスラーム世界の成立と発展

STEP 1 基本レベル

1 次の文章を読み，後の問いに答えよ。 (東洋大・改)

イスラーム教は7世紀初めに[A]のクライシュ族にうまれ，商人であった[B]によってとなえられた。しかし，イスラーム教徒は，クライシュ族のなかでは迫害をうけた。そのため，[B]は少数の信者をひきいて(a)622年メディナ（ヤスリブ）に移住したが，630年には逆に[A]を征服し，その後アラブの諸部族を従えて，アラビア半島はイスラーム教のもとに緩やかに統一された。

[B]の死後，イスラーム教徒がカリフ（後継者）として選んだ(b)最初の4人を正統カリフという。正統カリフの時代には，アラブ人はカリフに指導され，大規模な征服活動をおこない，東方で[C]をほろぼし，西方では[D]からシリア，エジプトを奪い，アフガニスタンまでを征服した。

第4代カリフが661年に暗殺されると，(c)ウマイヤ朝がひらかれた。ウマイヤ朝は，東方は西北インド，西方は北アフリカからイベリア半島までを征服し，フランク王国にもたびたび侵入したが，732年には[E]に敗れた。

ウマイヤ朝に対しては，征服地において非アラブ人のイスラーム教改宗者(マワーリー）は税負担の面で不満を抱いていた。このような人々は，アッバース家の革命活動に協力し，これが成功して750年に(d)アッバース朝がひらかれた。アッバース朝は，8世紀末に即位した[F]の時代に最盛期を迎えた。

問1. 空欄[A]～[F]に入る語句として最も適切なものを，次の中から一つずつ選べ。

□ [A] ①ダマスクス ②メッカ ③ブハラ ④カイロ ⑤イェルサレム

□ [B] ①マニ ②ヴァルダマーナ ③イエス ④ガウタマ＝シッダールタ ⑤ムハンマド

□ [C] ①アケメネス朝 ②パルティア（アルサケス朝） ③ササン朝 ④ティムール朝 ⑤セルジューク朝

□ [D] ①アンティゴノス朝 ②キエフ公国 ③ビザンツ帝国 ④西ゴート王国 ⑤サルデーニャ（サルディニア）王国

□ E ①トゥール・ポワティエ間の戦い ②ニハーヴァンドの戦い
③タラス河畔の戦い ④マンジケルトの戦い
⑤カタラウヌムの戦い

□ F ①バヤジット1世 ②ハールーン＝アッラシード
③マンスール ④アル＝アッバース ⑤トゥグリル＝ベク

□ **問2.** 下線部(a)に関連して，このことを何というか。最も適切なものを，次の中から一つ選べ。
①ヒジュラ ②ウンマ ③アラベスク ④ミスル ⑤イクター

□ **問3.** 下線部(b)に関連して，正統カリフとして選ばれた人物として最も不適切なものを，次の中から一つ選べ。
①アブー＝バクル ②アリー ③ウスマーン
④サラディン（サラーフ＝アッディーン） ⑤ウマル

□ **問4.** 下線部(c)について述べた文として最も適切なものを，次の中から一つ選べ。
① 首都をバグダードとした。
② ウマイヤ朝をひらいたのはムアーウィヤである。
③ カリフはイスラーム教徒による選挙によって選ばれた。
④ ウマイヤ朝を認める多数派のイスラーム教徒は，シーア派とよばれる。
⑤ ウマイヤ朝滅亡後，ウマイヤ朝の一族はカイロを首都として後ウマイヤ朝をたてた。

□ **問5.** 下線部(d)について述べた文として最も不適切なものを，次の中から一つ選べ。
① 政治はイスラーム法（シャリーア）に基づくようになった。
② アラブ人以外のイスラーム教徒も人頭税（ジズヤ）が課されなくなった。
③ アラブ人も地租（ハラージュ）が課されるようになった。
④ イラン人の官僚やトルコ人を主とした軍人が活躍した。
⑤ 公用語としてアラビア語以外の言葉も採用されるようになった。

STEP 2 実戦レベル

2 次の文章を読み，下記の問に答えよ。 (明治大・改)

ウマイヤ朝は，アラブ人が征服地の異民族を支配する，いわばアラブ帝国であった。アラブ人は，国家財政の基礎であった㋐ハラージュとジズヤを免除される特権を享受できたが，被征服地の原住民はたとえイスラーム教に入信してもそれらの税を免除されなかった。8 世紀前半，アラブ人優遇政策はムスリムの平等を説くイスラームの理念に反するという不満が国内で高まった。またシーア派も反ウマイヤ朝運動を展開した。750 年にウマイヤ朝は滅亡し，アッバース朝が開かれ，新首都［ ① ］が建設された。アッバース朝では，ムスリムは民族に関係なくジズヤを免除されるようになり，また非アラブ人も官僚として登用されるようになった。ウマイヤ朝はアラブ帝国であったが，その領土を受け継いだアッバース朝はいわばイスラーム帝国であった。

アッバース朝の成立後，ウマイヤ朝の一族は西方に逃れ，756 年に［ ② ］で後ウマイヤ朝を開いた。アッバース朝では，最盛期であったハールーン＝アッラシードの時代から，領内の各地で事実上の独立王朝が自立するようになった。ハールーン＝アッラシードの死後，軍事力の強化にもかかわらず，イスラーム国家の分裂と多様化の潮流は，すでに動かしがたかった。

シーア派のイラン系［ ③ ］朝は，10 世紀半ばに［ ① ］に入城し，アッバース朝の中心地を支配した。また同じくシーア派のファーティマ朝は，アッバース朝の正統性を否定してカリフを自称し，10 世紀後半にエジプトを征服して新都カイロを建設した。

トルコ系ムスリムは，シーア派と対立する多数派であるスンナ派を勢力に取り込み，イスラーム圏の東部で自立するようになった。10 世紀半ば，トルコ系ムスリムは，中央アジアでカラハン朝を，アフガニスタンで［ ④ ］朝をひらいた。スンナ派を取り込んだトルコ系のセルジューク朝は，［ ③ ］朝を追って 11 世紀半ばに［ ① ］に入城し，㋑カリフからスルタンの称号を認められた。

この前後から，イスラーム化の波は中央アジアや南アジア，東南アジアにも及び，各地でイスラーム系の諸王朝が繁栄するようになる。イスラーム圏が拡大した原因として，イスラーム国家による軍事的征服だけでなく，ムスリム商人の交易ネットワークという経済的要因や，㋒イスラームの学芸や文明へのあこがれといった文化的な要因も，見落とすべきではない。

□ **問 1.** 文中の空欄①～④のそれぞれにもっとも適切と思われるものを次の語群から一つずつ選べ。

A. アイユーブ　**B**. アンティオキア　**C**. イェルサレム

D．ヴァルダナ　E．カージャール　F．ガズナ　G．コルドバ
H．ゴール　I．スサ　J．セビリア　K．ダマスクス
L．テヘラン　M．トレド　N．バグダード　O．バスラ
P．バルセロナ　Q．バレンシア　R．ブワイフ　S．ベイルート
T．マジャール　U．ムラービト　V．ムワッヒド　W．メンフィス

問2. 文中の下線部㋐〜㋒に関して，次の問(ア)〜(ウ)に答えよ。解答は各問の選択肢のなかからもっとも適切と思われるものを一つ選べ。

□ (ア) 下線部㋐に関して，ハラージュとジズヤの説明として，もっとも適切なものはどれか。

A．ハラージュは地租，ジズヤは人頭税。
B．ハラージュは所得税，ジズヤは地租。
C．ハラージュは地租，ジズヤは所得税。
D．ハラージュは所得税，ジズヤは人頭税。
E．ハラージュは人頭税，ジズヤは地租。

□ (イ) 下線部㋑に関して，カリフおよびスルタンの説明として，もっとも適切なものはどれか。

A．アラビア語で，カリフの原義は「権威」，スルタンの原義は「後継者」である。
B．ウマイヤ朝以降，カリフは世襲制がとられたが，10世紀以降は複数のカリフが並存した。
C．セルジューク朝のセリム1世の時代に，スルタンがカリフを兼ねるスルタン＝カリフ制が成立した。
D. トルコでは第二次世界大戦後にスルタン制が廃止された。

□ (ウ) 下線部㋒に関して，イスラームの学芸や文明に関する説明として，もっとも適切なものはどれか。

A．イブン＝ルシュドはアフリカ・アラビア・インド・中国などを歴訪し，マルコ＝ポーロの『東方見聞録』と並ぶ旅行記を生み出した。
B. イスラームの法学者ウラマーを養成するための高等教育機関であるアカデメイアが各地に設置された。
C. セルジューク朝時代の詩人・科学者ウマル＝ハイヤームは，暦を制定するとともに大説話集『千夜一夜物語』を著した。
D. イブン＝シーナーは，医学の権威であるとともに，ギリシャ哲学，特にアリストテレスの影響を受け，哲学の著作を行った。

13 | イスラーム世界の成立と発展　解答・解説

1 問1 A ② B ⑤ C ③ D ③ E ① F ②
問2 ① 問3 ④ 問4 ② 問5 ⑤

解説 問1 A・B－ムハンマドは**メッカ**の商人貴族クライシュ族の**ハーシム家**出身。C－第2代正統カリフのウマルが，642年のニハーヴァンドの戦いで**ササン朝**を破り，事実上崩壊させた。D－ビザンツ帝国領は**バルカン半島**と**アナトリア（小アジア）**に縮小した。E－732年のトゥール・ポワティエ間の戦いで**ウマイヤ朝**を破ったのは，**フランク王国**の宮宰でカロリング家の**カール＝マルテル**。F－ハールーン＝アッラシードはアッバース朝第5代のカリフ。アラビア語文学の傑作とされる『**千夜一夜物語**』にも主人公の一人として登場する。**問2**－ヒジュラは「聖遷」，ウンマは「共同体」の意味。アラベスクはイスラーム世界で発達した幾何学文様。ミスルは征服地に建設されたアラブ人の軍営都市。**問3**－サラディン（サラーフ＝アッディーン）は，12世紀後半に**ファーティマ朝**を倒し，アイユーブ朝を創始した**クルド人**の武将。**問4**－アリーとシリア総督**ムアーウィヤ**の対立でウンマは混乱し，アリー暗殺に乗じてムアーウィヤがカリフとなりウマイヤ朝を創始した。①－「**バグダード**」ではなく「**ダマスクス**」。③－カリフは選挙によらずウマイヤ家が世襲化した。④－「**シーア派**」ではなく「**スンナ派（スンニー）**」。**問5**－『**コーラン（クルアーン）**』の言葉である**アラビア語**が公用語とされた。

2 問1 ① N ② G ③ R ④ F
問2 (ア) A (イ) B (ウ) D

解説 問1 ①－円城都市バグダードを建設したのは，アッバース朝第2代カリフのマンスール。②－後ウマイヤ朝の都コルドバには**大モスク**が造営され，西方イスラーム世界の中心となった。③－**イラン系シーア派**のブワイフ朝はアッバース朝カリフから**大アミール**の称号を獲得し，アッバース朝の実権を奪った。また俸給（**アター**）に代えて軍人や官僚に一定地区の徴税権を与える**イクター制**を導入した。④－ガズナ朝は，中央アジアのカラハン朝と同じく**トルコ系スンナ派**のイスラーム王朝。アフガニスタンから**北インド**への侵攻を繰り返し，後続のゴール朝とともに**インドのイスラーム化**を促進した。

問2 (ア)－ 精講 13-3 参照。 やや難 (イ)－10世紀前半には，アッバース朝（東カリフ国）・ファーティマ朝（中カリフ国）・後ウマイヤ朝（西カリフ国）の**3カリフ国**が鼎立した。**A**－**カリフ**の原義が「**後継者**」，**スルタン**の原義が「**権威**」。スルタンの称号をアッバース朝カリフから最初に獲得したのは，**セルジューク朝**の創始者トゥグリル＝ベク。**C**－「セルジューク朝」ではなく「**オスマン帝国**」。**D**－「第二次世界大戦」ではなく「**第一次世界大戦**」。**やや難** ㋒－『**医学典範**』で有名なイブン＝シーナーは，イブン＝ルシュドと同じく**アリストテレス哲学**の研究者でもあった。**A**－「イブン＝ルシュド」ではなく「**イブン＝バットゥータ**」。『**東方見聞録（世界の記述）**』と並ぶ旅行記とは『旅行記（三大陸周遊記）』を指す。**B**－「アカデメイア」ではなく「**マドラサ**」。マドラサの運営にはワクフ（**財産寄進制度**）で得られた利益が当てられた。**アカデメイア**は古代ギリシアの哲学者**プラトン**が創建した学術機関。**C**－『**千夜一夜物語**』は16世紀頃にカイロで完成したアラビア語の大説話集。11世紀から12世紀に活躍したウマル＝ハイヤームは，**ジャラリー暦**（正確な**太陽暦**）の制定と『**ルバイヤート（四行詩集）**』で有名。

精講 13-1 イスラーム世界の拡大

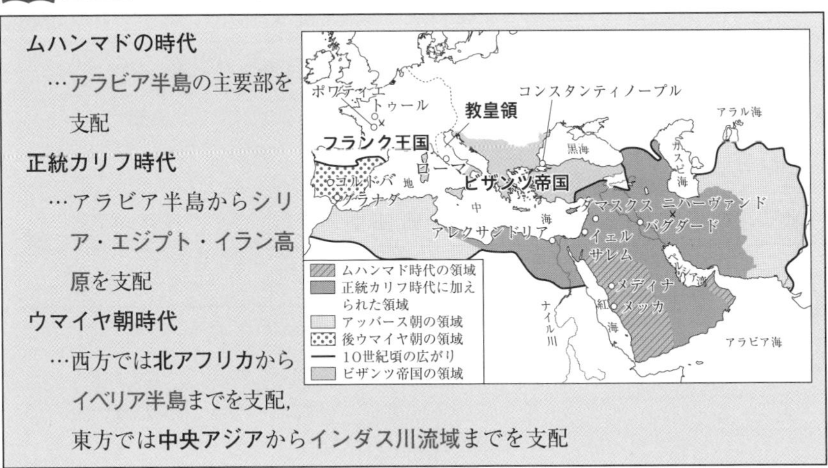

精講 13-2 シーア派とスンナ派

シーア派	アリーとその子孫のみを正統なイマームとする宗派 **穏健的**な十二イマーム派，**急進的**なイスマーイール派など
	ブワイフ朝…**十二イマーム派**を信奉 **ファーティマ朝**…**イスマーイール派**を信奉 **サファヴィー朝**…**十二イマーム派**を信奉
スンナ派	ムハンマドの言行（スンナ）に従うことを重視する宗派 ウマイヤ朝のカリフを含め，歴代カリフをすべて認める 現在**イスラーム教徒**の**約9割**を占める**多数派**

精講 13-3 ウマイヤ朝とアッバース朝（税制面での違い）

ウマイヤ朝では，**アラブ人**に**免税特権**が与えられていたのに対して，非アラブ系ムスリムのマワーリーには改宗後も，ハラージュ（**地租**）だけでなく，異教徒が支払うジズヤ（**人頭税**）が課されていた。**アッバース朝**ではこうした税制面での不平等が是正され，ジズヤは**異教徒のみ**でマワーリーには課さず，アラブ人は免税特権を失い，土地を所有する場合には，マワーリーと同様に**ハラージュの負担**が義務づけられた。

精講 13-4 イスラーム諸王朝の整理

イベリア半島	後ウマイヤ朝，ナスル朝
北アフリカ	**ムラービト朝**，**ムワッヒド朝**
エジプト	**トゥールーン朝**，ファーティマ朝，アイユーブ朝，マムルーク朝
西アジア	ブワイフ朝，セルジューク朝，イル＝ハン国
中央アジア	**サーマーン朝**，**カラハン朝**，**ホラズム＝シャー朝**
アフガニスタン	**ガズナ朝**，**ゴール朝**
北インド	**奴隷王朝**，ハルジー朝，トゥグルク朝，サイイド朝，ロディー朝

精講 13-5 イスラーム世界の指導者

アブー＝バクル	初代の**正統カリフ**
ウマル	第２代の**正統カリフ**。ニハーヴァンドの戦い（642）でササン朝を破る。
アリー	第４代の**正統カリフ**。シリア総督**ムアーウィヤ**と対立。
ムアーウィヤ	**ウマイヤ朝**の初代カリフ。シリアのダマスクスに都を置く。
マンスール	**アッバース朝**の第２代カリフ。新都バグダードを造営。
ハールーン＝アッラシード	**アッバース朝**の第５代カリフ。アッバース朝の**最盛期**を現出。
アブド＝アッラフマーン３世	**後ウマイヤ朝**の第８代君主。カリフを自称（**西カリフ国**）。
トゥグリル＝ベク	**セルジューク朝**の初代君主。アッバース朝カリフから**スルタン**の称号を獲得。

ニザーム＝アルムルク	**セルジューク朝**に仕えた**イラン人**の宰相。ニザーミーヤ学院を各地に創設。
ガザン＝ハン	**イル＝ハン国**の第7代君主。イスラーム教を**国教化**。
ラシード＝アッディーン	**ガザン＝ハン**に仕えた**イラン人**の宰相。歴史書『集史』を著す。
サラディン（サラーフ＝アッディーン）	**アイユーブ朝**の初代君主となった**クルド人**の武将。第3回十字軍と戦う。
バイバルス	**マムルーク朝**の第5代君主。都**カイロ**でアッバース朝の**カリフの子孫**を擁立。
マンサ＝ムーサ	**マリ王国**最盛期の国王。**メッカ巡礼**で大量の金を奉納。イスラーム世界の金価格が暴落する。

精講 13-6 その他の基礎用語

・イスラーム暦…ヒジュラに始まる純粋な**太陰暦**。1年は354日。
・カーバ聖殿…聖都**メッカ**にあるイスラーム教の聖殿。ムスリムの巡礼の対象。
・啓典の民…**ユダヤ教徒**や**キリスト教徒**に対するイスラーム教徒側からの呼称。
・六信五行…六信は**アッラー**・**天使**・**啓典**・**預言者**・**来世**・**神の予定**を信じること。五行は**信仰告白**・**礼拝**・**喜捨**・**断食**・**メッカ巡礼**を行うこと。
・ラマダン…イスラーム暦**第9番目**の月で，**断食**の月。
・ジハード（聖戦）…**異教徒**との戦争を指す言葉。
・ウマイヤ＝モスク…ウマイヤ朝時代に**ダマスクス**に建設された現存で最古のモスク。
・シャリーア…**『コーラン（クルアーン）』**に基づくイスラーム法。
・ハディース…預言者ムハンマドの**言行（スンナ）**と伝承の記録。
・マムルーク…トルコ人などの白人奴隷。おもに**トルコ系の軍人奴隷**を指す。
・アズハル学院…**ファーティマ朝**が**カイロ**に創建したマドラサ（学院）。
・ニザーミーヤ学院…**セルジューク朝**が**バグダード**などに創建したマドラサ。
・アルハンブラ宮殿…**ナスル朝**の都**グラナダ**に造営された宮殿。
・カーリミー商人…エジプトの**カイロ**を拠点に**香辛料貿易**で活躍したムスリム商人。

14　ティムール朝・オスマン帝国・サファヴィー朝

STEP 1　基本レベル

□ **1** **次の文を読み，（1）～（15）に適切な人名・語句を記入せよ。**（青山学院大・改）

13 世紀末に建国されたオスマン帝国は，ビザンツ帝国と戦い小アジアの大部分を征服し，さらにバルカン半島に進出し，都をブルサからアドリアノープルへ移す。「電光」と呼ばれた（ 1 ）は第 4 代スルタンであるが，（ 2 ）王ジギスムントを中心とするバルカン諸国，ドイツ，フランスなどの連合十字軍を 1396 年，（ 3 ）の戦いで撃破した。この時の敗者ジギスムントは後に神聖ローマ皇帝となり，1414 年にコンスタンツ公会議を招集することになる。勝者（ 1 ）の方は，1402 年，中央アジアから西進して来た（ 4 ）の軍に，（ 5 ）の戦いで大敗し，（ 1 ）自身も捕虜となってしまった。この（ 4 ）は中央アジアから西アジアにおよぶ大帝国を建設したのである。ソグディアナのオアシス都市（ 6 ）は，（ 4 ）朝の都として，栄えることになる。なお，ムガル帝国の創始者（ 7 ）はこの（ 4 ）の子孫である。

再興したオスマン帝国は，第 7 代スルタン（ 8 ）の指揮のもと，1453 年にコンスタンティノープルを占領し，これを新しい都とした。ビザンツ帝国は滅亡したのである。（ 8 ）は「征服者」の名を得た。第 9 代スルタン（ 9 ）はさらに領土を拡大する。イランの（ 10 ）朝と戦い，1514 年にはその都タブリーズを陥落させている。しかし，その後（ 10 ）朝は回復し，1587 年に即位したアッバース 1 世の時代に最盛期をむかえる。新都（ 11 ）は，「（ 11 ）は世界の半分」と言われるほどの繁栄を見せた。

（ 9 ）はさらに，1517 年，（ 12 ）朝を滅ぼしてエジプト，シリアを併合し，聖地メッカ，メディナの保護権を手に入れた。次の第 10 代スルタン（ 13 ）の時代がオスマン帝国の最盛期といわれる。彼は，西アジア，北アフリカを支配した他，東欧では（ 2 ）を攻め，1526 年，モハーチの戦いでその王を敗死させている。1529 年には神聖ローマ帝国の都（ 14 ）を包囲した。（ 13 ）は（ 2 ）の支配などをめぐってハプスブルク家と対立していたのであり，フランス王フランソワ 1 世と同盟を結んでいる。海上では，1538 年の（ 15 ）の海戦でスペイン，ヴェネツィアなどの連合艦隊を破り，地中海の制海権を確立したのであった。

整理の視点　オスマン帝国のスルタン

左頁の問題からもわかるように，オスマン帝国は各スルタンの重要事項をしっかり学習することが高得点のカギとなる。

オスマン１世	**アナトリア**西部に**オスマン帝国**を建国（1299）
ムラト１世	**ビザンツ帝国**から**アドリアノープル**を奪う コソヴォの戦い（1389）…バルカン諸国軍を破る
バヤジット１世	ニコポリスの戦い（1396）…**ハンガリー王**などを破る アンカラの戦い（1402）…**ティムール**に敗北（捕虜）
メフメト２世	ビザンツ帝国を滅ぼす（1453）→**イスタンブル**遷都（せんと）
セリム１世	**サファヴィー朝**を撃破（1514） マムルーク朝征服（1517）→メッカ・メディナを支配
スレイマン１世	**モハーチの戦い**（1526）…ハンガリーの大半を征服 **フランス王**フランソワ１世と同盟 第１次ウィーン包囲（1529）…カール５世と戦う プレヴェザの海戦（1538）…**スペイン**などの艦隊（かんたい）を撃破 **スレイマン＝モスク**の造営（1557）…**シナン**が設計
セリム２世	フランスにカピチュレーション（治外法権（ちがいほうけん））を与える レパントの海戦（1571）…**スペイン**などの艦隊に敗北

解答力UP!　オスマン帝国とサファヴィー朝の領域

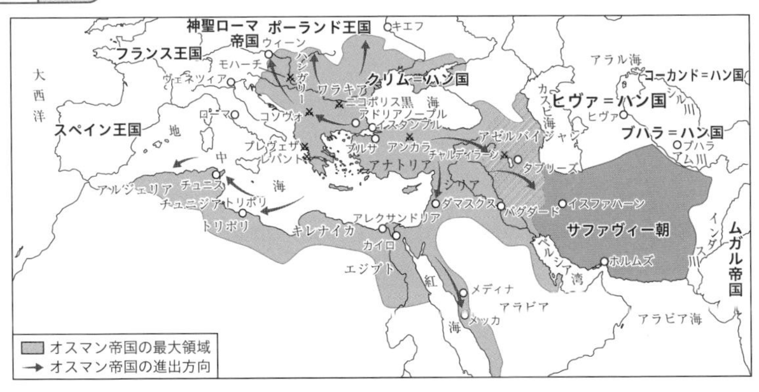

STEP 2 実戦レベル

2 次の文章を読み，問１から問５までの設問に答えよ。 (青山学院大・改)

中央アジアでは，14 世紀半ば頃，チンギス・ハンの子によって建国された遊牧国家が東西分裂を起こすと，分裂後の西側国家における混乱に乗じて①ティムール朝が誕生した。また，西アジアでは，タブリーズやスルターニーヤを都としたモンゴル王朝が 1353 年に滅亡したが，この王朝で成熟した文化が中央アジアに伝播したことによって，トルコ＝イスラーム文化が形成された。

1299 年にアナトリア西北部で建国された②オスマン帝国は，第 10 代皇帝③スレイマン１世の治世下で最盛期を築いた。この帝国は，④約 620 年間も続いたイスラームの大帝国であり，主にキリスト教徒である西欧諸国の人々に特権的治外法権(カピチュレーション)を認め，西欧諸国との外交・貿易関係を深めようとしたほか，17 世紀末までは積極的な領土拡大政策で獲得した広大な地域を支配下に置き，欧州諸国との間で軍事的勢力関係の均衡を保った。

16 世紀になると，イラン地域にサファヴィー朝が誕生し，初代君主であるイスマーイール１世は，遊牧国家の国内統一を図るために国教を定めたほか，君主の称号としてシャー(王)を採用した。この王朝は，第５代シャーの治世下で最盛期を築き，⑤内政改革とヨーロッパ諸国との交易・外交，新首都の建設を通じて栄華を誇ったが，18 世紀前半にトルコ系王朝によって倒されると，この地域はその後，ロシアとの抗争やイギリスによる半植民地化など，抗争と混乱の時代を迎えることになる。

☐ **問 1.** 下線部①のティムール朝に関する説明として誤っているものを次の選択肢の中から１つ選べ。

1. 中央アジアの大部分を制圧したが，1507 年にウズベク族によって滅ぼされた。
2. 建国者(初代君主)はトルコ系豪族の出身であり，後に西北インドへ侵入した。
3. 建国者(初代君主)はオスマン帝国と戦って撃破し，第4代スルタンを殺害した。
4. 第３代君主は遷都を行い，オスマン帝国と親善関係を維持した。
5. ミニアチュールと呼ばれる細密画などの文化が栄えた。

☐ **問 2.** 下線部②のオスマン帝国に関する説明として誤っているものを次の選択肢の中から１つ選べ。

1. 1362 年，バルカン半島のアドリアノープルを奪取し，その後，約１世紀にわたって帝国の首都とした。
2. 1396 年，ニコポリスの戦いでバルカン諸国など連合十字軍を撃破した。
3. 1453 年，コンスタンティノープルを占領してビザンツ帝国を滅ぼした。
4. 1529 年，神聖ローマ帝国の都を包囲したが，西欧諸国連合軍の反撃を受けて撤退した。

5. 1538年，スペイン・ヴェネツィア・ローマ教皇の連合艦隊を撃破し，地中海域のほぼすべてにつき制海権を獲得した。

□ 問3. 下線部③のスレイマン1世に関する説明として誤っているものを次の選択肢の中から1つ選べ。

1. エジプトの王朝を滅亡させ，メッカ・メディナの支配権を得てイスラーム世界における覇権的地位を確保した。
2. ハンガリー王国と戦ってハンガリー王ラヨシュ2世を戦死させ，その後，ハンガリーを分割して主要地域を支配下に置いた。
3. 建築家ミマーリ＝シナンに命じて，イスタンブルにスレイマン・モスクを建てさせた。
4. 内政面では中央集権体制を整備し，外交面ではフランス王フランソワ1世と同盟関係を築き，西欧諸国に対する圧力を強めた。
5. 法典や法令集の編纂など帝国支配の制度を整備した業績から「立法者(カーヌーニー)」と呼ばれた。

□ 問4. 下線部④に関連して，オスマン帝国の法や制度に関する説明として誤っているものを次の選択肢の中から1つ選べ。

1. 非イスラーム教徒の共同体(ミッレト)が形成され，共同体の構成員に従来の信仰や慣習を認めるとともに，オスマン帝国への貢納の義務を課した。
2. 刑事法や家族法をはじめとする各種の法のほか，礼拝などの宗教儀礼に関する規範を定めたイスラーム法(シャリーア)が普及していた。
3. シャリーアを補充する法体系としてカーヌーンを採用し，スルタンの勅令や慣習法も帝国の法規範の一部とした。
4. 捕虜や非イスラーム教徒をイスラーム教徒に改宗させて，帝国の官僚や兵士として強制徴用する制度(デヴシルメ)を採用していた。
5. 騎士(シパーヒー)には分与地の所有権(ティマール)が与えられた一方，所有面積に応じた人数の部下を率いて軍事奉仕を行う義務が課せられていた。

□ 問5. 下線部⑤に関連して，サファヴィー朝に関する説明として誤っているものを次の選択肢の中から1つ選べ。

1. 特権階層の遊牧民(キジルバシュ)を弾圧し，人材登用のあり方を見直した。
2. 交易上の重要拠点ホルムズ島をスペインから奪回した。
3. アゼルバイジャンとイラクの主要都市をオスマン帝国から奪回した。
4. 新首都にはイギリスの東インド会社の商館が建設され，交易が盛んに行われた。
5. 建築や美術が著しい発展を遂げ，新首都にはイマームのモスクが建設された。

14 ティムール朝・オスマン帝国・サファヴィー朝 解答・解説

1 1 バヤジット1世 2 ハンガリー 3 ニコポリス
4 ティムール 5 アンカラ 6 サマルカンド 7 バーブル
8 メフメト2世 9 セリム1世 10 サファヴィー
11 イスファハーン 12 マムルーク 13 スレイマン1世
14 ウィーン 15 プレヴェザ

解説 4－ティムールは**西チャガタイ＝ハン国**から自立してサマルカンドを都にティムール朝を創始した。その後，第3代シャー＝ルフの時代に**ヘラート**に遷都し，学芸を保護した第4代ウルグ＝ベクの時代には，サマルカンドに**天文台**が建設された。

8－**コンスタンティノープル**は「イスラーム教徒の町」を意味するイスタンブルと呼ばれた。

9・10－セリム1世に敗れた**サファヴィー朝**の国王（シャー）はイスマーイール。この戦いでは，サファヴィー朝のトルコ系騎馬軍団キジルバシュを，火器を装備したオスマン帝国の歩兵常備軍イェニチェリが撃破した。**イスマーイール**は神秘主義教団を率いてサファヴィー朝を創始した初代国王で，**シーア派**の**穏健派**である十二イマーム派を国教とした。

11－新都イスファハーンを造営したアッバース1世は，サファヴィー朝**最盛期**の国王。**イギリス**の支援を受け，1622年に**ポルトガル**からホルムズ島を奪回し，ペルシア湾の出入り口を確保してアラビア海に進出した。

2 問1 3 問2 4 問3 1 問4 5 問5 2

解説 やや難 **問1** 3－建国者（初代君主）は**ティムール**，オスマン帝国第4代スルタンはバヤジット1世を指す。アンカラの戦いで敗れたバヤジット1世は，「**殺害**」されたのではなく「**捕虜**」となった。 1－ティムール朝滅亡後の**中央アジア**にはウズベク人の建てた**ヒヴァ＝ハン国・ブハラ＝ハン国・コーカンド＝ハン国**が成立。2－ティムールの侵攻を受けた**西北インド**の王朝は，デリー＝スルタン朝の3番目にあたるトゥグルク朝。4・5－第3代君主とは**シャー＝ルフ**のこと。ミニアチュール（細密画）は中国の**院体画**の影響を受けて発達した。

問2 4－西欧諸国連合軍の反撃を受けて撤退したのは，1683年の**第2次ウィーン包囲**。その後に結ばれたカルロヴィッツ条約（1699）で，**オスマン帝国**はハンガリーなどを**オーストリア**に割譲した。1529年の**第1次ウィーン包囲**では，**スレイマン1世**が自ら撤退している。

問3　**1** －スレイマン1世の父である**セリム1世**がエジプトの**マムルーク朝**を滅ぼした時の説明。

や難 **問4**　**5** －ティマールは「**所有権**」ではなく「**徴税権付きの分与地**」のこと。ティマール制はイクター制に類似し，**トルコ人騎兵**（**シパーヒー**）に適用された。▶精講 14-1

問5　**2** －「**スペイン**」ではなく「**ポルトガル**」。**1** から **5** はすべて**アッバース1世**の時代の説明。**1** **11** の解説参照。

精講 14-1　オスマン帝国の諸制度

- **カーヌーン**…**スルタン**が制定した**行政法**。**オスマン帝国**で整備された。
- ミッレト…ユダヤ教徒やキリスト教徒などの**宗教別共同体**。**自治**を認める。
- デヴシルメ…キリスト教徒の男子を改宗させ，**官僚**や**軍人**に育成する制度
- イェニチェリ…**デヴシルメ**に基づくスルタン直属の**歩兵常備軍**
- ティマール制…**トルコ人騎兵**（**シパーヒー**）に**徴税権**付きの土地を与える制度

焦点　オスマン帝国ではスルタンの事績だけでなく，諸制度についてもよく問われるので注意しよう。

精講 14-2　その他の基礎用語

- **ルーム＝セルジューク朝**…セルジューク朝の一派が**アナトリア**（**小アジア**）に建設した王朝。この時にアナトリアに定住したトルコ系部族から**オスマン1世**が登場し，**オスマン帝国**を建国した。
- **トプカプ宮殿**…オスマン帝国の**メフメト2世**が**イスタンブル**に建設した宮殿。
- **クリム＝ハン国**…**キプチャク＝ハン国**の後継国家。**クリミア半島**にあり，15世紀後半にオスマン帝国の属国となった。
- **スルタン＝カリフ制**…オスマン帝国の**スルタン**が**カリフ**（スンナ派最高の宗教的権威）を兼ねたとする制度。**セリム1世**のマムルーク朝征服時に**カイロ**で保護されていたカリフからその位を得たという伝承を根拠としたが，実態は不明。
- コーヒーハウス…16世紀の**イスタンブル**に初めて登場。後にヨーロッパに伝播。
- タブリーズ…**サファヴィー朝**の初期の都。後に**イスファハーン**に遷都。

15 デリー＝スルタン朝〜ムガル帝国

STEP 1 基本レベル

1 以下のインドの国家と宗教に関する〔設問1〕〜〔設問7〕に答えよ。

(専修大・改)

□〔設問1〕 13世紀から16世紀にかけてデリーを拠点に興亡した5つの王朝のうち，14世紀におこった3番目の王朝は，モンゴル軍の侵略に悩まされた。そのため，インド南部への進出を本格化させ，一時はデカン高原のダウラターバードに都を移した。この遷都の様子を，イブン＝バットゥータが『旅行記(三大陸周遊記)』に記している。この王朝は何か。もっとも適するものを次の①〜⑤の中から一つ選べ。

①サイイド朝　②トゥグルク朝　③タウングー朝

④バフマン朝　⑤ハルジー朝

□〔設問2〕 ムガル帝国第3代皇帝アクバルは，ヒンドゥー諸勢力との融和をはかり，人頭税や巡礼税を廃止するなどの政策を打ち出した。しかしこのように「異教徒」と共存する姿勢をめぐって一部のイスラーム法学者と対立した。イスラーム世界において，コーラン（クルアーン）やシャリーアの解釈を主な職務とする法学者を何と呼ぶか。もっとも適するものを次の①〜⑤の中から一つ選べ。

①ウラマー　②ズィンミー　③スーク　④スーフィー　⑤マワーリー

□〔設問3〕 アクバルは，すべての官僚を位階で序列づけ，位階に応じた給与額と保持すべき騎兵・騎馬数を定めた。この制度の下で，ムガル帝国に藩属したヒンドゥーの王侯たちも序列づけられ，形式上ムガル帝国の官僚組織に組み込まれた。この位階制度を何と呼ぶか。もっとも適するものを次の①〜⑤の中から一つ選べ。

①アシエンダ制　②エンコミエンダ制　③プロノイア制

④マンサブダール制　⑤ライヤットワーリー制

□〔設問4〕 6世紀半ばころ南インドで始まったヒンドゥー教のある信仰・運動は，神をひたすら愛し信仰を告白することが儀礼よりも重要だと説いた。14世紀以降北インドにも広まり，イスラームの影響も受けつつ，神に帰依すればカーストに関係なく解脱への道が開けるとした。この信仰・運動を何と呼ぶか。もっとも適するものを次の①〜⑤の中から一つ選べ。

①バクティ　②バーブ　③メシア　④マフディー　⑤ワッハーブ

□ **〔設問 5〕** 15 世紀に活躍したある宗教改革者は，神は宗教によって呼び名が異なるものの根本において同一であるとし，ヒンドゥー教とイスラームの融合を図った。不可触民差別をはじめとするカースト制を批判し，偶像崇拝や儀礼を否定した。この宗教改革者は誰か。もっとも適するものを次の①～⑤の中から一つ選べ。

①ヴァルダマーナ　②カビール　③バーブル

④ラクシュミー＝バーイー　⑤ラジヴ＝ガンディー

□ **〔設問 6〕** ナーナクは，**〔設問 5〕**の人物の影響を受けて，ヒンドゥー教とイスラームを習合した新しい宗教を創始した。この新宗教は西インドのパンジャーブ地方を中心に普及したが，その信者共同体はムガル帝国と衝突を重ねる過程で軍事化を進めた。18 世紀末には林立した首長国（ミスル）の統合が進み，王国を形成してイギリスに抵抗した。この宗教は何か。もっとも適するものを次の①～⑤の中から一つ選べ。

①ゾロアスター教　②シク教　③ジャイナ教

④マニ教　⑤ミトラ教

□ **〔設問 7〕** ムガル帝国第 6 代皇帝アウラングゼーブは，インド南部に領土を拡大する過程で，アフマドナガル王国などのイスラーム国を滅ぼした結果，マラーター王国と直接対峙することになった。同王国は，ヒンドゥー教徒の王を戴いていたが，宗教的理由からムガル帝国に抵抗したわけではなく，領土拡大・維持が主たる目的であった。しかし後代，イギリス植民地支配期にヒンドゥー教徒とムスリムの対立が深刻化すると，マラーター王国の創始者は「ムスリムに対抗したヒンドゥー教徒の王」として英雄視されるようになった。このマラーター王国の創始者は誰か。もっとも適するものを次の①～⑤の中から一つ選べ。

①アイバク　②カニシカ　③シヴァージー

④ジャハーンギール　⑤シャー＝ルフ

この用語もおさえる！

- クトゥブ＝ミナール…**奴隷王朝**の**アイバク**が建設したインド最初のモスク。
- カーブル…**ムガル帝国**を建設した**バーブル**が拠点としたアフガニスタンの都市。
- 『バーブル＝ナーマ』…**バーブル**が書いた回想録。トルコ語文学の傑作。
- 『アクバル＝ナーマ』…**アクバル**時代に書かれたティムールからの王統の歴史。
- ラージプート…インド中西部の**ヒンドゥー教徒**の戦士団。クシャトリヤの系譜。
- ヴィジャヤナガル王国…デカン高原から南インドを支配した**ヒンドゥー教国**。

STEP 2 実戦レベル

2A 次の文を読み，下記の設問A～Cに答えよ。 (立教大・改)

16世紀前半，北インド全域を平定したムガル朝の第3代皇帝（　イ　）は，宗教的宥和政策をとり，非イスラーム教徒に課されていた人頭税（ジズヤ）を廃止した。ムガル朝は17世紀を通じて繁栄を続けたが，地方領主が徐々に力を蓄えた結果，中央集権的なしくみは次第に形骸化した。第6代皇帝（　ロ　）はデカン平定に力を注いだので彼の治世にムガル朝の版図は最大となった。しかし彼は敬虔なスンナ派ムスリムであり，ジズヤを復活し，ヒンドゥー寺院を破壊するなどのイスラーム化政策をとったので，1707年に彼が死去すると，ムガル帝国は急速に解体へと向かった。帝位の争奪戦が続くなかで地方勢力は次々と自立し，30年ほどのうちにムガル朝の威令は首都デリー周辺にしか及ばなくなった。17世紀末の弾圧を機に軍隊化した（　ハ　）教団は，パンジャーブを中心に次第に勢力を伸ばし，19世紀初めには一大王国を築くに至った。南インドでは，17世紀初めに〈　あ　〉王国から分かれたマイソール王国が，18世紀には自立して，独自の集権体制の構築へと向かった。ムガル朝に代わりインド最大の政治勢力となっていたのはマラーター同盟である。17世紀中ごろからデカン西北の山岳部で急速に台頭したヒンドゥー教徒のマラーター族は17世紀後半に(1)王国を創始した。一時ムガル朝に服し王権は衰えたが，18世紀に入るとバラモン出身の宰相を中心とする有力諸侯の連合体マラーター同盟として勢力を盛り返した。

□ **A**．文中の空所（　イ　）～（　ハ　）それぞれにあてはまる適当な語句をしるせ。

□ **B**．文中の空所〈　あ　〉にあてはまる適当な語句を次の**a**～**d**から1つ選べ。

a．アーンドラ　**b**．ヴィジャヤナガル

c．シンハラ　**d**．チャールキヤ

□ **C**．文中の下線部(1)に対応する次の問いに答えよ。

このとき即位した国王の名を，次の**a**～**d**から1つ選べ。

a．カビール　**b**．シヴァージー

c．ジャハーンギール　**d**．ナーナク

2B **次の文章を読み，問 1・問 2 の設問に答えよ。** （青山学院大・改）

インド地域では，1526 年にインド史上最大のイスラーム国家である①ムガル帝国が誕生した。この帝国は 17 世紀まで，胡椒，染料，火薬，綿織物などをヨーロッパ地域やアジア地域の諸国へ輸出し，その代価として諸国から金や銀を獲得する経済大国として発展した。また，イスラーム教がインド全域に広まり，ヒンドゥー文化の影響を受けたことによって，②インド＝イスラーム文化が開花した。しかし，18 世紀になると宗教対立や諸侯の反乱が拡大するようになり，ムガル帝国は衰退の道を歩んだ。

□ **問 1.** 下線部①に関連して，この国家の歴代皇帝に関する説明として誤っているものを次の選択肢の中から 1 つ選べ。

1. 初代皇帝は，ティムール朝の再建を目指したがウズベク族に敗れ，その後はインドへ進攻し，パーニーパットの戦いでロディー朝を撃破した。

2. 第 3 代皇帝は，統治機構の中央集権化を推進し，人頭税ジズヤを廃止したほか，ラージプート諸王国に対し宥和政策を採用した。

3. 第 3 代皇帝は，すべての官僚を序列化し，位階に応じた騎兵・騎馬の準備を義務付けるという位階制度（マンサブダール制）を導入した。

4. 第 5 代皇帝は，インド＝イスラーム文化の最盛期をもたらし，タージ＝マハルを造営したが，晩年は第 6 代皇帝によって幽閉された。

5. 第 6 代皇帝は，厳格なシーア派教徒であり，ヒンドゥー教の弾圧や寺院の破壊を行ったほか，積極的な外征に伴う戦費増大で財政を悪化させた。

□ **問 2.** 下線部②のインド＝イスラーム文化に関する説明として誤っているものを次の選択肢の中から 1 つ選べ。

1. ミニアチュールと呼ばれる細密画がイランから伝来し，その後，ムガル絵画とラージプート絵画へ発展を遂げた。

2. ムガル絵画は宮廷絵画で，花鳥や動物を写実的に描いたものが多く，第 4 代皇帝の治世下ではヨーロッパ絵画の影響も受けた。

3. ラージプート絵画では，ヒンドゥー教における三大神の一つであるヴィシュヌ神の信仰に関わるものが多く題材に使われた。

4. 第 3 代皇帝が著した回想録は，ムガル王家の歴史を題材とする散文学作品であり，初代皇帝が著した回想録と並んで文学史上の傑作と評される。

5. 北インドの方言とアラビア語・ペルシア語が融合した言語としてウルドゥー語が誕生し，この言語は現在ではパキスタンの国語となっている。

15 | デリー＝スルタン朝〜ムガル帝国　解答・解説

1 〔設問 1〕 ② 〔設問 2〕 ① 〔設問 3〕 ④ 〔設問 4〕 ①
〔設問 5〕 ② 〔設問 6〕 ② 〔設問 7〕 ③

解説 **1** **〔設問 1〕**－**デリー＝スルタン朝**（1206 ～ 1526）とは，**奴隷**(どれい)**王朝→ハルジー朝→トゥグルク朝→サイイド朝→ロディー朝**の5つの王朝の総称。**ロディー朝**は**アフガン系**，それ以外はすべてトルコ系の王朝で，**奴隷王朝**の時代にチンギス＝ハンが，**トゥグルク朝**の時代にはティムールが北インドに侵攻(しんこう)している。**バフマン朝**はトゥグルク朝の武将が自立して建てた王朝。**〔設問 2〕**－ズィンミーはイスラーム世界における**異教徒**(いきょうと)のこと。スークは**「市場」**(いちば)を意味するアラビア語。スーフィーはイスラーム教の**神秘主義者**(しんぴ)。マワーリーは**非アラブ人ムスリム**を指す。**〔設問 3〕**－アクバルは**マンサブダール制**によって官僚(かんりょう)制度を整備し，中央集権体制を強化した。**エンコミエンダ制**と**アシエンダ制**はともにスペインが植民地(しょくみんち)に導入した制度。**プロノイア制**はビザンツ帝国の土地制度。**ライヤットワーリー制**はイギリスが南インドなどに導入した税制度。**〔設問 4〕**－バクティ運動は**シヴァ**や**ヴィシュヌ**などのヒンドゥー教最高神への絶対的帰依(きえ)をめざした。バーブ教は19世紀前半に**イラン**で広まった新宗教。**メシア**はユダヤ教の「救世主」(きゅうせいしゅ)。**マフディー**は「救世主」などを意味するアラビア語。ワッハーブ派は18世紀に**アラビア半島**で生まれたイスラーム教の原点回帰(かいき)をめざす改革派。**〔設問 5・6〕**－**カビール**はイスラーム教の神秘主義をヒンドゥー教と融合(ゆうごう)させる運動を展開し，その影響下にナーナクが16世紀に創始したシク教は，偶像崇拝(ぐうぞうすうはい)の禁止やカースト制度の否定などを特徴とした。**〔設問 7〕**－**シヴァージー**が**デカン高原**に建てたマラーター王国は，18世紀には諸侯(しょこう)を中心としたマラーター同盟に移行した。**ジャハーンギール**はアクバルの子でムガル帝国第4代皇帝。

2A **A** **イ** アクバル **ロ** アウラングゼーブ **ハ** シク **B** **b** **C** **b**
2B **問1** **5** **問2** **4**

解説 **2A** **A** **イ・ロ**－精講 15-1 を参照。**ハ**－**1**〔設問 5・6〕の解説参照。

B ヴィジャヤナガル王国はイランから**軍馬**(ぐんば)を輸入して**デリー＝スルタン朝**に対抗した。**シンハラ王国**は**セイロン**にあった**上座部仏教**(じょうざぶ)の国。**チャールキヤ朝**はヴァルダナ朝を撃退した**デカン高原**のドラヴィダ系王朝。 **C** **1**の解説参照。

2B **問1** **5**－第6代皇帝とはアウラングゼーブのこと。**「シーア派」**ではなく**「スンナ派」**の厳格な信奉(しんぽう)者で，ジズヤ復活をはかってヒンドゥー教徒などの反乱を招いた。

や難 **問2 4** －第３代皇帝**アクバル**が編纂させた『**アクバル＝ナーマ**』は，ムガル王家の歴史ではなく，ティムールにさかのぼってその系譜をたどり，王家の正統性を記したもの。

精講 15-1 デリー＝スルタン朝～ムガル帝国の君主

アイバク	**奴隷王朝**の初代君主。インド最古のモスクであるクトゥブ＝ミナールを建設。
バーブル	**ムガル帝国**初代皇帝（ティムールの直系）。パーニーパットの戦い（1526）で**ロディー朝**を倒す。
アクバル	**ムガル帝国**第３代皇帝。**デリー**から**アグラ**に遷都。**マンサブダール制**を導入して中央集権的な官僚制を整備。**ジズヤ廃止**によってラージプートなどのヒンドゥー教徒と融和。
シャー＝ジャハーン	**ムガル帝国**第５代皇帝。**タージ＝マハル**（王妃の墓廟）をアグラに造営。
アウラングゼーブ	**ムガル帝国**第６代皇帝。デカン高原を征服（最大領土）。厳格な**スンナ派**信奉者で**ジズヤ復活**に踏み切り，**ラージプート・マラーター王国・シク教徒**の反乱が拡大。

焦点 アクバルとアウラングゼーブについては，それぞれの宗教政策の違いに注意しよう。

精講 15-2 ムガル帝国の絵画・言語

- ムガル絵画…イラン様式の影響を受けた**細密画**（**ミニアチュール**）
- ラージプート絵画…インド伝統の文学作品や信仰と結びついた民族的絵画
- ウルドゥー語…アラビア語・ペルシア語と，インドの言語が融合。**現パキスタン**の公用語。
- ヒンディー語…**インド**の主要公用語。文字化の過程でウルドゥー語と分離。

16　中世ヨーロッパⅠ（民族移動と封建社会の成立）

STEP 1　基本レベル

1 **以下（A），（B）は古代末期から1000年頃にかけてのヨーロッパの動向に関する文章である。各文章をよく読み，以下の各問い（問1～12）に答えよ。**

（青山学院大・改）

（A）　ゲルマン人は先住民の（　a　）人を駆逐しながら定住地域を拡大した。(b)紀元前後にはライン川から黒海沿岸に広がりローマ帝国と境界を接するにいたった。ローマ帝政後期にはローマの下級官吏，傭兵などとして帝国内に移住するものも現われた。いわゆるゲルマン民族の大移動が始まるのは375年とされるが，その直接的な契機はアジア系のフン人による東ゴート人，西ゴート人に対する進攻にある。(c)東ゴート人はイタリア半島に王国を建設し，西ゴート人はローマを経由して西に進みイベリア半島に王国を建設した。（　d　）人は地中海を越えて北アフリカに，（　e　）人はガリア東南部に王国を建てた。北部ヨーロッパではアングロ＝サクソン人が大ブリテン島に渡り七王国を建てた。ライン川を越えて北ガリアに移動・拡大したのがフランク人である。ゲルマン人の大移動は568年の（　f　）の王国の成立とともに終息した。

□ **問1.**（　a　）に入れるのに最も適切な語句はどれか。次の①～④のうちから一つ選べ。

①マジャール　②ケルト　③アラム　④フェニキア

□ **問2.** 下線部(b)と関係して，この頃のゲルマン社会の状態を描いたローマの文人は誰か。次の①～④のうちから一つ選べ。

①セネカ　②ウェルギリウス　③キケロ　④タキトゥス

□ **問3.** 下線部(c)と関係して，この王国を建設したのは誰か，次の①～④のうちから一つ選べ。

①アラリック　②エグバート　③アルクイン　④テオドリック

□ **問4.**（　d　）に入れるのに最も適切な語句はどれか，次の①～④のうちから一つ選べ。

①イオニア　②ヴァンダル　③チェック　④リトアニア

□ **問5.**（　e　）に入れるのに最も適切な語句はどれか，次の①～④のうちから一つ選べ。

①ブルグンド　②アヴァール　③ドーリア　④クロアティア

□ **問6.**（　f　）に入れるのに最も適切な語句はどれか，次の①～④のうちから一つ選べ。

①マケドニア　②スロヴェニア　③ランゴバルド　④エストニア

(B)　ゲルマン人の大移動により成立した諸王国の中で最も長期にわたり発展を遂げたのがフランク王国であった。この王国は5世紀末にメロヴィング家の(　g　)の統一により成立した。これと相前後する(h)ゲルマン人による西ローマ帝国の滅亡は，西ヨーロッパの中心が地中海沿岸から北部ヨーロッパに移動する上での重要な画期である。8世紀にはメロヴィング朝の権力は衰え，宮宰が実権を握るようになった。宮宰カール＝マルテルは(　i　)の戦いでイスラーム軍を撃退した。その子(　j　)は751年，メロヴィング朝を倒してカロリング朝を開いた。この王朝はカール大帝の時代に最盛期を迎えた。彼は800年に教皇(　k　)からローマ皇帝の帝冠を授けられた。彼の死後，内紛が起こり，帝国はヴェルダン条約（843年），(　l　)条約（870年）により，東フランク（ドイツ），西フランク（フランス），イタリアに分裂した。

□ **問7.** (　g　)に入れるのに最も適切な語句はどれか，次の①～④のうちから一つ選べ。

①クローヴィス　②リューリク　③カレル1世　④ロロ

□ **問8.** 下線部(h)と関係して，西ローマ帝国を滅ぼしたゲルマン人の傭兵隊長は誰か，次の①～④のうちから一つ選べ。

①アッティラ　②オドアケル　③プリニウス　④レピドゥス

□ **問9.** (　i　)に入れるのに最も適切な語句はどれか，次の①～④のうちから一つ選べ。

①カンネー　②ミトリダテス　③カタラウヌム

④トゥール・ポワティエ間

□ **問10.** (　j　)に入れるのに最も適切な語句はどれか，次の①～④のうちから一つ選べ。

①ピピン　②ロタール　③ハインリヒ1世　④アルフレッド大王

□ **問11.** (　k　)に入れるのに最も適切な語句はどれか，次の①～④のうちから一つ選べ。

①レオ1世　②グレゴリウス1世　③レオ3世　④ウルバヌス2世

□ **問12.** (　l　)に入れるのに最も適切な語句はどれか，次の①～④のうちから一つ選べ。

①アーヘン　②ラヴェンナ　③ナント　④メルセン

STEP 2 実戦レベル

2 次の文章を読んで，以下の設問に答えよ。 (明治大・改)

ローマ帝国は，地中海を中心に広大な地域を支配したが，(1)その周辺地域ではしばしば異民族との間に緊張が高まることがあった。そして4世紀以降，帝国による統一的支配が最盛期を過ぎると，ヨーロッパでは大規模な住民の移動を伴う変動が起こった。中でも，ローマ帝国側から(2)ゲルマン人と呼ばれた人々は，(3)帝国の内外を頻繁に移動し，時には激しい武力衝突も生じた。5世紀にはローマ帝国西半部において皇帝による統一支配が実質的に解体し，各地で王国が分立する時代となる。しかしかつてのローマ帝国理念が途絶えたわけではない。この帝国では4世紀にキリスト教が正式な宗教となったが，教皇中心の組織を徐々に整えつつあったローマ＝カトリック教会が，帝国西半部でローマ帝国理念を受け継ぐ重要な役割を果たしたのである。8世紀末には，フランク王国の(4)カロリング家とローマ教皇が提携することにより，西ローマ帝国が復活する。

しかし(5)中世に入ってからも，ヨーロッパには周辺から多様な人々が進出あるいは侵入し，大きな社会的不安の原因となった。そして(6)各地に建設された国家において，いまだに分裂や征服などが繰り返され，どのような地域的単位で新しい政治的秩序が築かれるかはいまだに明瞭ではなかった。ヨーロッパをめぐる人間集団の大規模な移動がひとまず収束に向かい，また国家の輪郭が明らかになっていくのは，中世半ばになってからである。

成立期のヨーロッパ諸国においては，国全体を支配する国王の権力はいまだに弱体で，(7)農村地域では実質的に，土地と人間に対する権力は領主が握っていた。やがて11世紀以降，相対的な安定期を迎えて徐々に生産力が高まることにより，ヨーロッパは新たな発展の時代に向かうことになる。

☐ **設問1.** 下線部(1)に関して，ローマ人からはガリア人とも呼ばれ，優れた鉄器文化を持っていたが，ローマ人やゲルマン人によってヨーロッパ西端へ押しやられた民族の名を記入せよ。

☐ **設問2.** 下線部(2)に関する以下の説明のうち，適切でないものを一つ選べ。

A. ロシアのウラル地方が原住地とされる。

B. 貴族・平民・奴隷の身分差があった。

C. 自由人男性は民会に参加する資格を有した。

D. 有力な貴族は平民を従士として従えていた。

E. 一部は傭兵やコロヌスとしてローマ帝国内に居住した。

☐ **設問 3.** 下線部(3)に関する以下の説明のうち，最も適切なものを一つ選べ。

A．4 世紀初頭，東ゴート人はローマを略奪した。
B．ヴァンダル人がアフリカに建てた王国はムスリムによって滅ぼされた。
C．西ゴート人はラヴェンナを拠点にしてイタリア半島を支配した。
D．南イタリアを中心にランゴバルド王国が建てられた。
E．ブルグンド王国はフランク王国に滅ぼされた。

☐ **設問 4.** 下線部(4)に関する以下の説明のうち，最も適切なものを一つ選べ。

A．カール＝マルテルが初代の国王となった。
B．カール大帝（シャルルマーニュ）はヴァイキングの攻撃を撃退した。
C．地方の有力者を伯に任命して統治にあたらせた。
D．パリを拠点として宮廷文化の復興が試みられた。
E．東フランク王国のカロリング家の断絶により，最終的に消滅した。

☐ **設問 5.** 下線部(5)に関して，中世ヨーロッパにおける周辺地域からの動きについての説明として，最も適切なものを一つ選べ。

A．リューリクを首長とするノルマン人はドナウ川流域へ進出した。
B．アヴァール人はオットー 1 世に敗れて勢力を失った。
C．マジャール人はバルト海沿岸を拠点に王国を築いた。
D．ムスリムはイタリアや南フランスに侵攻した。
E．デーン人はロシアに進出した。

☐ **設問 6.** 下線部(6)に関して，9 世紀前半にアングロ＝サクソン人の 7 王国を統一してイングランド王国を成立させた人物の名を記入せよ。

☐ **設問 7.** 下線部(7)に関して，中世ヨーロッパの農村社会についての以下の説明のうち，適切でないものを一つ選べ。

A．農奴は領主に結婚税や死亡税を支払った。
B．直営地での収穫の半分は農奴が取得した。
C．地代荘園の普及により，農民の地位はしだいに向上した。
D．農民は教会に十分の一税を支払った。
E．重量有輪犂の導入は，耕地の再編成を促した。

16　中世ヨーロッパⅠ（民族移動と封建社会の成立）　解答・解説

1　問1 ②　問2 ④　問3 ④　問4 ②　問5 ①　問6 ③
問7 ①　問8 ②　問9 ④　問10 ①　問11 ③　問12 ④

解説　**問1** −ケルト人はローマ人やゲルマン人との抗争(こうそう)で**ヨーロッパ西端**に追いやられ，次第に同化(どうか)した。**問2** −カエサル（共和政期）の『**ガリア戦記**』とタキトゥス（帝政期）の『**ゲルマニア**』は，大移動前のゲルマン人を記した重要史料。**問3** −テオドリック大王は西ローマ帝国を滅ぼした**オドアケル**を倒し，イタリアに東ゴート王国を建てた。アラリックは5世紀初めにローマを略奪(りゃくだつ)した**西ゴート王**。エグバートは**アングロ＝サクソン七王国（ヘプターキー）**の一つ**ウェセックス**の王で，他6国を従え，9世紀前半にイングランド王国の基礎を築いた。アルクインは**フランク王国**のカール大帝に招かれ，**アーヘン**に置かれた**宮廷学校**(きゅうてい)でカロリング＝ルネサンスを主導した**イングランド**の学僧。**問7** −クローヴィスは，496年にゲルマン諸王のなかで初めてアタナシウス派キリスト教への改宗を行った。リューリクは9世紀後半に**ロシア**の起源(きげん)となるノヴゴロド国を建てたルーシ（ノルマン人の一派）の首長(しゅちょう)。カレル1世は14世紀のベーメン王で，**カール4世**として神聖ローマ皇帝も兼ねた。ロロは北フランスにノルマンディー公国を建てたノルマン人の首長。**問8** −**問3**の解説参照。アッティラは5世紀半ばに**フン人の最盛期**を築いた国王。**問9** −宮宰(きゅうさい)**カール＝マルテル**がトゥール・ポワティエ間の戦い（732）で**ウマイヤ朝**を撃退したことが，その息子ピピン（小ピピン）によるカロリング朝の創始（751）につながった。カタラウヌムの戦い（451）は西ローマ・ゲルマン連合軍がフン人の王**アッティラ**を破った戦い。**問10** −**問9**の解説参照。ロタール（ロタール1世）はカール大帝の孫(まご)。**ヴェルダン条約**（843）で中部フランク王となった。ハインリヒ1世はカロリング朝断絶後の**東フランク**にザクセン朝を開いた北ドイツの大諸侯(だいしょこう)。その息子オットー1世は962年に教皇に戴冠(たいかん)され，**神聖(しんせい)ローマ帝国**の初代皇帝となった。アルフレッド大王は9世紀後半に**デーン人**を撃退したアングロ＝サクソンのイングランド王。**問11** −教皇レオ3世のカール戴冠（800）によってローマ的伝統（皇帝理念）・ゲルマン的要素・キリスト教の3要素からなる西ヨーロッパ世界が成立した。**問12** −フランク王国は843年のヴェルダン条約で**東フランク・西フランク・中部フランク**に分裂。その後，870年のメルセン条約で中部フランクが東西フランクに分割され，最終的に**東フランク王国**（ドイツの原型），**西フランク王国**（フランスの原型），**イタリア王国**が成立した。

▲ゲルマン人とスラヴ人

2 **設問1** ケルト人 **設問2** A **設問3** E **設問4** C **設問5** D **設問6** エグバート **設問7** B

解説 **設問1** －**1**の解説参照。

設問2 －**ゲルマン人**の原住地は**バルト海沿岸**の地域。**D**－有力な貴族が平民を従士として従える**ゲルマン古来**の従士制は，有力者が従者にその奉仕の見返りとして土地を恩恵的に貸与する**ローマ帝国末期**の恩貸地制度とともに，西ヨーロッパ封建制度の起源となった。

設問3 －フランク王国は**ブルグンド王国**を滅ぼして**ガリア全土**を統一した。**A**－「**4世紀初頭**」ではなく「**5世紀初頭**」，また「**東ゴート人**」ではなく「**西ゴート人**」。**B**－「**ムスリム**」ではなく「**ビザンツ帝国**」。**C**－「**西ゴート人**」ではなく「**東ゴート人**」。**D**－「**南イタリア**」ではなく「**北イタリア**」。

設問4 －**カール大帝**の時代には，地方の有力者を伯に任命して統治を委ねる一方，巡察使を派遣して伯を監視させた。**A**－「**カール＝マルテル**」ではなく「**ピピン**」。**B**－「**ヴァイキング**」ではなく「**アヴァール人**」。ヴァイキングと呼ばれた**ノルマン人**の到来は9世紀以降，カール大帝死後のフランク王国分裂期に本格化した。**D**－「**パリ**」ではなく「**アーヘン**」。**E**－「**東フランク王国**」ではなく「**西フランク王国**」。フランク王国分裂後の**カロリング朝**は**イタリア**で875年，**東フランク**で911年，**西フランク**で987年にそれぞれ断絶した。

やや難 **設問5** －**ムスリム**（イスラーム教徒）は，北アフリカからシチリア島・南フランス・

イタリアに侵攻した。**A**－「**ドナウ川**」ではなく「**ヴォルホフ川**」。**B・C**－「**アヴァール人**」ではなく「**マジャール人**」。アヴァール人を撃退したのはフランク王国のカール大帝。マジャール人は東フランクのオットー１世にレヒフェルトの戦い（955）で敗れると，「**バルト海沿岸**」ではなく「**パンノニア**」を拠点にハンガリー王国を建設した。**E**－デーン人（デンマークのノルマン人）が進出したのは「**ロシア**」ではなく「**イングランド**」。デーン人の王となるクヌート（カヌート）は**イングランド**を征服し，11世紀前半にデーン朝を創始した。

設問６－**1**の解説参照。

やや難 **設問７**－**領主**が**賦役**（強制的な労働）によって**農奴**に耕作させた**直営地**の収穫は，すべて領主に納められた。▶精講 16-3

精講 16-1 フランク王国の発展

▶メロヴィング朝（481～751）
・クローヴィスの創始，正統のアタナシウス派に改宗（496）
・ブルグンド王国を滅ぼして**ガリア統一**を達成（534）
・**宮宰**カール＝マルテル（カロリング家）の活躍
　・トゥール・ポワティエ間の戦い（732）で**ウマイヤ朝**の遠征軍を撃退
▶カロリング朝（751～987）
・ピピン（小ピピン）※カール＝マルテルの子
　・**教皇**の支持を得て**メロヴィング朝**を廃し，カロリング朝を創始
　・ランゴバルド王国からラヴェンナ地方を奪い，**教皇**に寄進
・カール大帝（シャルルマーニュ）※ピピンの子
　・ランゴバルド王国・ザクセン人征服，イベリア遠征，アヴァール人撃退
　・有力者を**伯**に任命し，**巡察使**によって監視
　・学僧アルクインがアーヘンの**宮廷学校**において**ラテン語の復興**に貢献
・カールの**戴冠**（800）
　・**教皇**レオ３世が**ローマ帝冠**を**カール大帝**に授与→**西ヨーロッパ世界**の成立
▶ヴェルダン条約（843）・メルセン条約（870）
・カール大帝の孫の代に，イタリア・東フランク・西フランクに分裂

精講 16-2 ゲルマン人・ノルマン人の首長・国王

オドアケル	476年に**西ローマ帝国**を滅ぼした**ゲルマン人**の傭兵隊長。**東ゴート**の**テオドリック**に倒される。

テオドリック大王	**東ゴート人**の王。5世紀末，**イタリア半島**に東ゴート王国を建国（都はラヴェンナ）。
エグバート	アングロ＝サクソン七王国の一つ**ウェセックス**の王。9世紀前半にイングランド王国の基礎を確立。
アルフレッド大王	**アングロ＝サクソン系**の**イングランド王**。9世紀後半にデーン人の侵入を撃退。
クヌート（カヌート）	デーン人の王。1016年に**イングランド**を征服してデーン朝を創始。**デンマーク**や**ノルウェー**も支配。
リューリク	**ノルマン人**の一派であるルーシの首長。862年にノヴゴロド国を建国。その一族は**ドニエプル川流域**に南下し，9世紀にキエフ公国を建国。
ロロ	**ノルマン人**の首長。911年，**北フランス**にノルマンディー公国を建国。フランス王の諸侯となる。
ルッジェーロ2世	**ノルマン人**の王。1130年に**南イタリア**と**シチリア島**を中心に両シチリア王国を建国（都はパレルモ）。
マルグレーテ	**デンマーク**の女王。14世紀末にノルウェー・スウェーデンとの同君連合であるカルマル同盟を結成。

精講 16-3 荘園（領主〔国王や諸侯など〕の農業経営地）の仕組みと変化

▶古典荘園（初期の荘園）

・**領主**の直営地，**農奴**に貸し出す**保有地**，森林などの**共同利用地**で構成
・**領主**は**領主裁判権**や**課税権**をもって**農奴**（隷属的な**小作人**）を支配
・**農奴**は**賦役**（直営地での強制労働）や生産物の**貢納**のほか，**結婚税**や**死亡税**を負担し，**教会**に対しても**十分の一税**を納めた
・11世紀以降，**三圃制**（耕地を**春耕地**・**秋耕地**・**休耕地**に分割）や**重量有輪犂**（牛に引かせる鉄製の犂）が普及。保有地での農業生産力が飛躍的に向上し，直営地を保有地に切り替える動きが加速。

▶地代荘園（純粋荘園）

・直営地が消滅し，**保有地**と**共同利用地**だけからなる後期の荘園
・直営地の消滅は賦役の消滅にもなり，**農奴**は**領主**の束縛から次第に解放

17 中世ヨーロッパII（十字軍と封建社会の動揺）

STEP 1 基本レベル

□ **1A 次の文章を読み，それぞれ(1)〜(5)の設問について〔　　〕内の語句から最も適切と思われるものを選べ。** （学習院大・改）

中世盛期における西欧の経済力の増大は，西欧世界の人々の移動をもたらしたが，十字軍運動もその一つに数えられる。十字軍には，ローマ＝カトリック世界の拡大という理念があり，その理念は，聖地回復にとどまらず，広範囲の異教徒を攻撃対象とすることを可能にした。そしてまだカトリック化が不十分であった東欧にも十字軍的な運動の波が押し寄せるのである。

その波が及ぶ要因として(1)〔①第１回　②第２回　③第３回　④第４回〕十字軍によっていったんビザンツ帝国が滅亡したことがあげられる。これにより，東西ヨーロッパ世界に二人の皇帝が並び立つ状態がひとたび終焉を迎えた。そのことは，ギリシア正教会で指導的地位を得ていた皇帝の不在を意味し，ギリシア正教会の勢力低下を象徴するものであり，東欧圏にカトリック勢力が拡大する余地を生み出したのである。

東欧への十字軍的な運動とカトリック化の波は，(2)〔①マルタ騎士団　②ドイツ騎士団　③テンプル騎士団　④ヨハネ騎士団〕の動きから考えることができるだろう。十字軍理念を保ったこの団体は，カトリック世界の拡充と位置づけることで自身の東方への植民活動を正当化し，のちの(3)〔①モスクワ大公国　②ハンガリー　③プロイセン　④ノヴゴロド国〕のもととなる領域の支配者となる。

中世後期以降になると，東欧での十字軍的な運動は，オスマン帝国という異教徒の勢力を対象に展開する。このとき，東欧カトリック世界の盟主として歴史にその名を残すのが，神聖ローマ帝国である。神聖ローマ帝国では，1356年に帝国の国制の基本となる(4)〔①金印勅書　②ナントの王令　③ギュルハネ勅令　④ミラノ勅令〕を定め，皇帝位の安泰を試みたが，(4)を定めた(5)〔①フリードリヒ１世　②フリードリヒ２世　③カール４世　④カール５世〕は，チェコの王位も兼ねた人物であり，東欧と帝国との関係は一段と深いものとなっていた。

1B 次の文章を読み，以下の問いに答えよ。 （法政大・改）

中世ヨーロッパで，地中海商業圏についで栄えたのが，北海，バルト海を中心とした北ヨーロッパ商業圏である。その代表的な都市として，北ドイツでは，のちにハンザ同盟の盟主となった［　A　］，フランドル地方では，ハンザ同盟都市で毛織物工業や商業の中心地として繁栄したが，15世紀以降アントウェルペン（アントワープ）にフランドル経済の中心の座を奪われた［ B ］があげられる。イギリスではイングランドの中心都市でアングロ＝サクソン時代以来の商業上の要地である［ C ］が，一時はハンザ同盟の一員であった。さらに，これら二つの大商業圏を結ぶ内陸の通商路にも都市が発達し，とくにフランスのシャンパーニュ地方は定期市で繁栄した。また南ドイツでは15～16世紀には，鉱業や金融業で巨富を得たフッガー家の商業活動により，ヨーロッパの商業・金融業の中心都市として発展した［ D ］が有名である。

こうした中世都市は，はじめは封建領主の保護と支配を受けていたが，商工業が発達するとしだいに領主支配からの自由と自治を求め始めた。11～12世紀以降，各地の都市はつぎつぎに自治権を獲得し，自治都市になった。

□ **問**．空欄［ A ］から［ D ］に当てはまるもっとも適切な語句を次の選択肢**a**～**r**から選べ。

a．アウクスブルク　**b**．アムステルダム　**c**．サレルノ
d．ジェノヴァ　**e**．ナポリ　**f**．ニュルンベルク　**g**．バーミンガム
h．パリ　**i**．ハンブルク　**j**．フィレンツェ　**k**．フランクフルト
l．ブリュージュ（ブルッヘ）　**m**．ブレーメン　**n**．ボローニャ
o．ミラノ　**p**．リバプール　**q**．リューベック　**r**．ロンドン

この用語もおさえる！

- ▶ サンチャゴ＝デ＝コンポステラ…イベリア半島西北部の巡礼地。**聖ヤコブ**の墓。
- ▶ ウルバヌス２世…**クレルモン宗教会議**（1095）で十字軍派遣を提唱した教皇。
- ▶ フリードリヒ２世…**第５回十字軍**を組織した**神聖ローマ皇帝**。聖地を一時回復。
- ▶ ロンバルディア同盟…**北イタリア**の都市同盟。神聖ローマ皇帝の**イタリア政策**に対抗。
- ▶ ギルド…中世都市の**同業者組合**。自由競争を抑えて相互の利益配分に配慮。
- ▶ カタリ派（アルビジョワ派）…**南ヨーロッパ**に広まったキリスト教の異端。
- ▶ フランドル地方…**毛織物**の産地。**ギエンヌ（ギュイエンヌ）**とともに百年戦争期の英仏の係争地。
- ▶ バラ戦争（1455～85）…百年戦争後に起こったイギリスの王位継承戦争。**ランカスター家**と**ヨーク家**が王位を競った。**ヘンリ７世**の**テューダー朝**創始で終結。
- ▶ レコンキスタ…**イベリア半島**におけるキリスト教徒の**国土回復運動**。その過程で**カスティリャ王国・アラゴン王国・ポルトガル王国**が成立。アラゴンとカスティリャは合邦して**スペイン王国**となり，ナスル朝の都**グラナダ**を陥落させ，1492年にレコンキスタは完了した。

STEP 2 実戦レベル

2 以下の文章を読んで，設問に答えよ。 （青山学院大・改）

1066年，（　①　）公はドーヴァー海峡を渡り，アングロ＝サクソン系の王家が復活していたイングランドを征服して新たな王朝を立てた。しかし彼は，イングランド王であると同時に，（　①　）公としてフランス王の家臣という立場にあり，このねじれ状態がその後の英仏関係を紛糾させる一因となった。

この王朝が断絶すると，初代の王の孫娘とフランスのアンジュー伯との間の子が即位し，プランタジネット朝が始まる。彼はイングランド王であると同時に，（　①　）公領，アンジュー伯領，さらには妻の所領アキテーヌなどフランスの西半分を領有し，形式上フランス王の家臣といいながら，フランス王をはるかにしのぐ領土を支配した。いわゆる「アンジュー帝国」である。イングランドの王侯はフランス語を常用し，公文書もフランス語で書かれた。騎士道物語の英雄を彷彿とさせる次代の獅子心王［　A　］も英語は能くせず，十字軍遠征や対仏戦争のため，イングランドに滞在した期間はのべ半年にすぎなかった。

しかし次の王はフランス王と戦って敗れ，フランスの領地の大半を失ってしまう。「アンジュー帝国」は崩壊し，プランタジネット家はイングランドに本拠を移すことを余儀なくされた。その次の王［　B　］は，失地回復の外征の失敗や強引な課税などで(1)失政を重ねた。「模範議会」を召集したことで知られる次王［　C　］は，大ブリテン島の掌握にも傾注し，(2)ケルト系の国を征服。のちに，イングランド王位継承第一位の王子がこの国の「プリンス」を名乗ることが慣例となった。

カペー朝の断絶に伴って即位したヴァロワ家の王に対し，イングランド王［　D　］がフランス王位継承権を主張し，百年戦争が始まる。両者はカペー朝最後の王の従兄弟と甥の関係であった。(3)はじめはイングランド軍が優勢で，フランス南西部を占領した。(4)黒死病（ペスト）の流行や双方の国内の内紛などもあって一時休戦ののち，15世紀初頭に戦争は再開。イングランド王がフランス王も兼ねるまでになったが，(5)ジャンヌ＝ダルクの出現で形勢は逆転し，戦争はフランスの勝利に終わった。

終戦もつかの間，今度はイングランド国内で，プランタジネット家から王位を簒奪していたランカスター家と，ヨーク家とのあいだで王位継承の内乱が起こる。これは［　D　］の息子たち，ランカスター公とヨーク公の子孫による王位をめぐる内紛である。最終的にランカスター家の傍流テューダー家の［　E　］が1485年に即位し，テューダー朝を開いた。彼はヨーク家の娘と結婚し，ランカスター家とヨーク家の和合を演出した。次の王の時代にもフランスとの抗争は続いた。

□ **問1.** 文中の（　①　）に当てはまる語を以下から一つ選べ。

a．ウェセックス　**b**．クヌート（カヌート）

c．デーン　**d**．ノルマンディー

□ **問2.** 文中の空欄［A］～［E］に当てはまる人名を以下の語群からそれぞれ一つずつ選べ。

〔語群〕 **a**．アルフレッド　**b**．ウィリアム1世　**c**．エドワード1世

d．エドワード3世　**e**．エドワード6世　**f**．エリザベス1世

g．ジェームズ1世　**h**．ジョン　**i**．チャールズ1世

j．ヘンリ2世　**k**．ヘンリ3世　**l**．ヘンリ7世

m．ヘンリ8世　**n**．メアリ1世　**o**．リチャード1世

□ **問3.** 下線(1)に関連して。この国王の専制と失政に対して1258年に反乱を起こした人物を以下から一人選べ。

a．ギヨーム＝カール　**b**．シモン＝ド＝モンフォール

c．ジョン＝ボール　**d**．ワット＝タイラー

□ **問4.** 下線(2)について。この国を以下から一つ選べ。

a．アイルランド　**b**．ウェールズ

c．スコットランド　**d**．ブルターニュ

□ **問5.** 下線(3)に関連して。長弓兵を駆使したイングランド軍が1346年に大勝した戦いの地を以下から一つ選べ。

a．アザンクール　**b**．オルレアン　**c**．クレシー　**d**．ポワティエ

□ **問6.** 下線(4)に関連して。黒死病（ペスト）による農業人口の激減に伴って，労働力確保のため農民の待遇が改善された。こうした流れのなかで農奴身分から脱した農民の名称を以下から一つ選べ。

a．コロヌス　**b**．ジェントリ　**c**．ブルジョワジー　**d**．ヨーマン

□ **問7.** 下線(5)に関連して。ジャンヌ＝ダルクの出現を機に攻勢に転じ，フランスを勝利に導いた国王を以下から一人選べ。

a．シャルル7世　**b**．フィリップ2世

c．フィリップ6世　**d**．フランソワ1世

17 中世ヨーロッパⅡ（十字軍と封建社会の動揺） 解答・解説

1A (1) ④ (2) ② (3) ③ (4) ① (5) ③

1B A q B l C r D a

解説 1A (1)－第４回十字軍（1202～04）はヴェネツィアの主導で**ビザンツ帝国**を攻撃し，コンスタンティノープルを占領してラテン帝国を建設した。(2)－ドイツ騎士団は**第３回十字軍**の時代に結成された宗教騎士団。**第１回十字軍**の時代にはテンプル騎士団やヨハネ騎士団（後の**マルタ騎士団**）が結成された。(3)－**ドイツ騎士団**はエルベ川以東のバルト海沿岸に騎士団領を形成し，16世紀にプロイセン公国に発展した。(4)・(5)－神聖ローマ皇帝カール４世は**ベーメン王**（カレル１世）を兼任。**神聖ローマ帝国**では**シュタウフェン朝**滅亡後の「**大空位時代**」（1256～73）に大諸侯の自立が進み，1356年の**金印勅書**では聖俗七名の大諸侯に皇帝の選挙権を与えて**選帝侯**とした。1438年以降は**オーストリア**のハプスブルク家が神聖ローマ皇帝位をほぼ世襲した。

1B A・B・C－ハンザ同盟はリューベックを盟主に，**ハンブルク**や**ブレーメン**などの**北ドイツ諸都市**を中心とした都市同盟。共通の軍隊を保持して**北欧商業圏**（北海・バルト海貿易）を支配し，イギリスのロンドン（羊毛），**フランドル地方**のブリュージュ（毛織物），ロシアのノヴゴロド（毛皮），ノルウェーのベルゲン（海産物）に**在外商館**を置いた。D－アウクスブルクは南ドイツの銀山や銅山の開発で知られ，大富豪フッガー家を輩出した。▶精講 17-2

2 問1 d 問2 A o B k C c D d E l
問3 b 問4 b 問5 c 問6 d 問7 a

解説 **問１**－ノルマンディー公ウィリアムは1066年の**ヘースティングズの戦い**に勝利してノルマン朝を創始した。

問２・やや難▶**問３**－精講 17-1を参照。**ギヨーム＝カール**は**フランス**の農民反乱であるジャックリーの乱（1358）の指導者。1381年に**イギリス**で起こったワット＝タイラーの乱では，**ウィクリフ**に共鳴した聖職者ジョン＝ボールが「**アダムが耕しイヴが紡いだとき，だれが貴族であったか**」の言葉を残した。

やや難▶**問４**－王位継承第一位の王子は「プリンス＝オブ＝ウェールズ」と称した。

問５－エドワード黒太子が長弓兵を駆使してフランス騎士団に大勝した戦いには，1346年のクレシーの戦いと，フランス王を捕虜とした1356年のポワティエの戦いがある。ジャンヌ＝ダルクは1429年のイギリス軍との戦いに勝利し，オルレアンを解放した。

問6 －ヨーマンは**独立自営農民**。ジェントリは地方の**有力地主層**（**郷紳**）。

問7 －シャルル7世はランスでフランス王に戴冠した。1453年に**百年戦争**に勝利し，カレーを除くフランス国内のイギリス領を奪った。フィリップ2世はイギリスの**ジョン王**から大陸領を奪った**カペー朝**のフランス王。フィリップ6世とフランソワ1世は**ヴァロワ朝**のフランス王。

精講 17-1 プランタジネット朝のイギリス王

ヘンリ2世	プランタジネット朝（1154～1399）を創始。
リチャード1世	**第3回十字軍**で**アイユーブ朝**のサラディン（サラーフ＝アッディーン）と戦う。
ジョン王	フランス王フィリップ2世や教皇インノケンティウス3世と対立。国内では貴族の反抗をまねき，1215年に「法の支配」を明文化した**大憲章**（マグナ＝カルタ）を承認した。
ヘンリ3世	**大憲章**を無視したことで，貴族のシモン＝ド＝モンフォールが反乱を起こし，1265年にイギリス議会の起源となる諮問議会の招集を認めた。
エドワード1世	1295年に模範議会を招集し，**大貴族・高位聖職者・騎士・市民**の代表で構成される**身分制議会**が確立。
エドワード3世	14世紀半ばに**上院（貴族院）・下院（庶民院）**の二院制議会が成立。対外的には**フランス王位継承権**を主張して，**百年戦争**（1339～1453）を開始した。

プランタジネット朝の6人の国王は，入試頻出の重要人物である。とくにヘンリ3世，エドワード1世，エドワード3世の3人の国王については，イギリス議会の成立過程をしっかり確認しておこう。

精講 17-2 地中海商業圏と内陸商業圏

▶地中海商業圏

・**東地中海地域**での東方（レヴァント）貿易で繁栄，**北イタリア諸都市**が中心

・高価な物産の取引が中心

・**アジア産**の香辛料（スパイス），**絹織物**，宝石などを輸入

・**ヨーロッパ産**の毛織物，銀などを輸出

・**海港都市**…ヴェネツィア（「アドリア海の女王」），ジェノヴァ，ピサ

・**内陸都市**…フィレンツェ（大富豪メディチ家の支配），ミラノ

▶内陸商業圏（**北欧商業圏**と**地中海商業圏**の物産が交流）

・シャンパーニュ地方（パリ東部）…**国際定期市**の開催（12 C～13 C）

焦点 地中海商業圏と北欧商業圏については，取引されていた物産の違いに注意し，そのことが内陸商業圏の成立につながったことを確認しよう。

精講 17-3 カペー朝のフランス王

ユーグ＝カペー	**パリ伯**。カペー朝（987～1328）を創始。
フィリップ２世	**第３回十字軍**に参加。イギリスのジョン王から大陸内の領土を奪った。また異端のキリスト教であるカタリ派（アルビジョワ派）の討伐を開始。
ルイ９世	アルビジョワ派を根絶して**南フランス**を王領化。**第６回十字軍・第７回十字軍**を組織。
フィリップ４世	三部会を招集（1302）してフランスの**身分制議会**を確立すると，**聖職者課税問題**で対立した教皇ボニファティウス８世を襲撃するアナーニ事件（1303）を起こし，さらに教皇庁を**ローマ**から南フランスのアヴィニョンに移す「教皇のバビロン捕囚」（1309～77）を行った。

焦点 カペー朝の王権がフィリップ２世からフィリップ４世にかけて強化されていったことを念頭に，各国王の重要事項を整理しよう。

補講① 朝鮮史Ⅰ（衛氏朝鮮〜三国時代）

朝鮮史は，中国史に次ぐ東アジア世界の重要テーマである。「補講」として整理したので必ず学習しよう。

古朝鮮の時代

- 衛氏朝鮮（前2C）
  - **衛満**（中国の燕出身の武将）が建国，都は王険城（現在の平壌）
  - 前108年，**前漢**の**武帝**によって滅ぼされる

中国の朝鮮支配（諸郡の設置：前2C〜）

詳しく！ 楽浪郡以外は，後に移転または廃止された。

- **朝鮮4郡（前108）**
  - 前漢の**武帝**が**楽浪郡**・**真番郡**・**玄菟郡**・**臨屯郡**の4郡を設置
  - **帯方郡（3C）**
- **後漢末**に遼東半島の**公孫氏**（豪族）が楽浪郡の南部を割いて設置

三国時代（4〜7C）

- 高句麗（**前1C頃〜668**）（**中国東北地方〜朝鮮半島北部**）
  - **北方系の高句麗族**が**中国東北地方**に建国
  - **楽浪郡**を滅ぼす（313）→朝鮮北部に勢力拡大
  - 広開土王（好太王）…最盛期，**広開土王碑**

詳しく！ 広開土王碑は，子の長寿王が建立した。

- **三韓の時代（朝鮮半島南部）**
  - 韓族の**馬韓**（西南部）・**辰韓**（東南部）・**弁韓（弁辰）**（中南部）が成立
  - **馬韓**を統一して百済が成立（4C）…**日本**と親交（**仏教**を伝える）
  - **辰韓**を統一して新羅が成立（4C）
  - **弁韓**は加羅（加耶）と呼ばれて分裂→**新羅**が征服
- 三国時代（4〜7C）…**高句麗・百済・新羅**
- **高句麗**による**隋**（煬帝）や**唐**（太宗）の遠征軍撃退（7C）
- **新羅**と**唐**（高宗）の連合（7C）
  - **百済**を滅ぼし（660），白村江の戦い（663）で百済支援の**日本水軍**を撃退
  - **高句麗**を滅ぼす（668）…唐は，安東都護府を**平壌**に設置
- 新羅による唐の勢力撃退（676）→**朝鮮半島統一**をほぼ達成（朝鮮史Ⅱへ）
- 渤海国（**698〜926**）
  - **大祚栄**が高句麗の遺民と**靺鞨人**を率いて**中国東北地方**に建国，新羅と対峙
  - 都は**上京竜泉府**…唐の長安の都城制がモデル
  - **仏教**が盛んで，最盛期には「**海東の盛国**」と呼ばれる（9C）
  - **遼（契丹）**の耶律阿保機によって滅ぼされる（926）

補講②（P.167）へ続く

18 中世ヨーロッパIII（ビザンツ帝国と東欧世界）

STEP 1 基本レベル

1 ビザンツ帝国および東欧世界に関する次の文章を読み，問1～7の問いに答えよ。

（日本大・改）

395年，ローマ帝国の［ 1 ］帝の死とともにローマ帝国は東西に分裂した。その後100年も経たない476年に西ローマ帝国は崩壊してしまったが，コンスタンティノープルを首都とした東ローマ帝国（ビザンツ帝国）はその後約1000年にもわたって存続することになった。6世紀に現れた₂ユスティニアヌス帝は，旧ローマ帝国領の大部分を復活させたほか，様々な面で活躍した。しかしその死後，帝国の領土は縮小を続け，7世紀前半にはイスラーム勢力にエジプト・シリアを奪われるにいたった。しかし国内統治においては軍管区制（テマ制）・屯田兵制がしかれ，皇帝権の維持がはかられた。9～11世紀に君臨したマケドニア朝は帝国の勢力を伸ばし，南イタリアへの進出をはかってイスラーム勢力と争ったりもしたが，11世紀になると，東方からアナトリアへ進出してきた［ 3 ］朝に敗れ，ビザンツ皇帝は西欧に救援を要請するにいたり，こうして十字軍が開始されることになった。13世紀初頭に起こされた第4回十字軍の際には首都を攻略され，アナトリアへ逃れてニケーア帝国と称する事態となった。同世紀中にコンスタンティノープルに復帰したものの，往時の勢いはなく，14世紀後半にはオスマン帝国にアドリアノープルを奪われ，帝国の領域は首都周辺に限られる狭小なものとなった。そして1453年，オスマン帝国の［ 4 ］によって滅ぼされた。

この間，ビザンツ帝国の北方では諸民族が様々な活動を展開した。まず，ゲルマン人が大挙してヨーロッパの南西方向へ移動していったのち，その故地にスラヴ系諸民族が進出していった。西スラヴ系の₅ポーランド人や，のちに［ 6 ］王国を建てることになるチェック人がそれである。南スラヴ系のセルビア人はビザンツ領へ進出してのちに王国を建設し，東スラヴ系のロシア人・ウクライナ人などはノルマン人が建てたキエフ公国の主要な住民となっていった。そのほか，ブルガール人やマジャール人などアジア系民族の動きも重要である。

以上で述べた諸民族は宗教・文化面では大きく2つに分かれる。すなわちポーランド人・チェック人・マジャール人はローマ＝カトリック圏へ，セルビア人・ウクライナ人・ロシア人・ブルガール人はギリシア正教圏へ編入された。とくにウクライナ人・ロシア人に関しては，10世紀末にキエフ公国の［ 7 ］がビザンツ皇帝と姻戚関係を築いてギリシア正教に改宗したことが大きな画期となった。

□ **問1** 空欄[1]に該当する最も適切なものを，次の①～④の中から1つ選べ。
①コンスタンティヌス　②テオドシウス
③トラヤヌス　④ディオクレティアヌス

□ **問2** 下線部**2**がおこなったこととして誤っているものを，次の①～④の中から1つ選べ。
① ハギア＝ソフィア聖堂を建立した。　② ヴァンダル王国を滅ぼした。
③ 聖像禁止令を発布した。　④ 養蚕業・絹織物工業を育成した。

□ **問3** 空欄[3]に該当する最も適切なものを，次の①～④の中から1つ選べ。
①ブワイフ　②ファーティマ　③サーマーン　④セルジューク

□ **問4** 空欄[4]に該当する最も適切なものを，次の①～④の中から1つ選べ。
①メフメト2世　②スレイマン1世　③バヤジット1世　④セリム1世

□ **問5** 下線部**5**は14世紀後半，ある勢力に対抗するためにリトアニアと合併してヤゲウォ朝を形成した。ある勢力の名として最も適切なものを，次の①～④の中から1つ選べ。
①ハンザ同盟　②神聖ローマ帝国　③ドイツ騎士団　④カルマル同盟

□ **問6** 空欄[6]に該当する最も適切なものを，次の①～④の中から1つ選べ。
①ベーメン　②デンマーク　③ブルグンド　④両シチリア

□ **問7** 空欄[7]に該当する最も適切なものを，次の①～④の中から1つ選べ。
①リューリク　②ウラディミル1世　③クヌート　④ピョートル1世

この用語もおさえる！

▶ ビザンツ様式…大きな**ドーム（円屋根）**と**モザイク壁画**(へきが)を特色とする建築様式。代表的な聖堂には，ビザンツ皇帝**ユスティニアヌス1世**がコンスタンティノープルに再建した**ハギア（セント）＝ソフィア聖堂**，同じくユスティニアヌス1世の時代に建立されたラヴェンナの**サン＝ヴィターレ聖堂**がある。

▶ ブルガール人…7世紀に**ブルガリア王国**を建てたトルコ系民族。後にスラヴ人と同化。ビザンツ帝国と抗争しつつ，**ギリシア正教**を受容。

▶ マジャール人…10世紀末に**ハンガリー王国**を建てたウラル語系の民族。**カトリック**を受容。

▶ ルーマニア人…**ラテン系**の民族意識を強く持った人々。その起源はローマ帝国時代の属州(ぞくしゅう)ダキアの先住民で，14世紀に**モルダヴィア公国**(こうこく)と**ワラキア公国**を建国。

STEP 2 実戦レベル

2 次の文章を読み，下線部(1)〜(8)について下記の【設問】に答えよ。（中央大・改）

西ローマ帝国は5世紀に滅びたが，東ローマ帝国はコンスタンティノープルを中心とする領域支配を続け，商業や貨幣経済は栄え，独自な社会のしくみや文化があらわれ，やがてビザンツ帝国とも呼ばれるようになった。(1)イスラームの台頭などをきっかけに，ビザンツ帝国では複数の軍管区を設け，これを司令官が統治し，世襲の屯田兵を入植させる軍管区制がしかれた。また(2)東ヨーロッパに移住してきたスラヴ系の人々に対するキリスト教の布教活動も進められ，彼らは改宗するとともにビザンツ帝国の影響を受けることになった。

(3)ビザンツ帝国の影響は西ローマ帝国が滅亡前に支配していた領域にも及んでいたが，8世紀にローマ教皇とフランク王が連携するなかで，西ヨーロッパのビザンツ帝国からの自立が進められた。(4)800年にローマ教皇から皇帝の帝冠を受けたカール大帝は，皇帝戴冠以前からイタリア半島やイベリア半島などに遠征を行って領土を広げた。こうして東西ヨーロッパにはそれぞれに皇帝が並び立つことになった。

11世紀にセルジューク朝が拡大してイェルサレムを支配下におき，さらにビザンツ帝国の領域を脅かすようになると，ビザンツ皇帝はローマ教皇に援助を要請した。第1回十字軍はイェルサレムを占領した。やがて(5)教皇インノケンティウス3世のときに出発した第4回十字軍はコンスタンティノープルを占領した。ビザンツ帝国はその後コンスタンティノープルを奪回し，いっぽう(6)十字軍は中東最後の重要な拠点を失った。

やがて(7)オスマン帝国がアナトリア半島からバルカン半島に進出して，ビザンツ帝国を圧迫していった。1453年にオスマン帝国の攻撃によってコンスタンティノープルは陥落し，ビザンツ帝国は滅んだ。オスマン帝国はさらに領土を広げ，アジア，アフリカ，ヨーロッパにまたがる広域を支配した。いっぽうモスクワ大公国のイヴァン3世はロシアをほぼ統一するとともに，皇帝と自称してビザンツの後継者たらんとした。そののち(8)イヴァン4世は皇帝の称号を公式に用い，中央集権化を進め，領土を広げた。またビザンツ帝国の崩壊とともにイタリアに移った知識人たちがギリシア語や古典を教え，フィレンツェなどでギリシアやローマの文化を重んじる動きがますますさかんになっていった。ビザンツ帝国が滅びた後も，その遺産はこのように各地で受け継がれていったのである。

【設問】

□ (1) やがて軍管区制度にかわって，11 世紀ころから皇帝が貴族に軍役奉仕とひきかえに土地の管理をゆだねる制度が設けられた。この制度は何と呼ばれるか。

□ (2) **a**．スラヴ人布教のためにギリシア文字をもとに作られ，やがて広く用いられるようになり，現代のスラヴ系諸語の文字のもとになった文字は何と呼ばれるか。

b．10 世紀末から 11 世紀初頭にキエフ公国の君主として在位し，キリスト教化を進め，ビザンツ帝国との交流を深めた人物の名を答えよ。

□ (3) イタリア半島におけるビザンツ帝国の拠点で，ユスティニアヌス帝のモザイク像が描かれたサン＝ヴィターレ聖堂があり，やがてフランク王ピピンによって教皇に寄進された場所の名を答えよ。

□ (4) カール大帝はのちに西ヨーロッパで理想の君主とされ，その遠征をテーマとした多くの伝説が生まれた。カール大帝と騎士たちのイベリア半島遠征を題材とし，中世の騎士道文学の代表ともいわれる物語の名を答えよ。

□ (5) イタリア北東部に位置し，第 4 回十字軍を資金や輸送面などで支援し，コンスタンティノープル占領に関与したことで知られる都市の名を答えよ。

□ (6) 1291 年に陥落したこの拠点の名を答えよ。

□ (7) オスマン帝国のバルカン半島進出によってその首都とされ，コンスタンティノープルに遷都した後も拠点の一つとして栄えた都市の名を答えよ。

□ (8) イヴァン 4 世のときにシベリアに遠征し，領土拡大に貢献したコサック首長の名を答えよ。

18 | 中世ヨーロッパIII（ビザンツ帝国と東欧世界） 解答・解説

1 問1 ② 問2 ③ 問3 ④ 問4 ①
問5 ③ 問6 ① 問7 ②

解説 **問2** − 726年に**イコン**（**聖像画**）を禁止する聖像禁止令を発布したのは，**ビザンツ皇帝レオン3世**。この勅令に**ローマ教会**が反発し，**フランク王国**との提携が始まった。**問5** − ポーランド王国では，14世紀のカジミェシュ大王の時代に労働力としての移民を積極的に受け入れる政策がとられたが，**ドイツ騎士団**の入植も奨励したことで，その勢力を拡大させる結果を招いていた。リトアニアとの**同君連合**で成立したヤゲウォ朝は15世紀前半に**ドイツ騎士団**を破り，**東欧の強国**に成長したが，1572年にこの王朝が断絶するとポーランドは**選挙王制**に移行し，貴族間の抗争で衰退した。**問6** − ベーメン（ボヘミア）王国は10世紀にチェック人が**プラハ**を都に建国した**スラヴ系国家**。後に**神聖ローマ帝国**に編入された。
問7 − ウラディミル1世は**キエフ公国**の**最盛期**の君主。ピョートル1世は17世紀後半に即位した**ロマノフ朝**の**ロシア皇帝**。

2 (1) プロノイア制 (2) a キリル文字 b ウラディミル1世
(3) ラヴェンナ (4) 『ローランの歌』 (5) ヴェネツィア
(6) アッコン (7) アドリアノープル（エディルネ）
(8) イェルマーク

解説 (1) − プロノイア制は，11世紀に導入された西欧の封建制に類似した土地制度。これにより**ビザンツ帝国の地方分権化**が進行した。それ以前のビザンツ帝国では，軍指揮権をもつ軍管区の長官が民事行政権も掌握する**軍管区（テマ）制**がとられていた。(2) a − **キリル文字**は南スラヴ人への布教のために聖職者**キュリロス**らが考案した**グラゴール文字**から発展した。b − **1**の解説参照。
(3) − ラヴェンナは**東ゴート王国**の都となった都市。
(4) − 中世ヨーロッパを代表する**騎士道文学**にはほかに，**ドイツ**の『ニーベルンゲンの歌』や，**イギリス**の『アーサー王物語』がある。
(5) − ヴェネツィア商人が主導した**第4回十字軍**（1202～04）は，**コンスタンティノープル**を占領してラテン帝国を建設した。1261年，ビザンツ帝国の皇族はコンスタンティノープルを奪回し，帝国を再興した。
(6) − アッコンはシリアにある十字軍最後の拠点。1291年に**マムルーク朝**の攻撃で陥落し，十字軍時代は終焉した。
(7) − **ビザンツ帝国**からアドリアノープル（エディルネ）を奪って都とした**オスマン**

帝国のスルタンはムラト１世。

(8)－コサックは南ロシアの辺境地域に定住した農民集団。

精講 18-1 ビザンツ帝国の皇帝

ユスティニアヌス１世（６Ｃ，**最盛期**）	ヴァンダル王国（534）や東ゴート王国（555）を征服。都にハギア（セント）＝ソフィア聖堂を再建し，**養蚕技術**の導入によって**絹織物産業**を振興。古代ローマ法を集大成した『**ローマ法大全**』を編纂させた。
ヘラクレイオス１世（７Ｃ）	**イスラーム勢力**にシリア・エジプトを奪われた。帝国領が**ギリシア語圏**に縮小したことで，公用語も**ラテン語**からギリシア語に代わった。
レオン３世（８Ｃ）	聖像禁止令（726）によって**ローマ教会**と対立。

精講 18-2 スラヴ人とキリスト教

▶**西スラヴ人**（エルベ川以東に移動）

・チェック人，ポーランド人，スロヴァキア人…**カトリック**を受容

▶**南スラヴ人**（バルカン半島に移動）

・セルビア人…**ギリシア正教**を受容

・クロアティア人，スロヴェニア人…カトリックを受容

▶**東スラヴ人**（ロシアに移動）

・ロシア人，ウクライナ人…**ギリシア正教**を受容

精講 18-3 ロシアの国家変遷

①ノヴゴロド国…**ルーシ**のリューリクが建国（**ロシア**の起源）。

⬇

②キエフ公国…**ドニエプル川流域**。ウラディミル１世の最盛期。

⬇

③キプチャク＝ハン国…バトゥが建国。「**タタールのくびき**」。

⬇

④モスクワ大公国…イヴァン３世が**キプチャク＝ハン国**の支配から自立。
イヴァン４世が公式にツァーリ（**皇帝**）の称号を用いる。

焦点 中世ロシアを支配した国家を順番に押えながら，それぞれの代表的な君主を確認しておこう。

19　中世ヨーロッパⅣ（キリスト教関連史）

STEP 1　基本レベル

1　次の文章を読み，設問A～Hに対する答えを選択肢1～4から一つ選べ。

（京都産業大・改）

使徒（　a　）を初代教皇とするbローマ教会は，西ヨーロッパ世界において布教活動を積極的に展開した。また，6世紀から広がったc修道院運動は，文化的・社会的にも大きな役割を果たした。

西のローマ教会と東のコンスタンティノープル教会の関係は，d聖像をめぐる対立により悪化した。コンスタンティノープル教会がビザンツ皇帝と結びついたのに対し，ローマ教会はフランク王国に接近し，e教皇領の起源となる寄進がフランク王ピピンにより行われるなどした。ローマ教会とフランク王国の関係の深まりは，800年のクリスマスの日に，フランク王カールが教皇レオ3世によりローマ皇帝として戴冠された出来事によく示されている。教会の東西対立は深刻化の一途を辿り，コンスタンティノープル教会を中心に発展したギリシア正教会とローマ=カトリック教会は，1054年に互いを破門し合うことで分裂した。

ローマ教会は西ヨーロッパ世界に普遍的な権威を及ぼしたが，世俗権力の影響をうけたことなどによる弊害が生じたため，10世紀よりf改革が進められた。この過程で生じたg皇帝との争いは，1122年のヴォルムス協約によって成立した妥協により決着した。教皇権が絶頂に達したのは，（　h　）のときである。

□ **A**．（　a　）にあてはまる人物はだれか。

1. モーセ　**2.** パウロ　**3.** ペテロ（ペトロ）　**4.** ピラト

□ **B**．下線部**b**に関連して，ローマと共に五本山を構成した有力教会に含まれないものはどれか。

1. イェルサレム　**2.** アテネ　**3.** アレクサンドリア　**4.** アンティオキア

□ **C**．下線部**c**に関連して，12世紀からヨーロッパ諸地域で進行した大開墾運動の中心となった修道会はどれか。

1. シトー修道会　**2.** フランチェスコ修道会

3. ドミニコ修道会　**4.** イエズス会

□ **D**．下線部**d**に関連して，「聖像をめぐる対立」の説明として間違っているものはどれか。

1. 726年，ビザンツ皇帝レオン3世は聖像禁止令を発布した。

2. 聖像をめぐる対立には，偶像を否定するイスラーム教が影響していた。

3. ローマ教会は，ゲルマン人への布教に聖像を必要としていた。

4. ビザンツ帝国では，エフェソス公会議において聖像崇拝論争が禁じられた。

□ E．下線部 e に関連して，ピピンが寄進した土地に含まれるのはどこか。

1. ローマ　2. モンテ＝カシノ　3. ラヴェンナ　4. ミラノ

□ F. 下線部 f に関連して，教皇グレゴリウス７世が実施した「改革」に含まれないものはどれか。

1. 聖職売買の禁止　2. 聖職者の妻帯の禁止

3. 聖職叙任権の回復　4. アリウス派の追放

□ G. 下線部 g に関連して，この争いに関与した「皇帝」はだれか。

1. フリードリヒ１世　2. カール 12 世

3. ハインリヒ４世　4. ルートヴィヒ１世

□ H.（　h　）にあてはまる人物はだれか。

1. ボニファティウス８世　2. インノケンティウス３世

3. グレゴリウス１世　4. ウルバヌス２世

この用語もおさえる！

- **修道院運動**…修道院での敬虔で禁欲的な共同生活を通じて，キリスト教信仰者のあるべき姿を回復しようとする運動。
- **ベネディクト修道会**…６世紀前半に**ベネディクトゥス**がイタリアの**モンテ＝カシノ**に設立した西欧最初の修道会。**「祈り，働け」**をモットーとした修道院生活を実践。
- **クリュニー修道院**…10 世紀にフランス中東部に設立された修道院。**聖職売買**や**聖職者の妻帯**を厳しく禁止する教会改革運動を展開。
- **シトー修道会**…11 世紀末にフランス中部に設立された修道会。「簡素と労働」をモットーに**開墾運動**を推進し，**三圃制**や**重量有輪犂**などの新たな農法や技術の普及に貢献。
- **フランチェスコ修道会**…13 世紀に**フランチェスコ**がイタリアの**アッシジ**に設立した托鉢修道会。托鉢修道会は清貧を徹底した修道会。
- **ドミニコ修道会**…13 世紀に**ドミニコ**が**南フランス**で結成した托鉢修道会。**異端審問**や**魔女狩り**などを通じて**アルビジョワ派**への対抗伝道を展開した。
- **ロマネスク様式**…11 世紀頃に南フランスやイタリアで始まった教会建築様式。重厚な壁と小さい窓，**半円形状アーチ**が特徴。**ピサ大聖堂**などが有名。
- **ゴシック様式**…12 世紀頃に北フランスから始まった教会建築様式。垂直構造と**ステンドグラス**の大きな窓，**尖頭アーチ**が特徴。**ケルン大聖堂**などが有名。

STEP 2 実戦レベル

2 次の文章を読み，文章中の空欄や下線部についての設問(1)〜(7)に答えよ。

（学習院大・改）

8世紀にカール大帝が(1)カロリング朝の教会政策の一環としてベネディクトゥスの『戒律』を帝国内の修道院に導入してから，クリュニーやシトーが全盛を極めた12世紀まで，(2)ベネディクト的な定住修道院が西欧全体に定着した。

いっぽう12世紀には，律修参事会や騎士修道会のように定住義務や生活規定の縛りが少ないアウグスティヌスの規則を用いる共同体が急増し，前者は修道士と教区司祭の使命と生活を，後者は修道士と騎士のそれを一つにした団体を形成し修道院生活は多様になった。彼らはみな聖書に描かれた使徒達の共同生活を模範として財産の放棄，貞潔，従順などの精神は共有していたが，しだいに活動面で遍歴，説教，慈善などの側面を重視する動きが出てきた。その背景として教会と社会が転換点を迎えたことが考えられている。すなわち(3)グレゴリウス7世の行った改革によって信徒への司牧が奨励され，人口増加に伴って開拓地や市壁外地の新教区に教会施設が建てられ，教会から離れようとする(4)異端の出現には具体的な対策が行われた。また交易拡大と(5)十字軍にともなう移動の拡大はさまざまな領域で変化をもたらし，学問や思想では(6)「12世紀ルネサンス」と呼ばれる革新が進みつつあったのである。

このように教会と社会が大きな潮目を迎えていた時期に，フランチェスコ修道会や［ (7) ］に代表される「托鉢修道会」が現れた。創立時は修道会としても個人としても徹底的な無所有を貫き，遍歴説教や弱者救済を行い，異端の説得，学問探究，教育機関の設立なども行い，各分野で時代の要請に応えていった。アッシジのフランチェスコの劇的な生涯や，ウンベルト＝エーコの小説『薔薇の名前』は，托鉢修道会の革新性を強く印象づけるが，彼らの活動は12世紀にさまざまに試みられた刷新的な動きの上に立つものである。一方で托鉢修道士達も，ベネディクトゥスの『戒律』に従う修道院ほどではないものの聖務日課を行い，修道会が輩出した先達の聖人への礼拝を引き続き行うなど，従来の生活を受け継いでいたのである。

（杉崎泰一郎『修道院の歴史――聖アントニオスからイエズス会まで――』による。一部表現を改めた部分がある。）

〔設問〕

□ (1) カロリング朝は教会との結びつきを強める動きを数々の側面で示した。その一つで，カール大帝の父ピピンがランゴバルド王国から奪い，教皇に寄進した町の名を答えよ。

□ (2) ベネディクトゥスが創設した修道会は，清貧・純潔・服従の戒律を掲げ，また古代の労働観とは異なる趣のモットーをも唱えた。このモットーを答えよ。

(3) 彼による改革は，聖職叙任権をめぐる教皇と皇帝の間での争いを長期にわたって引き起こす契機になった。

□ (a) この問題をめぐる争いの中で，グレゴリウス7世に破門された神聖ローマ皇帝の名前を答えよ。

□ (b) この問題において，皇帝と教会が妥協し，両者の最終的な和解が成立した際の取り決めの名前を答えよ。

□ (4) 中世には様々な形での異端とされる運動があったが，13世紀にルイ9世によって弾圧された異端の名前を答えよ。

□ (5) 十字軍運動の開始以前から，ビザンツ帝国は11世紀にトゥグリル＝ベクが建国したイスラーム王朝との関係が悪化していた。このイスラーム王朝の名前を答えよ。

□ (6) この革新運動には，ギリシアの古典を，アラビア語やギリシア語からラテン語に翻訳する面があったが，その翻訳運動の中心地の一つはトレドであった。トレドは，6世紀半ばにはこの地に存在した国の首都であった町である。その国の名を答えよ。

□ (7) 空欄(7)には，スペイン出身で南フランスでの異端の改宗に尽力した人物が創設した托鉢修道会の名前が入る。この修道会の名前を答えよ。

19 中世ヨーロッパⅣ（キリスト教関連史） 解答・解説

1 A 3 B 2 C 1 D 4 E 3 F 4 G 3 H 2

解説 A－ペテロ（ペトロ）は十二使徒の筆頭で，**ローマ教会の初代教皇**。1世紀のローマ皇帝ネロの迫害の際に，パウロ（**異邦人伝道**の使徒）と同じく殉教したとされる。C－シトー修道会は11世紀末に**フランス中部**に建てられた修道会で，**三圃制**や**重量有輪犂**など，開墾運動を通して新たな農業技術の普及に貢献した。フランチェスコ修道会とドミニコ修道会は13世紀に設立された**托鉢修道会**で，清貧の徹底を訴えた。イエズス会は16世紀前半に設立されたカトリックの修道会。D－エフェソス**公会議**は431年に開催されたネストリウス派を異端とした公会議。E－ラヴェンナは**ランゴバルド王国**から**ピピン**が奪った領土。F・G－アリウス派の追放は325年に開催されたニケーア公会議で決定した。**教皇**グレゴリウス7世は**クリュニー修道院**の改革精神に刺激され，皇帝などの世俗権力による聖職者叙任を聖職売買として禁止したことから，**神聖ローマ皇帝**ハインリヒ4世が反発し，叙任権闘争が起こった。しかし，皇帝は教皇の**破門**宣告で窮地に立ち，教皇に謝罪するカノッサの屈辱（1077）を強いられた。その後も叙任権をめぐる対立は続いたが，1122年のヴォルムス協約で妥協が成立。教皇は叙任権を確保し，皇帝は聖職者に教会領を授封する権利を認められた。H－精講 19-1を参照。

2 (1) ラヴェンナ (2)「祈り，働け」 (3) (a) ハインリヒ4世
(b) ヴォルムス協約 (4) アルビジョワ派（カタリ派）
(5) セルジューク朝 (6) 西ゴート王国 (7) ドミニコ修道会

解説 (1)・(3)・(7)－**1**の解説参照。

(2)－ベネディクト修道会では，**「祈り，働け」**をモットーに日々の日課を定めた聖ベネディクトゥスの会則に従って**修道院生活**が営まれた。

(4)－アルビジョワ派（カタリ派）はイラン起源の**マニ教**の影響を受けた中世キリスト教の異端の一派。**南フランス**に広がったが，フランス王ルイ9世のアルビジョワ十字軍によって根絶された。

(5)－セルジューク朝の圧迫に単独では抗しきれなくなった**ビザンツ皇帝**の救援要請を受け，教皇ウルバヌス2世は1095年に開催されたクレルモン宗教会議のなかで十字軍の派遣を提唱した。

やや難 (6)－トレドは**西ゴート王国**滅亡後の**イスラーム王朝**の支配を経て，**カスティリャ王国**の都となり，アラビア語文献のラテン語への翻訳運動の拠点となった。その他，**両シチリア王国**の都**パレルモ**も「12世紀ルネサンス」における翻訳運動の拠点と

して重要な役割を果たした。

精講 19-1 中世ヨーロッパを代表する教皇

グレゴリウス1世	ゲルマン人布教。**アングロ＝サクソン**の改宗。
レオ3世	カール大帝にローマ帝冠を授与（800）
グレゴリウス7世	神聖ローマ皇帝ハインリヒ4世と叙任権闘争
ウルバヌス2世	クレルモン宗教会議（1095）で十字軍の派遣を提唱
インノケンティウス3世	教皇権の**絶頂期**。**「教皇は太陽，皇帝は月」**の言葉を残し，イギリス王ジョン，フランス王フィリップ2世を破門・屈服させる。またアルビジョワ十字軍・**第4回十字軍**の派遣を提唱。

焦点 中世西ヨーロッパのキリスト教史は，歴代の教皇を中心に政治とのかかわりに注意しながら学習しよう。

精講 19-2 ローマ＝カトリック教会の衰退（年表整理）

1303年 アナーニ事件
- **聖職者課税問題**で**フランス王**と**教皇**が対立
- フィリップ4世が教皇ボニファティウス8世を捕縛（教皇は憤死）

1309年 教皇のバビロン捕囚（〜1377）
- フィリップ4世が教皇庁をアヴィニョンに移転

1378年 教会大分裂（大シスマ，〜1417）
- **アヴィニョン**と**ローマ**に教皇が並立，カトリック教会は分裂
- ウィクリフ（英）とフス（ベーメン）が聖書主義を提唱

1414年 コンスタンツ公会議（〜1418）
- 大シスマの終結，ウィクリフ・フスへの**異端宣告**
- **フス火刑**（1415）→**フス戦争**（1419〜36）が勃発

第3章 一体化へ進む世界と反動

20 ルネサンス・大航海時代

STEP I 基本レベル

1 次の文章を読み，下の問いに答えよ。 (東洋大・改)

ポルトガルのテージョ川はイベリア半島を東西に流れ，最後は大西洋に注ぐのだが，(a)ポルトガルの冒険的航海者たちを送り出した川でもあった。同じイベリア半島でも，セビリャやカディスを経て大西洋に注ぐグヮダルキビル川は，この地の(b)女王イサベルの後援を得て大西洋に乗り出した(c)コロンブスを送りだした川である。彼女の孫にあたるスペイン王カルロス１世は，ハプスブルク家出身の父ブルゴーニュ公フィリップの系統からネーデルラントとオーストリアを継承し，最終的に1519年，神聖ローマ帝国皇帝に選出された。

フランス中部を流れるロアール川のほとりにあるアンボワーズ城はカルロス１世のライバル，フランス王フランソワ１世が，「最後の晩餐」を描いたルネサンスの巨匠[A]の最期を看取ったとされる。しかし，ルネサンスの中心地はやはりイタリアであろう。イタリア中部を流れるアルノ川の下流にはピサ，中流には(d)フィレンツェという都市国家が存在している。ことにフィレンツェはルネサンスの中心地になり，金融業者からこの町の支配者になっていった(e)メディチ家は多くの芸術家を保護した。

□ **問1.** 空欄[A]に入る人名として正しいものを，次のうちから一つ選べ。

①ジョット　②デューラー　③ドナテルロ　④ブリューゲル
⑤ブラマンテ　⑥ブルネレスキ　⑦ボッティチェリ
⑧ミケランジェロ　⑨ラファエロ　⑩レオナルド＝ダ＝ヴィンチ

□ **問 2.** 下線部(a)に関連して，(ア)～(エ)はポルトガルの海外への進出に関する事項である。これらの事項が年代の早いものから順に正しく配列されているものを，次のうちから一つ選べ。

(ア)「航海王子」エンリケの海外事業推進

(イ)カブラルのブラジル漂着

(ウ)ヴァスコ＝ダ＝ガマのカリカット到着

(エ)バルトロメウ＝ディアスの喜望峰到達

① (ア)→(イ)→(ウ)→(エ)　② (ア)→(イ)→(エ)→(ウ)

③ (ア)→(エ)→(ウ)→(イ)　④ (イ)→(ア)→(ウ)→(エ)

⑤ (イ)→(ウ)→(ア)→(エ)　⑥ (エ)→(イ)→(ア)→(ウ)

□ **問 3.** 下線部(b)はカスティリャの女王であるが，彼女と結婚し，後にスペイン王国の共同統治者となった人名として正しいものを，次のうちから一つ選べ。

①アンリ４世　②ジョアン２世　③フェリペ２世

④フェリペ５世　⑤フェルナンド５世

□ **問 4.** 下線部(c)の出身地として正しいものを，次のうちから一つ選べ。

①ヴェネツィア　②ジェノヴァ　③フィレンツェ

④マドリード　⑤ミラノ

□ **問 5.** 下線部(d)の出身であるマキァヴェリが著した著作として正しいものを，次のうちから一つ選べ。

①『愚神礼讃』　②『君主論』　③『神曲』　④『随想録』

⑤『デカメロン』

□ **問 6.** 下線部(d)にあるサンタ＝マリア大聖堂のドームを作った建築家の人名として正しいものを，次のうちから一つ選べ。

①ジョット　②デューラー　③ドナテルロ　④ブリューゲル

⑤ブラマンテ　⑥ブルネレスキ　⑦ボッティチェリ

⑧ミケランジェロ　⑨ラファエロ　⑩レオナルド＝ダ＝ヴィンチ

□ **問 7.** 下線部(e)に関連して，メディチ家のために描いたともいわれる「ヴィーナスの誕生」を作成した画家の人名として正しいものを，次のうちから一つ選べ。

①ジョット　②デューラー　③ドナテルロ　④ブリューゲル

⑤ブラマンテ　⑥ブルネレスキ　⑦ボッティチェリ

⑧ミケランジェロ　⑨ラファエロ　⑩レオナルド＝ダ＝ヴィンチ

STEP 2 実戦レベル

2A 次の文章を読み，下記の問に答えよ。 (明治大・改)

「航海王子」エンリケは，1415年にアフリカ西北端の港市［①］を占領し，これをきっかけにポルトガルの海外進出が本格化した。

ジョアン2世の治世であった1488年には，［②］がアフリカ南端の岬である喜望峰に到達した。ジョアン2世は，㋐スペイン王国との間で1494年に［③］条約を結び，海外領土を分割することを内容とした協定を締結した。この条約は，前年に教皇アレクサンデル6世が設定した教皇子午線を修正するものであった。

㋑マヌエル1世の治世になると，ヴァスコ＝ダ＝ガマが喜望峰を経由してアフリカ東岸を北上し，1498年，インド西岸に到達してインド航路開拓に成功した。また，1500年にはインドを目指したポルトガルの航海者である［④］が現在のブラジルにあたる地域に漂着し同地をポルトガル領と宣言したことで，ポルトガルは南アメリカへの進出もはたした。ブラジルは，前述の［③］条約で南アメリカで唯一ポルトガル領となった。

㋒1510年にインド西岸にある港市を占領したポルトガルは，1511年にはマレー半島南部に位置するマラッカを占領した。1550年には九州の平戸にポルトガル船が来航し，ポルトガルと日本の間で貿易が始まった。ポルトガルは，1557年には，中国大陸南部の珠江河口沿いの町である［⑤］の居留権を明朝から得てそこを対明貿易の拠点とした。

□ **問1.** 文中の空欄の①～⑤のそれぞれにもっとも適切と思われる語句を記入せよ。

問2. 文中の下線部㋐～㋒に関して，下記の問(ア)～(ウ)に答えよ。

□ **(ア)** 下線部㋐に関して，ポルトガル王国とならんで新航路を開拓し海外進出の先鞭をつけたスペイン王国は，1479年にイベリア半島中央部のカスティリャ王国とその隣国でイベリア半島北東部にあった王国が合併して成立した。このイベリア半島北東部にあった王国の名前を何というか。

□ **(イ)** 下線部㋑に関して，ヴァスコ＝ダ＝ガマが1498年に到達したインド西岸の港市の名前を何というか。

□ **(ウ)** 下線部㋒に関して，1510年にインド総督アルブケルケの占領によりポルトガル領となり，アジア貿易やキリスト教布教の拠点となったインド西岸にある港市の名前を何というか。

2B 次の文章を読み，下記の問に答えよ。 （明治大・改）

スペイン王国は，1492 年に［ ① ］を滅ぼして国土回復運動を完成し，また，㋐積極的な海外進出に乗り出した。女王イサベルは，コロンブスを「インド」に向けて派遣した。コロンブスは，大地は球形であり，大西洋を西進するのがインドへの近道であるとする，フィレンツェの天文学者［ ② ］の説の信奉者で，この説に従って大西洋を西進し，現在のバハマ諸島に到達した。

また，マゼランも同様に，スペイン王室の援助を受けて大西洋を西進し，南アメリカ南端の海峡（マゼラン海峡）を経て太平洋を横断し，［ ③ ］に到達した。マゼラン自身は［ ③ ］で死亡したが，彼の船団がアフリカ経由でスペインに帰国して，史上初の世界周航を達成した。

スペイン王室は，ハプスブルク家と婚姻関係を結び，カルロス 1 世は，カール 5 世として神聖ローマ皇帝にも選出された。彼の治世の間にスペインは，海外植民地を拡大し，ラテンアメリカ植民地の㋑ポトシ銀山から得た多量の銀を元手に，イタリア戦争や植民地の維持のための戦争を行った。

□ **問 1.** 文中の空欄①～③のそれぞれにもっとも適切と思われるものを次の語群から一つずつ選べ。

〔語群〕 **A**．アムステルダム **B**．イドリース朝 **C**．インドネシア
D．エラトステネス **E**．ケプラー **F**．コペルニクス **G**．サラミス
H．タイ **I**．トスカネリ **J**．ナスル朝 **K**．フィリピン
L．プトレマイオス **M**．フランドル **N**．プレヴェザ **O**．ホラント
P．マラッカ **Q**．モハーチ **R**．ユトレヒト **S**．ラプラース
T．レオン王国 **U**．レパント **V**．ロッテルダム **W**．ワッタース朝

問 2. 文中の下線部㋐・㋑に関して，次の問㈠・㈡に答えよ。解答は各問の語群の中からもっとも適切と思われるものを一つ選べ。

□ ㈠ 下線部㋐に関して，スペインの海外進出において，イエズス会の果たした役割は大きいが，次のうちイエズス会宣教師でない者は誰か。

〔語群〕 **A**．トマス＝アクィナス **B**．イグナティウス＝ロヨラ
C．フランシスコ＝ザビエル **D**．マテオ＝リッチ
E．カスティリオーネ

□ ㈡ 下線部㋑に関して，ポトシ銀山と同時期に多量の銀を産出し，現在は世界遺産に登録されている日本の銀山はどこか。

〔語群〕 **A**．生野銀山 **B**．上田銀山 **C**．対馬銀山
D．石見銀山 **E**．因幡銀山

第3章 一体化へ進む世界と反動

20 ｜ ルネサンス・大航海時代　解答・解説

1 問1 ⑩ 問2 ③ 問3 ⑤ 問4 ②
問5 ② 問6 ⑥ 問7 ⑦

解説

問1 － レオナルド＝ダ＝ヴィンチは「万能の天才」と称された**イタリア＝ルネサンス**の巨匠。『最後の晩餐』や『モナ＝リザ』などを描いた。**問2** － (ア)「航海王子」エンリケの海外事業推進により，**ポルトガル**は1415年にセウタを攻略し，その後，アフリカ最西端の**ヴェルデ岬**に到達した。(エ) バルトロメウ＝ディアスがアフリカ南端の**喜望峰**に到達したのは1488年。(ウ) ヴァスコ＝ダ＝ガマがインド西南部のカリカットに到達したのは1498年。(イ)カブラルがブラジルに漂着したのは1500年。**問3** － フェルナンド5世はアラゴン王。1479年にアラゴンとカスティリャが統合され，スペイン王国が誕生した。**問4** － コロンブスは**ジェノヴァ**出身の航海者。フィレンツェの天文学者トスカネリが唱えた**地球球体説**を信じて西回りでのインド到達をめざし，スペイン女王イサベルの支援を得て1492年に**パロス港**を出航。同年**バハマ諸島**のサンサルバドル島に到達した。**問5** － マキァヴェリは16世紀前半に『君主論』を著し，イタリア統一の必要性とそれを実現するために不可欠な君主（指導者）の資質を説いた。**問6** － ブルネレスキ（14 C～15 C）はフィレンツェの建築家。建築家としてはローマのサン＝ピエトロ大聖堂の最初の設計を行ったブラマンテ（15 C～16 C）も有名。**問7** － ボッティチェリ（15 C～16 C）はギリシア神話に着想を得て「ヴィーナスの誕生」や「**春**」を描いた。イタリア＝ルネサンスを代表するその他の文化人については，精講 20-1 を参照。

2A 問1 ① セウタ ② バルトロメウ＝ディアス ③ トルデシリャス
④ カブラル ⑤ マカオ
問2 (ア) アラゴン王国 (イ) カリカット (ウ) ゴア

2B 問1 ① J ② I ③ K 問2 (ア) A (イ) D

解説 **2A** **問1** ①・②・④－**1**の解説参照。③－トルデシリャス条約（1494）は，前年に教皇が大西洋上に引いた植民地分界線（教皇子午線）を改定したもの。⑤**ポルトガル**はマカオを拠点に，中国産の生糸を日本に運び，**石見銀山**などで産出された日本銀を手に入れる中継貿易を展開した。

問2 (ア)・(イ)－**1**の解説参照。(ウ)－ポルトガルのインド総督**アルブケルケ**は1510年にゴアを占領して拠点とすると，1511年にはマラッカ王国を滅ぼして**マラッカ海峡**を確保し，ナツメグやクローヴの特産地として知られたモルッカ（マルク）諸島に進出した。その後，ポルトガルはホルムズ島を占領し，ムスリム商人がペルシア湾からインド洋に進出するのを阻止した。

2B **問1** ①－この時に陥落した**ナスル朝**の都はグラナダ。②－**1**の解説参照。③－スペイン王カルロス1世の支援を受けた**ポルトガル人**の航海者マゼラン（マガリャンイス）は，世界周航をめざして1519年に出航。大西洋を南下し，南米南端の海峡（マゼラン海峡）を抜けて太平洋に入り，1521年にはフィリピン諸島に到達したが，マゼランは土着部族の抗争に巻き込まれて戦死した。世界周航は部下に引き継がれ，1522年に**スペイン**に帰還した。その他の航海者については，精講 20-2を参照。

問2 (ア)－**トマス＝アクィナス**は13世紀の**ドミニコ会修道士**。『**神学大全**』を著して信仰と理性の調和を図り，スコラ学を大成した。イエズス会は，1534年に**スペイン人**のイグナティウス＝ロヨラ（初代総長）やフランシスコ＝ザビエルらが結成した厳格なカトリックの修道会。積極的な海外布教を展開し，明代・清代の中国ではマテオ＝リッチやカスティリオーネらが活躍した。難 (イ)－**2A**の解説参照。

精講 20-1 イタリア＝ルネサンスを代表する文化人

ダンテ	13～14世紀の詩人。『**神曲**』（**トスカナ語**で執筆）。
ジョット	13～14世紀の画家。「**聖フランチェスコの生涯**」など。
ペトラルカ	14世紀の詩人・人文主義者。『**叙情詩集**』など。
ボッカチオ	14世紀の作家・人文主義者。『デカメロン』など。
ドナテルロ	14～15世紀の彫刻家。ルネサンス様式を確立。
ミケランジェロ	15～16世紀の彫刻家・画家。「ダヴィデ像」などの彫刻を残し，**システィナ礼拝堂**の「**天地創造**」（天井画）や「**最後の審判**」（壁画）を描く。
ラファエロ	15～16世紀の画家・建築家。**聖母子像**を残し，「**アテネの学堂**」などを描く。

精講 20-2 大航海時代の航海者・征服者（年表整理）

1415年	**ポルトガル**，セウタ攻略…「航海王子」エンリケの海外事業
1488年	バルトロメウ＝ディアス（葡），喜望峰に到達
1492年	コロンブス（伊），**バハマ諸島**のサンサルバドル島に到達 →到達地（**「新大陸」**）を終生「インド」と信じた
1497年	カボット父子（伊），**北米地域**を探検…イギリス王**ヘンリ７世**が後援
1498年	ヴァスコ＝ダ＝ガマ（葡），カリカットに到達
1500年	カブラル（葡），ブラジルに漂着…中南米唯一のポルトガル領
1501年	アメリゴ＝ヴェスプッチ（伊）の調査探検（～1502） →コロンブスの到達地が未知の大陸であると確信
1513年	バルボア（西），パナマ地峡を横断→**太平洋**に到達
1519年	マゼラン（葡）の**世界周航**（～1522） →マゼランは達成前に**フィリピン**で戦死（1521）
1521年	コルテス（西），アステカ王国を滅ぼす→**メキシコ**征服
1533年	ピサロ（西），インカ帝国を滅ぼす→**ペルー**征服

※（葡）＝ポルトガル人，（伊）＝イタリア人，（西）＝スペイン人

精講 20-3 大航海時代のヨーロッパへの影響

商業革命	貿易の中心が**地中海**から**大西洋**に移動したこと。これにより北イタリア諸都市（東方貿易）や南ドイツ諸都市（銀の産地）が衰退し，ポルトガルの首都リスボンやアントウェルペンなどの**大西洋沿岸諸都市**が繁栄した。また，東西ヨーロッパ間でも分業が進み，**エルベ川以東**の**東欧地域**では，農民の賦役労働を使って西欧向けの輸出用穀物を生産するグーツヘルシャフト（農場領主制）が発達した。
価格革命	アメリカ大陸から大量の銀が流入したことで，**銀価の下落による物価の高騰**をもたらした現象のこと。**商工業の活性化**をうながしたが，一方では貨幣（銀）による固定地代に依存していた**領主層の没落**が進んだ。

生活革命	**アメリカ大陸原産**の物産（トウモロコシ，ジャガイモ，サツマイモ，トマト，カボチャ，カカオ，トウガラシ，タバコなど）が流入し，ヨーロッパ人の生活様式が大きく変化した。

焦点　大航海時代のヨーロッパへの影響は論述問題で出題されることも多いので，80 字以内で要点を簡潔にまとめられるようにしておこう。

第3章　一体化へ進む世界と反動

精講 20 - 4 その他の基礎用語

▶ルネサンス編

・ヒューマニズム…人間の理性や尊厳(そんげん)を尊重する**ルネサンス**の基本精神。
・エラスムス…ネーデルラントの人文(じんぶん)主義者。『**愚神礼賛**(ぐしんらいさん)』を著す。
・ファン＝アイク兄弟…フランドル派の画家。**油絵技法**を確立。
・ブリューゲル…フランドル派の画家。「**農民の踊り**」など農民生活を描く。
・デューラー…ドイツの画家・版画家。「四人の使徒(しと)」などを描く。
・ホルバイン…ドイツの画家。「**エラスムス像**」などの肖像画を描く。
・ラブレー…フランスの作家。『**ガルガンチュアとパンタグリュエルの物語**』。
・モンテーニュ…フランスの人文主義者。『**エセー（随想録**(ずいそうろく)**）**』を著す。
・セルバンテス…スペインの作家。『**ドン＝キホーテ**』を著す。
・チョーサー…イギリスの詩人。百年戦争期に『**カンタベリ物語**』を著す。
・トマス＝モア…イギリスの政治家・人文主義者。『**ユートピア**』を著し，そのなかで**第 1 次囲い込み（エンクロージャー）**を批判。
・シェークスピア…イギリスの劇作家。『**ハムレット**』などで有名。

▶大航海時代編

・コンキスタドール…「**征服者**」のこと。スペイン人の**コルテス**や**ピサロ**が有名。
・エンコミエンダ制…スペインが植民者(しょくみんしゃ)にラテンアメリカでの土地の支配を**委託**(いたく)した制度。**インディオ（先住民）**の保護とキリスト教化を条件としたが守られず，インディオは過酷(かこく)な支配を受けた。
・ラス＝カサス…インディオ救済(きゅうさい)に立ち上がった**ドミニコ会修道士**。『インディアスの破壊に関する簡潔な報告』で植民者の非道を**スペイン王**に訴えた。

21 宗教改革と宗教戦争

STEP 1 基本レベル

1 次の文を読み，【1】～【8】の設問に答えよ。答えは，それぞれの選択肢から一つずつ選べ。 (日本大・改)

宗教改革の端緒は，ドイツのマルティン＝ルターが，【1】年に，九十五カ条の論題を発表したことにある。これは，[2]教皇レオ10世が，ローマのサン＝ピエトロ大聖堂の建築費を捻出するために，贖宥状を売り出したことをきっかけとしたものであった。ルターの論題はドイツ各地の諸侯や市民，農民の間に大きな反響をよんだ。ルターは教皇から破門され，皇帝カール5世にヴォルムスの帝国議会に召喚されて自説の撤回を迫られたが，これらの圧力には屈しなかった。彼は【3】の庇護を受けながら聖書のドイツ語訳をおこない，「人は信仰によってのみ義とされる」という思想をひろめていった。

ルターの説に影響を受けた知識人や農民の間では，さらに進んで社会改革運動に向かう動きも生まれた。1524年におこった[4]ドイツ農民戦争は，その最も大きなものであった。ルター派とカトリックの争いは，シュマルカルデン戦争にまで発展したが，1555年，[5]アウクスブルクの和議で一応の決着を見た。

宗教改革の動きは，ドイツの外にもひろまった。フランス人のカルヴァンは，スイスの【6】で，独自の教義にもとづく一種の神権政治をおこなった。彼は『【7】』などを著してみずからの思想を展開した。このようなカルヴァンの教えは，イギリス，フランス，オランダなど，西ヨーロッパ各地で多数の[8]信徒を獲得していった。

□【1】 空欄【1】に該当する年を，次の1～4から選べ。

1. 1515　2. 1517　3. 1519　4. 1521

□【2】 下線部【2】の教皇は，どこの出身か，次の1～4から選べ。

1. イタリア　2. ドイツ　3. フランス　4. イギリス

□【3】 空欄【3】に該当する人物の称号を，次の1～4から選べ。

1. ブランデンブルク辺境伯　2. ベーメン王
3. ケルン大司教　4. ザクセン選帝侯

□【4】 下線部【4】の事件についての次の1～4の文のうち，誤りを含むものを選べ。

1. ミュンツァーに指導されていた。　2. 農奴制の廃止などを要求した。
3. 諸侯によって鎮圧された。　4. ルターはこの運動を一貫して支持した。

□【5】 下線部【5】の和議の内容について，次の1～3の文のうち，正しいものがあればその番号を，すべて誤っている場合は，0を記せ。

1. カルヴァン派も認められた。

2. 諸侯はカトリックかルター派を選択でき，領民は諸侯の宗派に従うこととされた。

3. 自由都市の市民は，個人の信教の自由を認められた。

□【6】 空欄【6】に該当する都市を，次の1～4から選べ。

1. バーゼル　2. ジュネーヴ　3. コンスタンツ　4. チューリヒ

□【7】 空欄【7】に該当する書名を，次の1～4から選べ。

1. キリスト教綱要　2. キリスト者の自由

3. 天路歴程　4. 神の国（神国論）

□【8】 下線部【8】の信徒たちは，フランスでは何とよばれたか。次の1～4から選べ。

1. ゴイセン　2. ピューリタン　3. プレスビテリアン　4. ユグノー

この用語もおさえる！

- **「人は信仰によってのみ義とされる」**…**ルター**の考え方。贖宥状に反対し，**聖書に基づく信仰**によってのみ魂は救済されると説いた。
- **ヴォルムス帝国議会**（1521）…神聖ローマ皇帝**カール5世**が開催。**ルター**を召喚して諸説の撤回を迫ったが，ルターはこれを拒否し，**法的保護を停止**された。
- **領邦教会制**…ドイツ諸侯（領邦君主）が首長となり，領内の教会組織を支配する制度。**ルター派諸侯**によって確立した。
- **長老主義**…**カルヴァン派**の教会制度。**司教制度**をとらず，信者の代表（**長老**）が**牧師**の任免を含めて教会を運営する制度。
- **イエズス会**…**カトリック**の修道会として**対抗宗教改革**を積極的に展開した。
- **オランダ独立戦争**（1568～1609）…新旧両教徒の宗教戦争の一つ。スペイン王**フェリペ2世**のカトリック強制と自治権剝奪に反発して始まった。スペインの懐柔で**旧教**の**南部10州**（現ベルギー）が脱落。新教の**北部7州**（ホラント州が中心）は1579年に**ユトレヒト同盟**を結成して抵抗を続け，1581年に**ネーデルラント連邦共和国**（通称**オランダ**）の独立を宣言。1585年には抵抗を続けていた南部の都市**アントウェルペン**が陥落したが，1588年に**イギリス**（エリザベス1世）がスペインの**無敵艦隊（アルマダ）**を破り，1609年の**休戦条約**でオランダの事実上の独立が達成された。

STEP 2 実戦レベル

2 次の文章を読み，下記の問いに答えよ。 （明治大・改）

ルネサンス文化の中心の一つとなったローマでは，サン＝ピエトロ大聖堂の改築が計画され，教皇レオ10世は，その費用の捻出のために贖宥状をドイツで販売した。この販売に疑問を抱いたヴィッテンベルク大学教授の(a)マルティン＝ルターは，1517年に『九十五カ条の論題』を発表してローマ＝カトリック教会を批判した。これによって，宗教改革の口火が切られ，この運動はたちまち西ヨーロッパの各地に波及していった。

ドイツでは，ルターを支持する新教派の諸侯と都市が［（ア）］同盟を結成して，皇帝カール5世の率いる旧教派と争ったが，1555年アウクスブルクの和議で妥協が成立した。この和議によって諸侯は，カトリックかルター派いずれかを選択することが認められた。スイスでは，都市を基盤にして宗教改革が展開された。ツヴィングリがチューリヒで，その後カルヴァンがジュネーヴで独自の改革に着手した。とくにカルヴァンは，司教制を廃止し，長老制にもとづく厳格な神権政治をおこなった。

イギリスでは，テューダー王朝の国王(b)ヘンリ8世が，1534年，ローマ教皇と絶縁してイギリス国教会を創設した。また，エリザベス1世は，1559年に統一法によって国教会を再建し，その後1588年には旧教国スペインと戦い，その無敵艦隊（アルマダ）を打ち破った。

また，スペイン国王フェリペ2世は領土内の旧教以外の信仰を弾圧したため，ネーデルラントで新教徒の反乱をまねいた。この地方の北部7州は，［（イ）］を指導者として頑強に抵抗し，1598年にはブルボン王朝の［（ウ）］が発布したナントの王令によって信仰の自由が認められた。17世紀に入ると，ベーメン（ボヘミア）地方の争乱をきっかけとして三十年戦争が勃発したが，結局1648年の(c)ウェストファリア条約によって講和が締結され，主権国家体制の基盤が法的にも確立された。

宗教改革運動の高まりを目の当たりにして，ローマ＝カトリック教会も，16世紀半ばからイタリアとスペインを中心に自己改革の運動に着手した。この運動は，対抗宗教改革として知られている。1534年には(d)イエズス会が創設され，カトリックの勢力を回復・強化させていった。また，イエズス会の布教活動は，遠くアジアやアメリカ大陸にまでおよんだ。その一方，1545年から(e)トリエント公議会がはじまった。

□ **問 1.** 下線部(a)に関連する説明として，誤りを含むものを一つ選べ。

A . 神聖ローマ皇帝カール 5 世は，ヴォルムス帝国議会でルターに教えの撤回を求めた。

B . 1520 年に『キリスト者の自由』を著し，信仰義認説を主張した。

C . ブランデンブルク伯の保護のもと，『新約聖書』のドイツ語訳を完成させた。

D . ルターの教えに触発されて，大規模なドイツ農民戦争が起こった。

□ **問 2.** 空欄（**ア**）に入る最も適切な語句を一つ選べ。

A . シュマルカルデン　**B .** ユトレヒト

C . カルマル　**D .** ロンバルディア

□ **問 3.** 下線部(b)に関連する説明として，誤りを含むものを一つ選べ。

A . 王妃との離婚問題でローマ教皇と対立した。

B . 国王至上法で，国王がイギリス国内の教会の首長であると宣言した。

C . イギリス国教会の一般祈禱書を制定した。

D . 修道院を解散し，その土地や財産を没収した。

□ **問 4.** 空欄（**イ**）に入る最も適切な人物を一人選べ。

A . ヴァレンシュタイン　**B .** オラニエ公ウィレム

C . チャールズ 1 世　**D .** グスタフ＝アドルフ

□ **問 5.** 空欄（**ウ**）に入る最も適切な人物を一人選べ。

A . シャルル 9 世　**B .** ルイ 14 世　**C .** ルイ 13 世

D . アンリ 4 世

□ **問 6.** 下線部(c)に関連する説明として，最も適切なものを一つ選べ。

A . 神聖ローマ帝国は力を増し，ドイツ諸侯の独立性は弱まった。

B . フランスはブルターニュなどを取得して領土を広げた。

C . デンマークはバルト海の覇権を確立した。

D . スイスとオランダは独立を正式に承認された。

□ **問 7.** 下線部(d)に関連して，イエズス会士でない人物を一人選べ。

A . イグナティウス＝ロヨラ　**B .** マテオ＝リッチ

C . アダム＝シャール　**D .** プラノ＝カルピニ

□ **問 8.** 下線部(e)に関連する説明として，誤りを含むものを一つ選べ。

A . 会期は中断をはさんで 30 年近くにおよんだ。

B . 禁書目録が作成された。

C . 教皇の至上権とカトリックの教義が再確認された。

D . 異端に対する宗教裁判が強化された。

21 | 宗教改革と宗教戦争

解答・解説

1 【1】2 【2】1 【3】4 【4】4
【5】2 【6】2 【7】1 【8】4

解説 【1】－マルティン＝ルターは1517年，**ザクセン地方**にある**ヴィッテンベルク城**の教会の扉に**贖宥状**(しょくゆうじょう)の販売に抗議する九十五カ条の**論題**(ろんだい)を掲げた。【2】－教皇(きょうこう)レオ10世は**フィレンツェ**（イタリア）の大富豪**メディチ家**の出身。【3】－ヴァルトブルク城でルターを保護したのは**ザクセン選帝侯**(せんていこう)**フリードリヒ**。【4】－ルターは初め農民の運動を支持したが，**農奴制廃止**(のうどせい)などミュンツァーの指導下で急進化すると，現世の身分秩序を神の意志として肯定する立場から強く反発し，諸侯(しょこう)に鎮圧を要請した。【5】－**アウクスブルクの和議**（1555）では，カルヴァン派は認められず，**カトリック**か**ルター派**かの**信仰選択権**も諸侯や自由都市の当局に与えられ，その下で暮らす人々には信教の自由を認めなかった。【6】－カルヴァンは**ジュネーヴ**に招かれ，**神権政治**(しんけん)を行った。**スイス**の**チューリヒ**では，カルヴァンに先行してツヴィングリが宗教改革を行った。【7】－『**キリスト教綱要**(こうよう)』で唱えられた**予定説**は，神の救いを信じて禁欲的に職業労働に励むことを奨励し，蓄財を容認したことから，**商工業者**などを中心に各国に広まった。『**キリスト者の自由**』はルターの主著。【8】－カルヴァン派は**フランス**でユグノーと呼ばれた。ゴイセンは**オランダ**，ピューリタンは**イングランド**，プレスビテリアンは**スコットランド**での呼称。

2 問1 C 問2 A 問3 C 問4 B
問5 D 問6 D 問7 D 問8 A

解説 問1－「**ブランデンブルク伯**(はく)」ではなく「**ザクセン選帝侯**」。

問2－**シュマルカルデン同盟**は神聖ローマ皇帝**カール5世**とのシュマルカルデン戦争（1546～47）に敗れたが，この戦争がヨーロッパ最初の宗教戦争となった。ユトレヒト同盟は**オランダ独立戦争**において**北部7州**が結成した同盟。

問3－精講 21-1を参照。

問4－オラニエ公ウィレムは**オランダ**の初代総督(そうとく)となった。**A・D**はともに**ドイツ三十年戦争**で活躍。**A**のヴァレンシュタインは神聖ローマ皇帝側の**傭兵隊長**(ようへい)。**D**のグスタフ＝アドルフは新教側で参戦した**スウェーデン王**。精講 21-2を参照。

問5－ヴァロワ朝のフランス王シャルル9世（王母は**カトリーヌ**）の時代に**ユグノー戦争**（1562～98）が始まり，旧教徒がユグノーを虐殺する1572年のサンバルテルミの虐殺を経て，1589年にはユグノーのアンリ4世が即位し，ブルボン朝を創始した。アンリ4世は多数派のカトリックに改宗した上でナントの王令（勅令）を発布し，ユグノーに信教の自由とカトリック教徒とほぼ同等の権利を認めた。

問6－スイスとオランダはともに**旧ハプスブルク領**。また，ウェストファリア条約では**カルヴァン派**が新たに公認された。**A**－ドイツ諸侯の領邦にほぼ完全な主権が認められた結果，神聖ローマ帝国は有名無実化した。**B**－「ブルターニュ」ではなく「**アルザス**」。**C**－「デンマーク」ではなく「**スウェーデン**」。スウェーデンはバルト海南岸の西ポンメルンを獲得した。

問7－**プラノ＝カルピニ**は13世紀に活躍したフランチェスコ派修道士。

や難 **問8**－トリエント公会議の開催期間は1545年から1563年。会期は「**30年近く**」ではなく「**20年近く**」であった。

精講 21-1 イギリス宗教改革

ヘンリ8世	1534年に**国王至上法**（首長法）を制定し，イギリス王を首長とする**イギリス国教会**を設立。修道院領の没収と市民への売却で支持を得た。
エドワード6世	1549年の**一般祈禱書**で，国教会の教義や制度を整備。
メアリ1世	カトリック復活をはかり，国教徒を弾圧。
エリザベス1世	1559年に統一法を制定し，**イギリス国教会**を復興・確立。教義は**カルヴァン派**，組織・制度は**カトリック**。

精講 21-2 ドイツ三十年戦争の経緯

第1期（1618～23）…**神聖ローマ皇帝**に対してベーメン新教徒が反乱。

⬇

第2期（1625～29）…新教国デンマークがドイツ新教徒側で参戦。

⬇

第3期（1630～35）…新教国スウェーデンがドイツ新教徒側で参戦。

⬇

第4期（1635～48）…旧教国フランス（宰相リシュリュー）が新教徒側で参戦。宗教戦争からハプスブルク家vs.ブルボン家の**政治戦争**へ。

焦点 ベーメン新教徒の反乱から始まり，外国の介入で国際戦争に発展し，最後は同じカトリック同士のブルボン家（フランス）とハプスブルク家の政治戦争に性格を変えるドイツ三十年戦争の動きに注意しよう。

22 ヨーロッパの絶対主義国家

STEP 1 基本レベル

1 次の文を読み，下の問に答えよ。 (法政大・改)

ウェストファリア条約はスウェーデンに対してはバルト海に面した西ポンメルンの領有を認めた。この国の軍隊は[1]に際してプロテスタントの保護の名目の下にドイツに侵入して神聖ローマ帝国の軍隊と闘い，その主力部隊を撃破するほどであった。国王自身は後に戦死する。この国は西ポンメルンの獲得によって北方の大国として君臨することになった。

東ポンメルンを獲得したのは選帝侯を支配者とするブランデンブルクであった。この国は15世紀から[2]家の領土となっていて，1618年にプロイセン公国と合併することで一気に神聖ローマ帝国内の巨大な領邦となった。こうして，[1]の結末は神聖ローマ帝国周辺に帝国に属さない国家を置くことになり，さらに帝国内に自立の道を歩む領邦を生んだのである。

17世紀にはさらに神聖ローマ帝国の北側に別の勢力が育っていた。ながらくモンゴル勢力の影響下にあった小さな大公国は15世紀後半に自立し，16世紀になるとここの大公であった[3]はロシア全土の皇帝と認められた。そして[4]は17世紀初めに全国会議で皇帝に選ばれて，[4]の家系によって次第に大国として成長する。

17世紀，ヨーロッパ国際政治の一つの軸はフランスと[5]家の対抗であった。16世紀初頭，フランスの王は神聖ローマ皇帝の地位を[5]家と争った。その後の宗教戦争を終了させたフランスは[6]家の王の下で中央集権化を進め，強大な国家建設を目指した。だがこの際自国を3方向から取り囲む[5]家の包囲網を破ることが課題となった。[7]は70年余りの在位期間のうちに4回の対外戦争を行った。[8]は彼の最後の戦争であり，これによって彼は孫をスペイン王とすることに成功し，フランスは長年の願望を実現させた。

同じころ，ヨーロッパ北部では[9]が戦われた。この戦争はスウェーデンにロシア・デンマーク・ポーランドが挑んだものであった。20年余りにわたる戦争に敗北したスウェーデンはバルト海における覇権を失い，一方のロシアは逆に[10]の下でこの海域の覇権を握り，その後大国への道を歩む。ポーランドはこの戦争では勝利者の側に立ったが，選挙王制というしくみの中で強力な王権を確立することのできないまま，破滅への道をたどった。

フランスと[5]家の戦いの中で後者の側に立った[2]家には1701年にプロイセンの王位を与えられ，その後の発展の基礎を築いた。

□ **問.** 1 〜 10 にもっとも適した語を下記の語群から選べ。

〔語群〕

a.イギリス=オランダ戦争　**b**.イヴァン4世
c.ヴィルヘルム1世　**d**.オーストリア継承戦争　**e**.オランダ戦争
f.三十年戦争　**g**.七年戦争　**h**.ステュアート
i.スペイン継承戦争　**j**.ハノーヴァー　**k**.ハプスブルク
l.ピョートル1世　**m**.ファルツ戦争　**n**.フリードリヒ1世
o.フリードリヒ2世　**p**.ブルボン　**q**.ホーエンツォレルン
r.北方戦争　**s**.ミハイル=ロマノフ　**t**.ルイ14世

この用語もおさえる!

- **主権国家体制**…完全独立の**主権国家**を中心に外交が展開される国際政治体制。
- **絶対王政**…主権国家の初期的な政治形態。**常備軍**と**官僚制**に支えられた国王が政治を専制的に支配した。
- **重商主義**…政府が積極的に経済に介入する絶対王政期に始まった経済政策。常備軍や官僚制の維持に必要な**膨大な維持費**の捻出が図られた。
- **啓蒙専制君主**…国王自らが**啓蒙思想**を唱え，国家主導の**近代化**をめざした**東欧の絶対君主**のこと。プロイセンの**フリードリヒ2世**，オーストリアの**ヨーゼフ2世**，ロシアの**エカチェリーナ2世**がその典型。
- フリードリヒ=ヴィルヘルム1世…「**兵隊王**」の異名を持つプロイセン王。プロイセンの軍国主義的な絶対主義を確立した。
- フリードリヒ2世…フランス啓蒙思想家**ヴォルテール**と親交したプロイセンの啓蒙専制君主。「**君主は国家第一の僕**」の言葉を残し，ポツダムに繊細・優美な**ロココ式**の**サンスーシ宮殿**を造営した。対外的には**オーストリア継承戦争**や**七年戦争**を戦い，オーストリアから**シュレジエン**を奪う一方，**第1回ポーランド分割**（1772）に参加した。
- マリア=テレジア…オーストリア大公。即位時に起こった**オーストリア継承戦争**や**七年戦争**でプロイセンに石炭や鉄鉱石が豊富な**シュレジエン**を奪われた。
- ヨーゼフ2世…オーストリアを代表する啓蒙専制君主。**宗教寛容令**や**農奴解放令**などの政策を打ち出したが成功しなかった。**第1回ポーランド分割**に参加。
- 外交革命…**七年戦争**に際して，オーストリアの**ハプスブルク家**とフランスの**ブルボン家**との間で**同盟関係**が成立したこと。両家の敵対関係が清算されたことで，ヨーロッパの国際関係が大きく変容した。

STEP 2 実戦レベル

2 16～18世紀のフランスに関する文章を読んで，〔設問1〕～〔設問7〕に答えよ。 (専修大・改)

カトリック教徒によるアンリ4世の暗殺後，その子[a]が幼少で即位したため，王位は宰相リシュリューが補佐することとなった。リシュリューは，王権に反抗する貴族や新教徒勢力をおさえ，三部会を停止して(1)絶対王政の確立につとめるとともに，国際政治においてはハプスブルク家に対抗して国家の利益を追求した。

次の[b]の幼少時には，マザランが宰相となって中央集権化がすすめられた。不満をもった貴族や民衆は(2)フロンドの乱をおこしたが，鎮圧され，[b]が親政をはじめるころには国王の強大な権力は揺るぎないものとなった。[b]は王権神授説を唱えた神学者[3]を重用し，「朕は国家なり」と述べたと言われる。[b]はまた，官僚制と常備軍を整え，その財政基盤を確立するために財務総監に[4]を起用した。[4]は重商主義政策を推進し，王立マニュファクチュアを設立するなど国内の商工業の保護・育成につとめたほか，特許貿易会社を再興してインドに勢力を広げ，北アメリカ・カリブ海・アフリカなどでも植民地を拡大した。

重商主義政策で得た財力を使って[b]はヴェルサイユ宮殿を大規模に増築し，華やかな宮廷生活をおくった。[b]は宮廷に多くの貴族や芸術家を集め，文化・芸術を保護した。しかし，新教徒に信仰の自由を認めた[5]を廃止したため，新教徒の商工業者が多数亡命し，経済は大きな打撃を受けることになった。くわえて，ヨーロッパおよび海外での覇権をめざしておこした侵略戦争がフランスの財政をさらに圧迫した。[b]は17世紀後半にたびたび外征を行なったほか，スペイン継承戦争では，イギリス・オーストリア・オランダと戦い，1713年の[6]条約で自らの孫を[c]としてスペイン王位につけることに成功したものの，北アメリカでは多くの領土を失った。このような度重なる戦争による多額の支出は，豪華な宮廷生活を支えた宮廷費とともに，ますます財政の窮乏化を招くことになった。

□〔設問1〕 空欄[a]～[c]に入る国王名の組み合わせとして，正しいものはどれか。もっとも適するものを次の①～④の中から一つ選べ。

① a：ルイ13世　b：ルイ14世　c：フェリペ5世
② a：フランソワ1世　b：ルイ13世　c：フェリペ5世
③ a：フランソワ1世　b：ルイ13世　c：フェリペ2世

④　a：ルイ13世　b：ルイ14世　c：フェリペ2世

□〔設問2〕 下線部(1)に関連して，宰相リシュリューは文化面でも王権の強化を積極的に推進した。その中で，フランス語の規則化と統一を目的として1635年に設立された団体は何か。もっとも適するものを次の①～⑤の中から一つ選べ。

①知恵の館　②フランス学士院（アカデミー）　③プラトン-アカデミー
④王立協会　⑤フランス科学アカデミー

□〔設問3〕 下線部(2)に関連して，17世紀のヨーロッパでは経済成長が止まり，気候の寒冷化による凶作と飢饉，疫病の流行などに見舞われた結果，政治，経済，社会は混乱し，世紀半ばには深刻な危機を迎えていたとされる。この現象は「17世紀の危機」と呼ばれており，下線部(2)の内乱も危機のあらわれとして理解することができる。17世紀の出来事ではないものはどれか。もっとも適するものを次の①～⑤の中から一つ選べ。

①名誉革命　②ステンカ＝ラージンの乱　③アンボイナ事件
④プガチョフの農民反乱　⑤クロムウェルによるアイルランド征服

□〔設問4〕 空欄[3]に入る人名として正しいものはどれか。もっとも適するものを次の①～⑤の中から一つ選べ。

①サン＝ピエール　②フィルマー　③ボシュエ
④ホッブズ　⑤グロティウス

□〔設問5〕 空欄[4]に入る人名として正しいものはどれか。もっとも適するものを次の①～⑤の中から一つ選べ。

①コルベール　②ネッケル　③テュルゴー
④カロンヌ　⑤ジャック＝クール

□〔設問6〕 空欄[5]に入る語句は何か。もっとも適するものを次の①～⑤の中から一つ選べ。

①金印勅書　②統一法　③ミラノ勅令　④ナントの王令　⑤首長法

□〔設問7〕 空欄[6]に入る語句として正しいものはどれか。もっとも適するものを次の①～⑤の中から一つ選べ。

①パリ　②ラシュタット　③ウェストファリア
④カルロヴィッツ　⑤ユトレヒト

22 ヨーロッパの絶対主義国家 解答・解説

1 1 f 2 q 3 b 4 s 5 k
6 p 7 t 8 i 9 r 10 l

解説 2－ホーエンツォレルン家は1701年に**プロイセン王国**の王家となり，1871年からは**ドイツ帝国**の**皇帝位**を務めた。4－ミハイル＝ロマノフはロシアの政治混乱を収拾し，1613年にロマノフ朝を創始した。5・6－**オーストリア**のハプスブルク家は1438年から神聖ローマ皇帝位をほぼ世襲し，**婚姻関係**などを通じてヨーロッパ各地に支配領域を拡大。1516年には**スペイン王位**も継承し，神聖ローマ皇帝カール５世（スペイン王カルロス１世）の時代に「**ハプスブルク帝国**」を形成した。フランスはヴァロワ朝のフランソワ１世の時代にカール５世とイタリア戦争で衝突し，**ブルボン朝**成立後もハプスブルク家に対する対決姿勢を強めた。8－ルイ14世が行った**侵略戦争**は，時代順に南ネーデルラント継承戦争→オランダ戦争→ファルツ（アウクスブルク同盟）戦争→スペイン継承戦争の4つ。**スペイン継承戦争**（1701～13）は，スペイン＝ハプスブルク家の断絶を機にルイ14世が孫の**フェリペ５世**を即位させたことで始まった。1713年のユトレヒト条約でフェリペ５世のスペイン王位は承認されたが，フランスとスペインの２つのブルボン家の合同は永久に禁止され，**イギリス**に**領土割譲**を強いられた。精講 22-3を参照。9・10－**北方戦争**（1700～21）では，ロシア皇帝ピョートル１世が**バルト海**の覇権をかけてスウェーデン王カール12世と戦った。▶精講 22-2

2 〔設問1〕 ① 〔設問2〕 ② 〔設問3〕 ④ 〔設問4〕 ③
〔設問5〕 ① 〔設問6〕 ④ 〔設問7〕 ⑤

解説 〔設問1〕－**1**の解説および精講 22-1を参照。

〔設問2〕－⑤の**フランス科学アカデミー**はコルベールが創設した研究機関。

〔設問3〕－プガチョフの農民反乱（1773～75）は，18世紀後半にロシア皇帝エカチェリーナ２世の治世で起こった農民反乱。

〔設問4〕－②のフィルマーの王権神授説はイギリス王**チャールズ１世**に影響を与えた。

〔設問5〕－**コルベール**はインドのシャンデルナゴルとポンディシェリに拠点を築き，1682年には北米の**ミシシッピ川流域**にルイジアナを形成した。

〔設問6〕－ナントの王令発布（1598）はアンリ4世の時代。

〔設問7〕－**1** 8の解説および精講 22-3を参照。

精講 22-1 フランスの絶対王政（ルイ13世・ルイ14世・ルイ15世）

ルイ13世	**三部会**の招集停止（1615～1789） 宰相リシュリューが反国王派のユグノーや大貴族を抑圧 **三十年戦争**に参戦…**新教徒**を支援し，**ハプスブルク家**に対抗
ルイ14世	宰相マザランの時代（1642～61） ・ウェストファリア条約（1648）…ブルボン家の優位を確立 ・**高等法院**が起こしたフロンドの乱（1648～53）を鎮圧 **親政期**（1661～1715） ・神学者ボシュエの**王権神授説**からの影響…「**朕は国家なり**」 ・財務総監コルベールの**重商主義**…産業保護と植民地の獲得 ・ヴェルサイユ宮殿の造営…**バロック式**（絢爛・豪華） ・ナントの王令廃止（1685）→**ユグノー**の多くが亡命 ・スペイン継承戦争（1701～13）などの**侵略戦争**を展開
ルイ15世	・オーストリア継承戦争，七年戦争に参戦

精講 22-2 ロシアの絶対王政（ピョートル1世・エカチェリーナ2世）

ピョートル1世	ネルチンスク条約（1689）…清との国境条約 **オスマン帝国**と抗争→**アゾフ海**に進出 北方戦争…戦争中にペテルブルクを建設・遷都 **ベーリング**のカムチャツカ探検などを支援
エカチェリーナ2世 （啓蒙専制君主）	ポーランド分割（1772・93・95）に参加 プガチョフの農民反乱（1773～75）を鎮圧 **オスマン帝国**と抗争→クリミア半島を併合 武装中立同盟（1780）…**アメリカ独立戦争**に介入 ラクスマンの**日本**派遣（1792～93）

精講 22-3 ユトレヒト条約とパリ条約での領土割譲（かつじょう）

領土変更	ユトレヒト条約（1713）	パリ条約（1763）
フランス→イギリス	ニューファンドランド アカディア，**ハドソン湾地方**	**カナダ** **ミシシッピ川以東のルイジアナ**
スペイン→イギリス	**ジブラルタル**，ミノルカ島	**フロリダ**
フランス→スペイン		**ミシシッピ川以西のルイジアナ**

焦点　絶対王政期のヨーロッパは，ヨーロッパ内部で国際戦争を展開する一方で，積極的な海外進出にも乗り出していた。スペイン・ポルトガルに次いで17世紀以降に海外進出を本格化させるオランダ・イギリス・フランスの重要事項を整理しておこう。▶精講 22-4～22-6

精講 22-4 オランダの海外進出

▶アジア方面

- **東インド会社**の設立（1602）→東南アジアの**香辛料**（こうしんりょう）**貿易**に進出
- セイロン，マラッカ，モルッカ（マルク）諸島に進出→**ポルトガル**から奪う
- **アムステルダム**の繁栄（17 C前半）…**世界経済**（国際商業・金融）の中心

1619年	**ジャワ島**のバタヴィアを拠点化→**モルッカ諸島**に進出
1623年	**アンボイナ事件**…オランダ商人がイギリス商人を虐殺
1624年	**台湾**の占領（～61）
	・**ゼーランディア城**を構築（台南）→**鄭成功**（ていせいこう）が占領（1661）
1641年	**日本**との貿易独占…長崎（出島（でじま））

▶南アフリカ

- **ケープ植民地**（しょくみんち）の建設（1652）

▶北アメリカ

- **ニューネーデルラント植民地**の建設（1614）
  - ハドソン川下流域，**マンハッタン島**の**ニューアムステルダム**が中心
  - イギリス＝オランダ（英蘭（えいらん））戦争期に**イギリス**が獲得（1664）

→ニューアムステルダムはニューヨークと改称される
・**西インド会社**の設立（1621）…大西洋地域での貿易活動に従事

▶**オランダの衰退**
・イギリスの**航海法**（1651）→**イギリス＝オランダ戦争**（17 C後半，3回）
・イギリスによる海上権掌握→**オランダの経済的衰退**

精講 22-5 イギリスの海外進出

▶**インド方面**
・東インド会社の設立（1600）…アジアの**香辛料貿易**に進出
・アンボイナ事件（1623）→**インド経営**に専念
・マドラス（1641），ボンベイ（1661），カルカッタ（1690）の拠点化

▶**北アメリカ**
・**13植民地**の成立（1607～1732）
・ヴァージニア植民地（1607，最初）～ジョージア植民地（1732，13番目）

精講 22-6 フランスの海外進出

▶**インド方面**
・東インド会社の設立（1604）→財務総監コルベールによる再建（1664）
・ポンディシェリ（1674），シャンデルナゴル（1674）の拠点化

▶**北アメリカ**
・ケベックの建設（1608；**アンリ4世**）…**カナダ**に進出
・ルイジアナの領有（1682；**ルイ14世**）…**ミシシッピ川流域**を支配
・イギリスの北米植民地を包囲→英仏関係の緊張化→**植民地戦争**へ

23 イギリス革命と議会政治の発展

STEP 1 基本レベル

□ **1** **以下の文章を読み，文中の 1 ～ 15 に適切な語句を入れよ。**（札幌大・改）

主として17世紀イギリスの政治過程を概観してみよう。

イギリス（イングランド）では，17世紀のはじめ，1 1世が王位にあった。彼は王の権力は国民の意思ではなく，神によって付与されたものだという説を唱えて専制的な政治を行い，議会勢力との対立が激しくなった。議会勢力の中心は 2 と呼ばれる大地主，そして中流の商工業者たちであった。

議会は1628年には国王の専制を制限するために「権利の 3 」を可決した。しかしチャールズ1世はこれに抵抗し，国王と議会との対立は先鋭化し，ついに1642年には王党派と議会派の間で内戦が勃発した。議会派は穏健な 4 派と王党派の徹底打倒を目指す独立派に分かれていた。この内戦において頭角を現してきたのが独立派のクロムウェルである。彼はユニークな軍隊組織である 5 隊を率いて王党派を殲滅（せんめつ）し，さらに議会から 4 派を追い出した。1649年には国王チャールズ1世を処刑し，権力を掌握した。

クロムウェルは権力をとると，より徹底した社会改革を求める 6 派（平等派）を弾圧し，さらにスコットランドとアイルランドに軍を進めてこれを征服した。とくにアイルランドは過酷な支配におかれ，その後のイギリス史に深刻な影を落とすことになった。

またクロムウェルは重商主義的な通商政策を推進し，オランダの経済力を削ぐために 7 法を1651年に制定した。重商主義は当時のヨーロッパの中心的な経済政策で，国家が積極的に貿易に介入して国富の増加を目指す政策である。フランスでは財務総監 8 の採用した政策として有名である。

クロムウェルは独裁色を強め，1653年には終身の 9 卿となった。しかしその専制への反発も強くなり，彼の死後には先王の子どもであるチャールズ2世が王として返り咲いた。これを 10 復古という。しかしチャールズ2世もまた専制色を強め，議会との対立は激しいものとなった。議会は専制に対抗して1673年には 11 法，また1679年には人身保護法を制定した。前者は官吏になる資格を国教徒に限定するもので，後者は恣意（しい）的な逮捕・投獄を禁止するものである。

1670年代はイギリスの政治地図がかたまってくる時代である。国王側に立つ勢力はトーリ党，議会側に立つ勢力は 12 党と呼ばれた。この両派はかたちを変えつつ，これ以降のイギリス政治に大きな影響を与えることになる。

イギリス政治は以後紆余曲折はあったが，最終的には[13]総督のウィレム3世とその妻メアリを王として招き，両人は1689年に議会側の要望である「権利の[14]」を受け入れ，ウィリアム3世，メアリ2世として王位についた。この政変を[15]革命という。これによってイギリスの政治体制はほぼかたまることになる。

第3章 一体化へ進む世界と反動

この用語もおさえる!

- ▶ メイフラワー号事件…**ジェームズ1世**のイギリス国教強制を受けて，**ピューリタン**を含む一団が1620年に**北米**に移住した事件。**プリマス植民地**を建設した。
- ▶ アイルランド征服…共和政期の1649年に**クロムウェル**が強行。アイルランド人は土地を奪われ，イギリス人地主の小作人に身を落とした。
- ▶ スコットランド征服…共和政期の1650年に**クロムウェル**が強行。スコットランドに上陸したチャールズ1世の子チャールズ（後の2世）を撃退。
- ▶ ジョン＝ロック…イギリスの啓蒙思想家・政治家。『統治二論』を著し，名誉革命による政権交替を抵抗権の行使によるものとして正当化した。
- ▶ 「王は君臨すれども統治せず」…イギリス王の政治的立場を象徴する言葉。名誉革命後のイギリス立憲政治の発展過程で成立した。

STEP 2 実戦レベル

2 次の文章を読み，下記の問いに答えよ。 (法政大・改)

(a)エリザベス1世の治世下には，[A]によって国教会体制が最終的に確立し，イギリスの絶対王政は最盛期を迎えた。また16世紀になると，重商主義政策と結びついて(b)毛織物工業が目覚ましく発展し，エリザベス1世はこのような背景のもと，海外貿易の振興をはかった。独身で子供のなかったエリザベス1世が没すると，ステュアート家の(c)ジェームズが王位を継承し，イングランド王ジェームズ1世として即位した。王権神授説を信奉するジェームズ1世は，テューダー朝の国王たちと異なって議会を無視する専制政治を行い，国教会を絶対王政の柱とした。

ジェームズ1世を継いだチャールズ1世もまた，父王の政策を改めなかったため，議会は1628年に権利の請願を可決して王に認めさせたが，結局，チャールズ1世は約束を守らず，ついには議会を解散した。その後，長く議会は開かれなかったが，1640年になり，チャールズ1世は臨時課税の必要に迫られ，議会を開かざるを得なくなった。この年，(d)議会は二回招集されることになったが，臨時課税への承認が得られないばかりか，王の悪政が非難され，王党派と議会派の対立を顕在化させる結果となった。この両者の対立は次第に激化し，1642年には内乱状態になってしまった。最終的にはオリヴァ＝クロムウェルの率いる議会派の勝利に終わり，クロムウェルはチャールズ1世を処刑して，共和政を樹立した。だが，クロムウェルは軍事的独裁を進めたため，やがて国民の不満を引き起こし，彼が死ぬと，王政が復活することとなった。亡命先の大陸から戻り王位についたチャールズ2世は，専制政治を敷き，カトリックの復活をはかったため，議会は[B]を制定して官吏と議員を国教徒に限り，[C]によって王権による不法な逮捕から国民の人権を守った。

当時，議会内には，カトリックである王弟ジェームズの王位継承をめぐって，これを容認するトーリと，これに反対するホイッグという二つの党派が生まれていたが，即位したジェームズ2世は，議会の存在を無視し，またカトリック化政策を進めたので，議会は一致して，1688年に王の長女でプロテスタントのメアリとその夫であるオランダ総督オラニエ公ウィレムを招いた。両者は議会で可決された[D]を承認したうえで王位についた。また，この[D]は権利の章典として制定され，議会主権に基づく立憲王政の基礎とされた。

□ **問 1.** 空欄［ A ］〜［ D ］に入る最も適当な語句を，以下の語群から一つ選べ。

ア. 王位継承法　**イ.** 権利の宣言　**ウ.** 救貧法　**エ.** 航海法

オ. 国王至上法（首長法）　**カ.** 修道院解散法　**キ.** 審査法

ク. 人身保護法　**ケ.** 統一法　**コ.** ナントの勅令

□ **問 2.** 下線部(a)に関連して，以下の**ア**〜**エ**の 4 人の人物のうち，エリザベス 1 世の治世下で行われたアルマダ戦争の戦闘に参加していない人物は何人いるか。参加していない人物の合計数を答えよ。

ア. ドレーク　**イ.** ネルソン　**ウ.** ホーキンズ　**エ.** ローリ

□ **問 3.** 下線部(b)に関連して，以下の**ア**〜**オ**の文章のうち正しくないものを一つ選び，その記号を答えよ。

ア. 15 世紀以来，領主や地主が農民から農地を取り上げて生垣や塀で囲い込んで牧場にする囲い込み（エンクロージャー）が進み，トマス＝モアは自らの著作の中で「羊が人を食う」とこれを批判した。

イ. 道具を備えた作業場に労働者を集め，分業で毛織物を生産するという方法が広まったが，これをマニュファクチュア（工場制手工業）と言う。

ウ. 毛織物工業は，中世後期以来のイギリスの代表的産業であり，とりわけ農村部で発展した。

エ. 囲い込みは 16 世紀のイギリスで最高潮に達し，多くの農民が土地を失い，その多くが浮浪者になったりして社会的不安が高まったが，政府はこの状況を放置していた。

オ. 毛織物工業は，イギリスの繊維産業において長く主役の地位にあったが，18 世紀後半には木綿工業にその地位を奪われた。

□ **問 4.** 下線部(c)について，ジェームズはイングランド王となる前にすでに王位についていたが，それはどの国の王位か。**ア**〜**オ**のうちから一つ選べ。

ア. アイルランド　**イ.** ウェールズ　**ウ.** オランダ

エ. スコットランド　**オ.** ベルギー

□ **問 5.** 下線部(d)について，以下の**ア**〜**オ**の文章のうち正しくないものを一つ選べ。

ア. チャールズ 1 世がスコットランドに国教会制を強要したために起こった反乱を受けて，一回目の議会が招集された。

イ. 一回目の議会は三週間ばかりで解散させられ，短期議会と呼ばれる。

ウ. 二回目の議会はチャールズ 2 世によって解散されるまで続いたので，長期議会と呼ばれる。

エ. 一回目の議会は，反乱の鎮圧にかかる戦費を調達するために招集された。

オ. 二回目の議会は，チャールズ 1 世が賠償金を調達するために招集した。

23 イギリス革命と議会政治の発展 解答・解説

1 1 ジェームズ 2 ジェントリ 3 請願 4 長老 5 鉄騎
6 水平 7 航海 8 コルベール 9 護国 10 王政
11 審査 12 ホイッグ 13 オランダ 14 宣言 15 名誉

解説 1－ジェームズ1世は**スコットランド王家**から招かれたステュアート朝の初代国王。2－**ジェントリ**は地方の有力地主層。**治安判事**として地方行政を担った。3－「権利の請願」は1215年の**大憲章**（**マグナ＝カルタ**）以来の諸権利を再確認するために議会が提出した文書。その後，チャールズ1世は1629年に議会を解散したが，**スコットランド**で反乱が起こると，1640年に自ら議会を招集。この議会中にピューリタン革命(1640～60)が起こった。4･5･6－立憲君主政を主張しチャールズ1世に妥協的な長老派に対して，**鉄騎隊**を組織し議会側を勝利に導いた**クロムウェル**が指導する独立派は，制限選挙に基づく共和政を主張。**水平派**も国王のいない共和政を支持したが，**普通選挙**に基づく民主主義を訴えたため，クロムウェルに弾圧された。7－航海法はイギリスの港に入港できる船舶を，イギリス船か，輸入する商品の直接生産国（地域）の船に限定するもの。中継貿易を行うオランダ船を排除したことから，17世紀後半に3回のイギリス＝オランダ（英蘭）戦争に発展した。9－護国卿は共和政期の最高官職。10・11・12－クロムウェルの没後，勢力を回復した長老派と王党派との間で妥協が成立し，チャールズ1世の子がチャールズ2世として即位して**王政復古**が実現した。しかし，チャールズ2世の専制政治とカトリック復活に反発した議会は，1673年に公職就任をイギリス国教徒に限定する**審査法**を，1679年に不当な拘束・逮捕から人民の身を守る**人身保護法**を制定して対抗した。この間，議会内部では王弟のジェームズの即位をめぐる対立から，トーリ党（**王権重視派**）とホイッグ党（**議会重視派**）が形成された。13・14・15－ジェームズ2世に反発した議会は党派を超えて国王廃位を決議し，ジェームズ2世の娘メアリとその夫でオランダ総督のウィレムを新国王に招いた。この名誉革命で即位したウィリアム3世とメアリ2世は，即位時に承認した「**権利の宣言**」（国王に対する議会の優位を定めた文書）を「**権利の章典**」として法制化し，立憲政治の基礎を確立した。

2 問1 A ケ B キ C ク D イ
問2 2 問3 エ 問4 エ 問5 ウ

解説 問1 A－テューダー朝最後のエリザベス1世は，**ホーキンズ**や**ドレーク**の活躍で1588年にスペインの**無敵艦隊**（むてきかんたい）（アルマダ）を破ったほか，**毛織物工業**の奨励，**ローリ**の北米植民（しょくみん）支援，**東インド会社設立**（1600）など**重商主義政策**（じゅうしょう）を展開した。
B・C・D－**1** 10～15の解説参照。

問2－**問1 A**の解説参照。ネルソンはナポレオン戦争期に活躍した海軍提督（ていとく）。

や難 **問3**－「政府はこの状況を放置していた」が誤り。エリザベス1世は1601年に**救貧法**（きゅうひんほう）を制定し，貧民（ひんみん）の救済と浮浪者（ふろう）の取り締まりを強化。当時のエンクロージャー（第1次囲い込み（かこ　こ））に対して，政府は禁止の姿勢で臨んだ。

問4－**1** 1の解説参照。

や難 **問5**－「**チャールズ2世**」ではなく「**クロムウェル**」。一回目に招集（しょうしゅう）された議会を**短期議会**（1640），二回目を**長期議会**（1640～53）と呼ぶ。

精講 23-1 名誉革命後のイギリス情勢

ウィリアム3世	**ファルツ戦争**に参戦…**北米**でウィリアム王戦争を戦う **寛容法**（かんようほう）（1689）…旧教以外の信仰の自由を承認 イングランド銀行（1694）…**国債**（こくさい）発行を担う中央銀行
アン女王	**スペイン継承戦争**に参戦…**北米**でアン女王戦争を戦う 大ブリテン王国（1707）…**イングランド・スコットランド**の合同によって成立
ジョージ1世	ハノーヴァー**選帝侯**（せんていこう），ハノーヴァー朝を創始（1714） 責任内閣制の成立…内閣は議会の信任で組織され，国王ではなく議会に対して責任を負う制度。**ホイッグ党**の政治家ウォルポールの時代に成立。イギリス立憲政治を象徴（しょうちょう）した「**王は君臨（くんりん）すれども統治（とうち）せず**」の言葉が生まれる。

焦点 名誉革命後のイギリスは，オランダと結んでフランス王ルイ14世の侵略戦争に対抗する一方，国内では新たに成立したハノーヴァー朝の下で議会主導の政治体制がいっそう定着していった。このことを踏まえて，各国王の重要事項を整理しておこう。

24 アメリカ合衆国の独立と発展

STEP 1 基本レベル

1 アメリカ合衆国独立前後の歴史に関する下の【1】～【4】の設問および略年表に関する【5】～【9】の設問に答えよ。答えは，それぞれの選択肢から一つずつ選べ。 (日本大・改)

□【1】 アメリカ合衆国独立戦争がおこった当時，北アメリカには13のイギリス植民地があった。ピルグリム＝ファーザーズが移住してつくったプリマス植民地から発展したとされる一帯はどれか，次の**1**～**4**から選べ。

1. ヴァージニア一帯　**2.** ニューイングランド一帯

3. ニューネーデルラント一帯　**4.** ケベック一帯

□【2】 イギリス植民地では当初自治が尊重されていたが，本国は戦争による支出増加をまかなうために植民地への重商主義的政策を強化する方向に政策を転換した。この方針の転換の原因となったとされる戦争はどれか，次の**1**～**4**から選べ。

1. スペイン継承戦争　**2.** オーストリア継承戦争

3. 七年戦争　**4.** イギリス＝オランダ戦争

□【3】 アメリカ独立戦争に際して武装中立を提唱してその中心となったのはどこか，次の**1**～**4**から選べ。

1. ロシア　**2.** デンマーク　**3.** スウェーデン　**4.** フランス

□【4】 アメリカ独立戦争に際して義勇兵として参加した人物に含まれないのは誰か，次の**1**～**4**から選べ。

1. シェイエス　**2.** コシューシコ

3. ラ＝ファイエット　**4.** サン＝シモン

略年表

年	事　項
1765年	【5】
【6】	第1回大陸会議
1775年	レキシントンとコンコードで武力衝突
	【7】が植民地軍総司令官就任
1776年	独立宣言
【8】	パリ条約
1787年	【9】

□【5】 略年表の空欄【5】に該当する事項を，次の **1** ～ **4** から選べ。

1. 印紙法 **2.** 茶法 **3.** ボストン茶会事件 **4.** ボストン港閉鎖

□【6】 略年表の空欄【6】に該当する年号を，次の **1** ～ **4** から選べ。

1. 1768 年 **2.** 1771 年 **3.** 1773 年 **4.** 1774 年

□【7】 略年表の空欄【7】に該当する人名を，次の **1** ～ **4** から選べ。

1. トマス＝ジェファソン **2.** フランクリン

3. ワシントン **4.** ハミルトン

□【8】 略年表の空欄【8】に該当する年号を，次の **1** ～ **4** から選べ。

1. 1777 年 **2.** 1780 年 **3.** 1781 年 **4.** 1783 年

□【9】 略年表の空欄【9】に該当する事項を，次の **1** ～ **4** から選べ。

1. アメリカ連合規約制定 **2.** アメリカ初代大統領選出

3. アメリカ合衆国憲法採択 **4.** アメリカ合衆国連邦政府発足

この用語もおさえる！

- ▶ ラ＝ファイエット…**フランス貴族**。ワシントンの副官として**独立戦争**で活躍。
- ▶ コシューシコ…**ポーランド貴族**。ワシントンの副官として**独立戦争**で活躍。
- ▶ サン＝シモン…**フランス**の社会主義思想家。**独立戦争**に義勇兵として参加。
- ▶ アメリカ＝イギリス（米英）戦争（1812 ～ 14）…ナポレオン戦争中に**イギリス**が行った**海上封鎖**（通商妨害）が原因。アメリカ合衆国の**経済的自立**が進んだ。
- ▶ 先住民強制移住法（1830）…**ジャクソン大統領**が制定。インディアンをミシシッピ川以西に設けた**保留地**に強制移住させた。飢えと寒さで多くの犠牲を出した**チェロキー族**の移動は**「涙の旅路」**と呼ばれた。
- ▶ 明白な天命…**西部開拓**を正当化した言葉。アメリカ人は西部開拓を神から与えられた天命と考えた。
- ▶ アメリカ＝メキシコ戦争（1846 ～ 48）…アメリカ合衆国の**テキサス併合**を機に生じた領土紛争。アメリカ合衆国が勝利し，カリフォルニアなどを獲得した。
- ▶「人民の，人民による，人民のための政治」…**ゲティスバーグ**での追悼演説で**リンカン**が残した言葉。アメリカ民主主義の象徴。
- ▶ シェアクロッパー…南北戦争後に解放された**黒人**の多くが従事した**分益小作人**のこと。収穫物のほぼ半分を地主に納めなければならず，経済的自立は困難を極めた。
- ▶ クー＝クラックス＝クラン（ＫＫＫ）…1860 年代に南部のテネシー州で生まれた**白人優越主義**の秘密結社。黒人に対する暴力を扇動した。

STEP 2 実戦レベル

2 アメリカの対外政策には,「孤立主義」と「普遍主義」の伝統がある。つぎの文章（A～C）は，両者の歴史的背景を述べたものである。よく読んで，下記の設問に答えよ。 （中央大・改）

A．1776年7月4日に公布された(a)アメリカ独立宣言では，起草者である（ 1 ）らは，新しい国家の基盤が天賦の人権と被治者の同意による統治という原則の上に置かれると主張するとともに，これらの理念が本来的に人類普遍の原則であり,「自明の真理」であるとした。翌年,大陸会議は（ 2 ）を採択し，(b)13植民地は連合してアメリカ合衆国の成立をうたった。合衆国は独立したものの13州が独自の憲法を持つ緩い連合体に過ぎず，政府は弱体であった。そこで，1787年には，フィラデルフィアの憲法制定会議で合衆国憲法が制定された。この憲法は，連邦制をとり，権限を連邦政府と各州政府に配分しているが，宣戦布告などを含めた外交権・課税権・常備軍の保有などの権限が連邦政府に認められ，先にあげた（ 2 ）より強力な中央政府が作られた。憲法の批准にあたっては，連邦政府の強力な権限を主張する，のちの財務長官（ 3 ）を中心とした「連邦派」と，連邦政府の強い権力に反対する「反連邦派」との対立が見られたが，1789年には，（ 4 ）を初代大統領とする連邦政府が成立し，妥協がはかられた。

（ 4 ）大統領は，その後ヨーロッパを吹き荒れることになるフランス革命戦争において,中立政策をとった。また,退任に際しての告別の辞で「世界のいずれの国とも恒久的な同盟を締結しないことこそが我が国の方針である」とし，アメリカ合衆国がヨーロッパとの政治的結びつきをできるだけ避ける必要があることを訴えた。その後孤立主義と呼ばれることになる，この政策が明確な形で示されたのが，1823年に出された（ 5 ）であった。それは,ヨーロッパの問題には関わらない代わりに,アメリカ大陸の問題にヨーロッパ諸国から干渉されたくないという意思表示でもあった。

B．アメリカ合衆国は，1803年にフランスから（ 6 ）を，1819年にスペインから（ 7 ）を購入し,領土を倍増させた。このように領土を購入によって拡大していく手法は，戦争によって領土を獲得するのが一般的であったヨーロッパとは対照的であり，また，新たに獲得した領土で東部の州と同じ政治的権利を与えたこともヨーロッパとは決定的に異なっていた。その膨張は自由の領域の拡張を意味し,「自由の帝国」を自認するきっかけでもあった。

そして，1840年代になると,「（ 8 ）」という言葉が，アメリカ合衆国の(c)西部開拓を正当化していくことになる。すなわち，低い水準にあるアメリカ大陸の地域に対して，アメリカの自由に裏付けされた文化や制度を与え，その土地を併合することは「神から与えられた使命である」とする考え方であり，45年にはテキサス，46年にはオレゴンを併合し，さらに（ 9 ）戦争に勝利し48年にカリフォルニアを獲得すると，「自由の帝国」としてのアメリカ合衆国の領土は，太平洋岸に達したのである。

C．西部開拓の結果新しい州が加わると，その州を自由州とするか奴隷州とするかで，(d)アメリカ合衆国は北部と南部で激しく対立した。1860年に，奴隷制拡大に反対する共和党の（ 10 ）が大統領に当選すると，南部諸州は連邦から分離し，翌61年にはアメリカ連合国を結成したことから，ここに南北戦争が始まった。（ 10 ）は，西部地域の支持を得るために，一定の条件下で土地を無償供与する（ 11 ）法を制定し，1863年には奴隷解放宣言を発表し，内外の世論を味方につけ，65年には北部が勝利した。

□ **設問1.** 空欄（**1**～**11**）に入るもっとも適切な語句を答えよ。

□ **設問2.** 下線部(a)について。『統治二論』を著し，この宣言に影響を与えたイギリスの啓蒙思想家は誰か。その名前を答えよ。

□ **設問3.** 下線部(b)について。イギリスが最初に作った植民地はどれか。1つ選べ。

①ヴァージニア　②ジョージア　③ペンシルヴェニア

④マサチューセッツ　⑤メリーランド

設問4. 下線部(c)について。アメリカの西部開拓に関するつぎの記述（**あ**～**う**）は正しいか。それぞれについて，正しければ①を，あやまっていれば②を記せ。

□ **あ**．西部開拓民出身のジャクソンは大統領に就任すると，農民と奴隷の立場を重視した民主主義的改革を実行した。

□ **い**．カリフォルニアで金鉱が発見されると，大量の移民が太平洋岸に流れ込み，西部開拓はますます進展した。

□ **う**．ストウの著した『アンクル＝トムの小屋』は，ヨーロッパからの西部開拓移民の苦難を描いたものである。

□ **設問5.** 下線部(d)について。こうした対立の背景には，通商・産業構造の違いがあった。その違いについて，50字以内で説明せよ。

24　アメリカ合衆国の独立と発展　解答・解説

1　【1】 2　【2】 3　【3】 1　【4】 1　【5】 1
【6】 4　【7】 3　【8】 4　【9】 3

解説　【1】－メイフラワー号（1620）の説明。**ニューイングランド**にはマサチューセッツなどの**植民地**が建設された。ニューネーデルラントは**オランダ**，ケベックは**フランス**が建設した植民地。【2】－イギリスは，**七年戦争**に連動した北米での**フレンチ＝インディアン戦争**に勝利し，フランス勢力を北米から一掃したが，軍事費の負担増によって財政難に陥った。【4】－**シェイエス**はフランス革命前夜に『**第三身分とは何か**』を出版したフランス人聖職者。【5】－**印紙法**に対して，植民地側は「代表なくして**課税**なし」をスローガンに激しく抵抗し，翌年撤廃に追い込んだ。【6】－1774年の**第1回大陸会議**（開催地**フィラデルフィア**）は，1773年の**茶法**に反発して起こったボストン**茶会事件**への報復としてイギリスが強行した**ボストン港封鎖**などを受けて開催され，イギリスとの通商断絶が決議された。【7】－ワシントンの**植民地軍総司令官就任**は**第2回大陸会議**（開催地**フィラデルフィア**）のとき。この会議ではトマス＝ジェファソンらの起草した**独立宣言**も採択された。【8】－**アメリカ連合規約**でアメリカ合衆国が正式に誕生すると，駐仏大使フランクリンの活躍もあって**フランス・スペイン・オランダ**がアメリカ側に立って参戦。1780年にはロシア皇帝**エカチェリーナ2世**を中心に**武装中立同盟**も結成された。イギリスは1781年のヨークタウンの戦いで敗北し，1783年の**パリ条約**でアメリカ合衆国の独立を承認。ミシシッピ川以東のルイジアナを割譲した。【9】－1787年に制定されたアメリカ合衆国憲法はアメリカ連合規約を改定し，連邦政府に外交権や経済的権限を与えて中央集権的体制を強化したもの。**三権分立**や**人民主権**などが世界で初めて制度化された。

精講 24-1 アメリカ独立戦争の推移（年表整理）

年	出来事
1763年	**フレンチ＝インディアン戦争（七年戦争）**の終結
1765年	印紙法…印刷物に対して印紙の貼り付けを義務づけた法
1773年	茶法…**東インド会社**に植民地での茶の独占販売を認めた法
	ボストン茶会事件…植民地急進派が東インド会社の商船を襲撃
1774年	**第1回大陸会議**…フィラデルフィアで開催
1775年	レキシントンの戦い…本国軍との武力衝突→**独立戦争**が勃発
	第2回大陸会議…ワシントンが**植民地軍総司令官**に就任

1776年	トマス＝ペインの『コモン＝センス』出版…独立機運が高揚 独立宣言の採択(さいたく)…**ジョン＝ロック**の**抵抗権**に基づく内容
1777年	**アメリカ連合規約**…最初の憲法，国名が**アメリカ合衆国**に決定
1778年	**フランス**の参戦（アメリカ側）
1779年	**スペイン**の参戦（アメリカ側） 1780年に**オランダ**も参戦（アメリカ側）
1780年	武装中立同盟の結成…**ロシア**などがイギリスの海上封鎖に対抗
1781年	ヨークタウンの戦い…米仏連合軍にイギリスが敗北
1783年	パリ条約…イギリスが独立を承認，**ミシシッピ川以東**を割譲

2 **設問1** **1** トマス＝ジェファソン **2** アメリカ連合規約
3 ハミルトン **4** ワシントン **5** モンロー教書(きょうしょ)
6 ミシシッピ川以西のルイジアナ **7** フロリダ **8** 明白な天命
9 アメリカ＝メキシコ **10** リンカン **11** ホームステッド
設問2 ジョン＝ロック **設問3** ①
設問4 **あ** ② **い** ① **う** ②
設問5 南部は奴隷制大農園地帯で自由貿易を支持し，北部は産業革命の中心となる工業地帯で保護関税政策を望んだ。(50字)

解説 **設問1** **1・2** － **1**【7】・【8】の解説参照。**3・4** －ハミルトンが「連邦派」の中心なのに対して，ワシントン大統領の国務長官を務めた**トマス＝ジェファソン**は「**反連邦派**」の中心であった。**5** － 1823年のモンロー教書は，アメリカ大陸とヨーロッパ大陸との相互不干渉(ふかんしょう)を訴えることで，**ラテンアメリカ独立運動**への干渉をはかるヨーロッパ諸国を牽制(けんせい)した。**6・7・8・9** － **精講** 24-2 を参照。**10・11** －リンカン大統領は，**アメリカ連合国**（首都**リッチモンド**）との南北戦争で劣勢に立つと，ホームステッド法や奴隷(どれい)解放宣言によって国内外に支持を獲得した。▶**精講** 24-3

設問3 －**イギリス13植民地**は1607年のヴァージニアの建設に始まった。最後の13番目が1732年に最南部に建設されたジョージアである。

設問4 **あ** －**男性普通選挙**の拡大などジャクソン大統領は**民主主義的改革**（**ジャクソニアン＝デモクラシー**）を実施したが，対象は白人男性であり，黒人奴隷やインディアンの立場は無視された。**い** －この現象を**ゴールドラッシュ**と呼ぶ。**う** －ストウはその作品のなかで，黒人奴隷の苦難を描いた。

設問5 －**南部**は**黒人奴隷**を使って輸出向けの綿花(めんか)を生産する**大農園地帯**で，政治的には**州権主義**（**地方分権**）を，経済的には自由貿易を支持し，奴隷制維持を主張した。これに対して**北部**は産業革命の中心となる**工業地帯**で，政治的には**連邦主義**（**中央集権**）を，経済的には**保護関税政策**（**保護貿易**）を，**奴隷制**に対しては反対の態度をとった。

精講 24 - 2 アメリカ合衆国の領土拡張

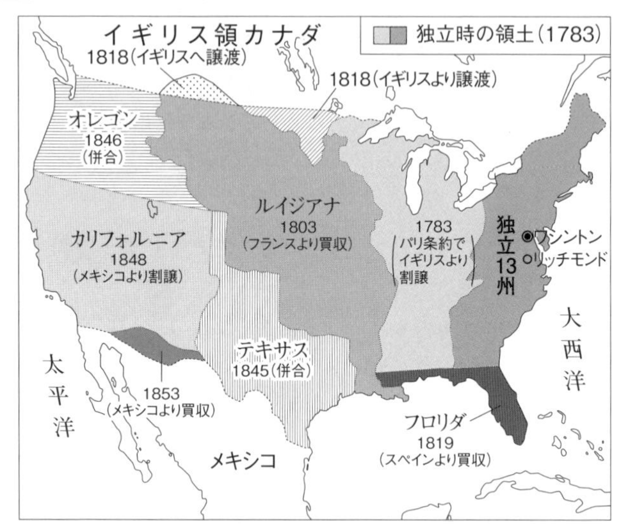

精講 24 - 3 南北戦争前後の情勢（年表整理）

1820年	ミズーリ協定…北緯36度30分以北に**奴隷州**(どれいしゅう)をつくらない協定
1854年	カンザス・ネブラスカ法…「ミズーリの原則」を破棄
1861年	**リンカン**の大統領就任…**共和党**最初の大統領として北部の利害を尊重
	アメリカ連合国の成立…**南部諸州**が合衆国から分離して建国
	南北戦争の勃発(ぼっぱつ)…南軍が北部の要塞(ようさい)を攻撃，当初は南軍が優勢
1862年	**リンカン**，ホームステッド法を制定
	・条件を満たした農民に無償(むしょう)で土地を分与(ぶんよ)→**西部農民**が支持
1863年	**リンカンの奴隷解放宣言**…南部奴隷の解放を戦争目的と宣言
	ゲティスバーグの戦い…北軍の勝利→**ゲティスバーグの演説**
1865年	**リッチモンド**陥落(かんらく)…北軍の勝利で戦争終結→国内の再統一が進む
1869年	**大陸横断鉄道**の開通…**西部開拓**が進展
1890年	フロンティア（辺境(へんきょう)〔開拓地と未開拓地の境界〕）が**消滅**

補講② 朝鮮史Ⅱ（統一国家の変遷）

補講①（P.119）より続く

統一新羅（**4 C～935**）…**都**は**金城**（**慶州**）

- 唐の勢力を撃退し，朝鮮半島の大部分の統一を達成（676）
- **骨品制**…出身氏族による５段階の身分制度
- **仏教**の保護…**仏国寺**などを慶州に建立

詳しく！ 慶州には石窟寺院として知られる石窟庵も造営された。

高麗（**918～1392**）…**都**は**開城**

- **王建**（新羅の武将）が新羅の衰退に乗じて建国
- 社会・文化事業
  - **仏教**の保護…『**高麗版大蔵経**』を**木版**で刊行
  - **高麗青磁**の生産，**金属活字**（材質不明）による世界最古の活版印刷
  - **両班**の成立…文人官僚や武人からなる特権身分の官僚層
- **モンゴル軍**の侵入（13 C）
  - **モンゴル帝国**の属国となり（1259），**元軍**の**日本遠征**（**元寇**）にも協力
- **倭寇**（日本の海賊）の略奪に苦しむ（14 C）
- 倭寇を撃退した**李成桂**（高麗の武将）によって滅ぼされる（1392）

朝鮮王朝（**李朝**，**1392～1910**）…**都**は**漢城**

- **李成桂**（太祖，位 1392～98）
  - **朱子学**を官学化（**仏教**を抑圧）

詳しく！ 李成桂は明の諸制度を採用した。

- 太宗（位 1400～1418）
  - 鋳字所を設置して銅活字を実用化
- **世宗**（位 1418～50，**最盛期**）
  - **訓民正音**（**ハングル**）を制定（1446）

注意！ 訓民正音は民衆文字として考案された表音文字。

- **豊臣秀吉**の**朝鮮出兵**（1592～93，97～98）
  - **壬辰・丁酉倭乱**…日本では**文禄・慶長の役**と呼ばれる
  - **李舜臣**の活躍（**亀船**〔**亀甲船**〕を率いて戦う）→日本軍を撃退
- **清**（**ホンタイジ**の時代）の属国となる（1637）
- 「**小中華**」思想の成立
  - 朝鮮が中国文化の伝統を継承している唯一の国家であるとする考え
- **日本**（江戸幕府）に**朝鮮通信使**を派遣（17 C～）
  - 徳川将軍の代替わりごとに派遣された使節

補講③（P.259）へ続く

25 フランス革命とナポレオン戦争

STEP 1 基本レベル

1 次の1～9の文中の下線部①～④の正誤を判断して，誤りがある場合はその番号を，すべてが正しい場合は，⓪を記せ。ただし誤りがある場合は一箇所である。

(日本大・改)

□ **1.** アメリカ独立戦争では，対イギリスという立場から，フランスだけでなく，①スペインも参戦した。1783年に②パリ条約が結ばれ，イギリスはアメリカの独立を承認した。一方，独立戦争を支援したフランスでは，国家財政がゆきづまり，その打開策として，③重商主義を唱えたテュルゴーなどによる改革が試みられたが，特権身分の抵抗により，④ルイ13世の治世以来ひらかれていなかった三部会が召集された。

□ **2.** ①国民議会では，第三身分だけでなく，第一身分や②貴族身分である第二身分からの同調者も合流した。この議会は，1789年7月には③憲法制定議会と称された。この議会では，④ジロンド派が優勢であった。

□ **3.** バスティーユ牢獄襲撃事件後の1789年8月に採択された，いわゆる人権宣言では，①人間の自由と平等（第1条），②理性の崇拝（第2条），③国民主権（第3条），④私有財産の不可侵（第17条）などが定められた。

□ **4.** ギルドの廃止などをおこなった①立法議会は1791年9月に，いわゆる1791年憲法を採択した。この憲法では，②立憲君主政と③一院制議会などが定められたが，選挙は④有産市民に選挙権が限定された制限選挙制であった。

□ **5.** 王権を停止したフランスは，共和政を宣言した。これを第一共和政というが，その議会では急進共和主義が勢力を増し，①1793年（ジャコバン）憲法の制定や②生活必需品などの最高価格令，亡命貴族から没収した土地（国有地）の競売など急進的な政策を展開した。また，③フランス銀行の設立，④メートル法や革命暦の制定などもおこなわれた。

□ **6.** ルイ16世の処刑後，フランスは国内外において様々な危機を迎えた。国内では，①ヴァンデー地方の農民反乱や②8月10日事件が生じた。一方，国外では，フランスを包囲する軍事共同戦線として，③イギリス首相ピットの提唱で，④第1回対仏大同盟が結ばれた。

□ **7.** 山岳派のロベスピエールは①公安委員会の指導権を握り，王党派だけでなく，山岳派内の左派の②エベールや右派の③ダントンなども処刑し，恐怖政治をおこなった。しかし，対外的な危機が遠のくと，独裁への不満が高まり，ロベスピエールは④テルミドール9日のクーデタによって失脚した。

□ **8.** 1795年8月に制定された，いわゆる1795年憲法では，①普通選挙制に基づく②二院制議会が定められ，また5人の③総裁による総裁政府が設置された。この政府は，政府転覆を計画した④バブーフによる反乱を未然に防いだ。

□ **9.** 皇帝に即位したナポレオンは，1805年のアウステルリッツの戦い（三帝会戦）で，オーストリアと①ロシアを打ち破り，また翌年には，みずからの保護下に西南ドイツ諸国をあわせて，②ライン同盟を結成させた。しかし，③スペインにおける反乱で悩まされ，さらにロシア（モスクワ）遠征で失敗したナポレオンは，1813年の④ワーテルローの戦いで敗北を喫し，エルバ島に流された。

整理の視点　フランス革命期の議会・政府

▶ **国民議会**…**三部会**から分離し，バスティーユ牢獄襲撃後の革命を指導。**封建的特権の廃止**，人権宣言（人間および市民の権利の宣言），教会財産の国有化を行い，1791年憲法を制定して解散した。この時期にはヴェルサイユ行進やヴァレンヌ逃亡事件など**ブルボン王家**の周辺で事件が起こった。

▶ **立法議会**…1791年憲法に基づいて**立憲君主政**を施行。ジロンド派内閣の下で対オーストリア宣戦を行い，**革命戦争**が始まったが，戦況悪化を背景に民衆暴動が多発し，8月10日事件を機に王権の停止が宣言された（1791年憲法の失効）。

▶ **国民公会**…新憲法制定を目的に**男性普通選挙**で招集。**王政廃止**と**共和政樹立**を宣言（第一共和政）し，ルイ16世を処刑した。議会ではジャコバン派（山岳派）が台頭して公安委員会を握り，1793年憲法の制定，封建地代の無償廃止，最高価格令の発布，革命暦の採用など急進的な改革を進め，反対派を排除する恐怖政治を展開。一方ではヴァンデー反乱など徴兵制に反対する農民反乱が起こった。しかし，テルミドール9日のクーデタで恐怖政治は終焉を迎え，1795年憲法（共和国第3年憲法）が制定された。

▶ **総裁政府**…1795年憲法に基づいて**共和政**を施行。王党派の反乱やバブーフの陰謀事件などで政府が動揺するなか，軍人ナポレオン＝ボナパルトがイタリア遠征やエジプト遠征で頭角を現し，1799年のブリュメール18日のクーデタで実権を掌握。フランス革命の終結を宣言した。

▶ **統領政府**…**ナポレオン**の**独裁政治**（形式的には第一共和政の延長）。宗教協約（コンコルダート）で教皇と，アミアンの和約でイギリスと和解・休戦し，フランス銀行の設立や公教育制度の確立を通じて国内を安定させ，1804年にナポレオン法典（フランス民法典）を制定。国民投票で**皇帝**となり，第一帝政を樹立した。

STEP 2 **実戦レベル**

2 次の文章を読み，下記の問に答えよ。 (明治大・改)

ナポレオン＝ボナパルトは，革命暦8年ブリュメール18日（1799年11月9日）のクーデタにより統領政府を樹立し，自ら第一統領の座に就いた。第一統領となった彼は，行政の中央集権化，民法典をはじめとする法典の整備，公教育制度の確立，フランス銀行の設立など，後のフランスの礎となる国内改革を次々と行った。さらに，それまで敵対を続けていた㋐イギリスやオーストリアやロシアと講和し，革命中に途絶えていたカトリック教会との関係も，当時の教皇である［ ① ］との間に宗教協約を締結することで修復した。

1804年，ナポレオン＝ボナパルトはナポレオン1世として皇帝の座に就き，第一帝政が開始した。皇帝ナポレオン1世の戴冠式はパリのノートルダム大聖堂で行われたが，この時の様子は古典主義を代表する画家である［ ② ］によって描かれ，その絵画は「ナポレオンの戴冠式」と呼ばれルーブル美術館に収蔵されている。㋑この絵画には，最初の妻であるジョゼフィーヌに皇后としての冠を自ら授けるナポレオンの姿が描かれている。

皇帝となったナポレオン1世は，フランスの勢力を拡大しようとヨーロッパ各国への進撃を開始した。しかし，1805年，フランス・スペインの連合艦隊は，トラファルガーの海戦で，［ ③ ］提督が率いるイギリス海軍に壊滅させられてしまった。この敗戦によりイギリスへの侵攻は無理であると悟ったナポレオン1世は，オーストリアとロシアへの勢力拡大を目論み，両国の連合軍をアウステルリッツの戦い（三帝会戦）で破ることに成功した。1806年，彼は，バイエルンなど西南ドイツ諸国にライン同盟を結成させ自らの庇護下に置いた。㋒ライン同盟結成後の1807年には，ティルジット条約により，ロシアとプロイセンとの間に講和を成し遂げ，フランスはヨーロッパ大陸のほぼ全域を支配下に置くことになった。㋓ナポレオンの支配に対してスペインでは抵抗運動が起こり，民衆がゲリラ戦を用いてフランス軍を苦しめた。

ナポレオン1世の勢いに陰りが見えたのは，1812年，大陸封鎖令を無視してイギリスとの通商を再開したロシアに対する軍事遠征に失敗した頃からである。このロシア遠征の失敗を見たヨーロッパ各国はナポレオン1世に反旗を翻すようになった。1813年には，プロイセン・ロシア・オーストリア・スウェーデン連合軍が現在のドイツ東部の［ ④ ］で行われた戦いでフランス軍を打ち負かし，㋔翌1814年にはパリが陥落し，ナポレオン1世は退位させられた。ナポレオンが退位した後，ルイ18世が亡命先から帰国し王位に就いたことで一時的にブルボン朝が復活したが，1815年にはナポレオンがパリに戻り皇帝の座を取り戻した。しかし，復位して間もなく，ナポレオン率いるフランス軍は，現在のベルギーに位置する［ ⑤ ］でイギリス・プロイセン・オランダ連合軍と戦って敗れ，ナポレオンは南大西洋の島に流刑となりそこで没した。

□ **問 1.** 文中の空欄①～⑤に入るもっとも適切と思われる語句を記入せよ。

問 2. 文中の下線部㋐～㋔に関して，下記の問（**ア**）～（**オ**）に答えよ。

□ ㈠ 下線部㋐に関して，1802 年，イギリスとフランスの間で講和条約が締結され，1793 年から続いていたイギリス・フランス間の戦争状態と第 2 回対仏大同盟が解消された。この講和条約が締結されたフランスの都市はどこか。

□ ㈡ 下線部㋑に関して，最初の妻ジョゼフィーヌとの間に後継ぎが誕生しなかったナポレオン 1 世は，ジョゼフィーヌと離婚しオーストリア皇女と再婚した。このナポレオン 1 世が再婚したオーストリア皇女は誰か。

□ ㈢ 下線部㋒に関して，ティルジット条約により，ナポレオン 1 世はプロイセンに対して広大な領土の割譲を求めた。この時，プロイセンが失ったポーランド地方には，ナポレオン 1 世により国が作られ彼の庇護下に置かれた。この国の名前を何というか。

□ ㈣ 下線部㋓に関して，ナポレオン軍により銃殺されるマドリード市民の様子を描いた「1808 年 5 月 3 日」と題された絵画を制作したスペイン人画家で，スペイン王家の宮廷画家としても活躍したのは誰か。

□ ㈤ 下線部㋔に関して，1814 年に退位させられたナポレオン 1 世は，イタリア半島の西に位置する地中海の小さな島に流された。このナポレオン 1 世の流刑地である島の名前は何か。

解答力 UP! ナポレオン 1 世の大陸制覇は地図上でイメージしよう！

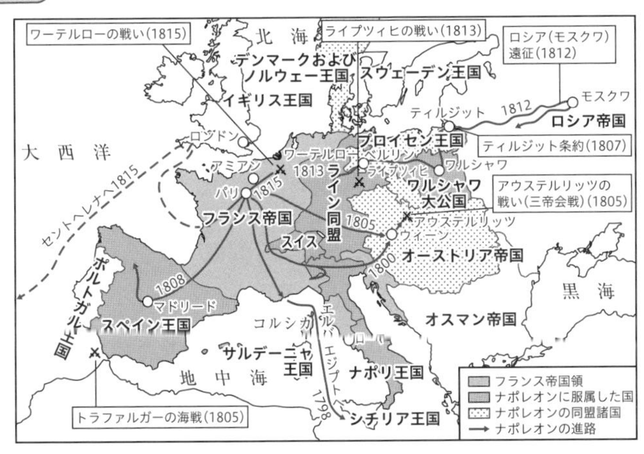

第3章 一体化へ進む世界と反動

25 フランス革命とナポレオン戦争 解答・解説

1 1 ③ 2 ④ 3 ② 4 ① 5 ③
6 ② 7 ⓪ 8 ① 9 ④

解説 1－ルイ16世の財務総監を務めたテュルゴーは，農業生産の重要性を説いた**重農主義者**。2－**国民議会（憲法制定議会）**では，ミラボーやラ＝ファイエットらの**自由主義貴族**が活躍した。3－「**人間および市民の権利の宣言（人権宣言）**」の第2条では，政治的結合の目的と権利の種類が定められている。理性の崇拝は**国民公会**時代に山岳派（ジャコバン派）のエベールが実施した反キリスト教の宗教祭典。4－精講 25-2 を参照。5－フランス銀行の設立は**ナポレオン**が**第一統領**を務めた**統領政府**時代。6－8月10日事件は**立法議会**時代にパリの民衆が起こしたテュイルリー宮殿への襲撃事件。7－**国民公会**時代の恐怖政治に関する説明。8－精講 25-2 を参照。9－1813年に**ナポレオン1世**が敗北した戦いは，ライプツィヒの戦い（諸国民戦争）。▶精講 25-3

2 問1 ① ピウス7世 ② ダヴィド ③ ネルソン
④ ライプツィヒ ⑤ ワーテルロー
問2 (ア) アミアン (イ) マリ＝ルイーズ (ウ) ワルシャワ大公国
(エ) ゴヤ (オ) エルバ島

解説 問1 やや難 ①－**ナポレオン**は教皇**ピウス7世**との宗教協約（コンコルダート）でカトリック教会の復権を認めたが，教皇には教会財産取得者の所有権を認めさせた。②－ダヴィドはナポレオン1世の**首席宮廷画家**。③－トラファルガーの海戦後，ナポレオン1世は対イギリス大陸封鎖を急ぎ，1806年に**ベルリン**で**大陸封鎖令**を発布した。④・⑤－ライプツィヒの戦い（諸国民戦争）に勝利した**ロシア・オーストリア・プロイセン**の連合軍は1814年に**パリ**を占領。ナポレオン1世は地中海の小島エルバ島に流されたが，**ウィーン会議**の紛糾に乗じてナポレオンが復位すると各国は**ウィーン議定書**を採択して再び結束し，1815年のワーテルローの戦いでナポレオンを破り，大西洋上の英領セントヘレナに配流した。

問2 (ア)－アミアンの和約（1802）でイギリス・フランスは休戦したが，首相に復帰した小ピットの下で再び強硬路線に転じた。やや難 (イ)－**マリ＝ルイーズ**はオーストリア皇帝**フランツ1世**の娘。(ウ)－ワルシャワ大公国はウィーン会議後，ロシア皇帝が国王を務めるポーランド王国に再編された。1806年の**ライン同盟**の成立と**神聖ローマ帝国消滅**という政治混乱のなかで結ばれたティルジット条約の屈辱をばねに，**プロイセン**ではシュタインやハルデンベルクが農奴解放や経済の自由化などを実施。軍制改革や教育改革と合わせてプロイセン改革が進められた。また哲学者フィヒテは「**ドイツ国民に告ぐ**」の連続公演で民族意識を高めた。

(エ)－「1808年5月3日」はナポレオン1世の兄**ジョゼフ**がスペイン王に即位したことに対する**スペイン反乱**が題材。

精講 25-1 フランス革命期の党派

フイヤン派	立憲君主派…**立憲君主政**を主張 **自由主義貴族**や**富裕市民**（銀行家・弁護士）が中心
ジロンド派	穏健共和派…制限選挙制による**共和政**を主張 **商工業**に従事する市民が中心
ジャコバン派（山岳派）	急進共和派…男性普通選挙制による**共和政**を主張 **ロベスピエール**，**ダントン**などの急進派が中心

精講 25-2 フランス革命期の憲法

1791年憲法	**国民議会（憲法制定議会）**で制定 立憲君主政，一院制議会，制限選挙制（財産資格）が特色
1793年憲法	**国民公会**（恐怖政治期）で制定 共和政，一院制議会，男性普通選挙制（年齢資格）が特色
1795年憲法	**国民公会**で制定（**共和国第3年憲法**の別名） 共和政，二院制議会，制限選挙制，５人の**総裁**が特色

精講 25-3 ナポレオン１世に関連した主要な戦い

- ・トラファルガーの海戦（1805）…イギリス海軍の**ネルソン**提督に敗北
- ・アウステルリッツの戦い（三帝会戦）（1805）…**ロシア・オーストリア連合軍**を破る
- ・ロシア遠征（1812）…ロシアの対英通商再開への報復として強行したが失敗
- ・ライプツィヒの戦い（1813）…**ロシア・オーストリア・プロイセン**に敗北
- ・ワーテルローの戦い（1815）…**イギリス**・オランダ・プロイセンに敗北

26 イギリス産業革命とその影響

STEP 1 基本レベル

1 次の文章を読み，後の問いに答えよ。 (東洋大・改)

イギリスは17世紀の対オランダ戦争，18世紀の対フランス戦争に勝利して広大な海外市場を確保した。従来，イギリスのおもな工業は毛織物業であったが，17世紀末には，綿花が大西洋の三角貿易の重要な商品となり，綿工業が発達した。1733年にジョン＝ケイによって飛び杼が発明されると，綿織物の生産量が急速に増え，その後，［A］の多軸紡績機（ジェニー紡績機），アークライトの水力紡績機，［B］のミュール紡績機などが発明され，良質の綿糸が大量に生産されるようになった。さらに，1785年にカートライトによって力織機が発明された。こうしたなかで経営者は多数の労働者を雇用する機械制の大工場の経営にのりだし，また，機械工業，鉄工業，石炭業などの部門も飛躍的な発展をとげた。このような変化，産業革命は(a)第2次囲い込み（エンクロージャー）などによっても推進された。

産業革命の結果，イギリスは良質で安価な工業製品をヨーロッパ市場で売りさばき，「世界の工場」の地位を獲得していった。こうした経済力を背景にイギリスは世界に進出し，巨大な植民地帝国をつくりあげた。またベルギーやフランスも工業化をすすめ，さらにドイツやアメリカがこれにつづいた。

□ **問1.** 空欄［A］に入る人名として最も適切なものを，次の中から一つ選べ。

①クロンプトン　②スティーヴンソン　③ダービー

④トレヴィシック　⑤ハーグリーヴズ　⑥ホイットニー

□ **問2.** 空欄［B］に入る人名として最も適切なものを，次の中から一つ選べ。

①クロンプトン　②スティーヴンソン　③ダービー

④トレヴィシック　⑤ハーグリーヴズ　⑥ホイットニー

□ **問3.** 下線部(a)について述べた文として最も不適切なものを，次の中から一つ選べ。

① 議会の承認を得ておこなわれた。

② 農業生産が低下した。

③ 農業の資本主義化がすすんだ。

④ 中小農民の土地や村の共同地をあわせて，大規模な農地をつくった。

⑤ 土地を失った農民は，農業労働者や都市の工業労働者となった。

この用語もおさえる！

- **「世界の工場」**…**産業革命**をいち早く経験し，国際商品市場で他国を圧倒していた**イギリス**を評した言葉。**マンチェスター**（綿工業の中心），**リヴァプール**（貿易港），**バーミンガム**（製鉄・機械工業の中心）などの都市が「世界の工場」を支えた。
- **女性・子供の労働**…機械の導入で労働が単純化したことが背景。劣悪な条件での長時間労働が社会問題となった。
- **社会主義思想**…私有財産制を否定して**平等社会の実現**をめざす政治思想。**オーウェン**（英），**サン＝シモン**（仏），**フーリエ**（仏），**ルイ＝ブラン**（仏）に代表される**空想的社会主義**，**マルクス**（独）や**エンゲルス**（独）に代表される**科学的社会主義**，**プルードン**（仏）や**バクーニン**（露）に代表される**無政府主義（アナーキズム）**に区分される。
- **イギリス選挙法改正**…ホイッグ党**グレー（グレイ）**内閣時の**第1回**（1832年）では**産業資本家**に，保守党**ダービー**内閣時の**第2回**（1867年）では**都市労働者**に，自由党**グラッドストン**内閣時の**第3回**（1884年）では**農業・鉱山労働者**に選挙権が与えられた。
- **東インド会社の貿易独占権廃止**…**自由貿易主義**の高まりを背景に，イギリス東インド会社は**1813年にインド貿易の独占権**を，**1833年に中国貿易の独占権**を失い，1834年からは商業活動も停止してインド統治に専念したが，**シパーヒーの反乱**を招いた責任を問われ，**1858年に解散**した。
- **ロンドン万国博覧会**…**ヴィクトリア女王**（位1837～1901）の治世下の1851年に開催された世界初の万国博覧会。イギリスの産業技術が顕示された。

STEP 2 実戦レベル

2 次の文章を読んで，下記の問いに答えよ。 (青山学院大・改)

(1) 18 世紀後半にはじまる産業革命は，イギリスの工業を大きく変えた。新たな紡績機が次々に発明されて良質の綿糸が大量に生産されるようになると，織物機械の改良が促され，1785 年に（ あ ）によって力織機が発明され，さらに 1769 年に（ い ）が改良した蒸気機関が水力にかわって動力として利用されると，生産効率が高まった。大規模な機械制工業の発達に伴って，原料・製品・燃料などの輸送のために交通機関が整備された。18 世紀後半には運河網が整備されたが，19 世紀に入ると，1825 年にスティーヴンソンが蒸気機関車を実用化し，1830 年には（ う ）と（ え ）の間に旅客鉄道が開通し，鉄道網の構築が進んだ。また，1869 年に（ A ）運河が完成したことが，貿易船の主役が帆船から蒸気船に取ってかわる一つの要因となった。機械制工場が発達するなか，工賃下落や失業をおそれた工場労働者や伝統的な手工業者は生活を脅かされ，1810 年代には（ B ）運動が起こった。それに対して児童の労働時間短縮など，（ C ）法と総称される労働者保護のための法律が制定され，労働条件は次第に改善されていった。

□ **問 1.** 空欄（ あ ）（ い ）に入る人名の組み合わせとして正しいものを，下記の選択肢から一つ選べ。

① **あ** カートライト **い** ワット
② **あ** ハーグリーヴズ **い** ニューコメン
③ **あ** アークライト **い** ホイットニー
④ **あ** ダービー **い** クロンプトン

□ **問 2.** 空欄（ う ）（ え ）に入る地名の組み合わせとして正しいものを，下記の選択肢から一つ選べ。

① **う** ロンドン **え** ドーヴァー
② **う** バーミンガム **え** オックスフォード
③ **う** マンチェスター **え** リヴァプール
④ **う** ブリストル **え** エクスター

□ **問 3.** 空欄（ A ）に入る語として正しいものを，下記の選択肢から一つ選べ。

①パナマ ②キール ③エリー ④スエズ

□ **問 4.** 空欄（ B ）に入る語として正しいものを，下記の選択肢から一つ選べ。

①西漸 ②ラダイト ③囲い込み ④バクティ

□ **問5.** 空欄（　C　）に入る語として正しいものを，下記の選択肢から一つ選べ。
①労働基準　②工場　③救貧　④寛容

(2) 1820年代には，自由主義的な政策が目立つようになった。1824年には労働組合の結成が認められ，1828年の審査法廃止と1829年の（　D　）教徒解放法成立によって国教徒以外も公職につけるようになった。また，選挙制度改正を求める運動が激しくなり，（　E　）党内閣は1832年に第1次選挙法改正を実現した。この改正が不十分に終わると，労働者たちは1837年から（　F　）運動をおこした。この運動は，6か条の(ア)人民憲章を掲げて議会に対して請願を行った。「世界の工場」となったイギリスは，自由貿易政策を実現していった。その画期とされるのは，（　G　）やブライトらが参加した反穀物法同盟による運動で，その結果，1846年に穀物法が廃止され，さらには1849年には（　H　）法も廃止された。1600年に成立したイギリス東インド会社は，自由貿易体制への移行の動きのなかでその特権への批判が強まった。そして，1813年の特許状改定でインドとの貿易独占が廃止されて，1858年にインド大反乱の責任を問われ解散した。

第3章　一体化へ進む世界と反動

□ **問6.** 空欄（　D　）に入る語として正しいものを，下記の選択肢から一つ選べ。
①カトリック　②イスラーム　③プロテスタント　④ユダヤ

□ **問7.** 空欄（　E　）に入る語として正しいものを，下記の選択肢から一つ選べ。
①労働　②トーリ　③国民　④ホイッグ

□ **問8.** 空欄（　F　）に入る語として正しいものを，下記の選択肢から一つ選べ。
①スタハノフ　②エスペラント　③チャーティスト　④ドンズー

□ **問9.** 下線部(ア)にある「人民憲章」の内容に含まれていないものはどれか。下記の選択肢から一つ選べ。
①議員の財産資格の廃止　②平等な選挙区
③女性の普通選挙権　④無記名秘密投票

□ **問10.** 空欄（　G　）に入る人名として正しいものを，下記の選択肢から一つ選べ。
①コブデン　②オコンネル　③オーウェン　④プルードン

□ **問11.** 空欄（　H　）に入る語として正しいものを，下記の選択肢から一つ選べ。
①茶　②印紙　③毛織物　④航海

26 | イギリス産業革命とその影響 解答・解説

1 問1 ⑤ 問2 ① 問3 ②

解説 問1・問2－精講 26-1 を参照。

問3－第2次囲い込みは，穀物など農産物の大量生産を可能にする**ノーフォーク農法**（大麦→クローヴァー→小麦→かぶの四輪作法）の導入を目的に進められた。**第1次囲い込み**が政府に禁止されたのに対して，第2次は議会立法の形をとり，政府公認の下で進められた。**農村地域**では地主から広大な土地を借り上げた**資本家**が**労働者**を雇って農作業を行わせる**農業の資本主義化**が進んだ。土地を失った農民の多くは，こうした農業資本家の下で働く農業労働者か，あるいは都市の工業労働者となり，産業革命に必要な**労働力**を提供した。

2 問1 ① 問2 ③ 問3 ④ 問4 ② 問5 ② 問6 ①
問7 ④ 問8 ③ 問9 ③ 問10 ① 問11 ④

解説 問1－カートライトの**力織機**が誕生する背景には，**紡績機**の発明による良質な綿糸の大量生産があった。この力織機に搭載された**蒸気機関**を開発したワットは，炭鉱の排水ポンプとして利用されていた**ニューコメンの蒸気機関**を大幅に改良することで，すべての機械への搭載を可能にした。

問2－1825年にストックトン・ダーリントン間に世界最初の**鉄道**が，1830年にはマンチェスター・リヴァプール間に世界最初の**営業鉄道**が開通した。

問3－1869年には**エジプト**のスエズ運河だけでなく**アメリカ合衆国**の大陸横断鉄道も完成し，「**世界の一体化**」が進んだ。

問4－ラダイト運動は機械の導入によって職を失った手工業者や労働者が起こした**機械うちこわし運動**のこと。

問5－工場法は労働者保護のために制定された法律の総称。**社会主義思想家**の**オーウェン**らが制定に尽力した。1833年の**一般工場法**は年少労働者の労働時間を規制し，**工場監督官**を置いて政府の監視を強化したもの。

問6－**アイルランド人**のオコンネルらの活躍によって，公職就任をイギリス国教徒に限定した**審査法**の廃止（1828）や**カトリック教徒解放法**の制定（1829）が実現した。その背景には，1801年に**カトリック系**のアイルランドをイギリスが併合したことがあった。

問7・問8・やや難 問9－この時の**ホイッグ党**内閣の首相はグレー（グレイ）。第1回選挙法改正では**腐敗選挙区**（過疎化した農村部の選挙区）が廃止され，工場経営者である**産業資本家**に選挙権を拡大したが，労働者の選挙権獲得は実現せず，労働者たちは**男性普通選挙**などを盛り込んだ**人民憲章**をかかげてチャーティスト運動を展開した。この人民憲章には女性の普通選挙権は含まれていなかった。

問 10 －コブデンとブライトは**マンチェスター**の実業家。**穀物法**は国内の穀物生産者を守るため，安価な外国産穀物に関税をかける法律。穀物価格の高止まりは労働者への給与に反映されるため，人件費を抑えることで商品価格を安くし販売競争で優位に立ちたい産業資本家からの反発が強かった。

問 11 －イギリス船か貿易相手国の船舶に輸送を制限する**航海法**が**廃止**されたことで，安価な船舶業者を自由に選択できるようになった。これにより国家の貿易規制がすべて取り除かれ，イギリスの**自由貿易体制が確立**した。

精講 26 - 1 産業革命期の発明（年表整理）

年	事項
1709 年	ダービー（英）△…**コークス製鉄法**の発明
1712 年	ニューコメン（英）☆…**蒸気機関**の実用化（炭坑の排水ポンプ）
1733 年	ジョン＝ケイ（英）★…飛び杼の発明
1764 年	ハーグリーヴズ（英）★…多軸紡績機（ジェニー紡績機）の発明
1769 年	アークライト（英）★…水力紡績機の発明
	ワット（英）☆…**蒸気機関**の大改良（すべての機械に搭載可能）
1779 年	クロンプトン（英）★…ミュール紡績機の発明
1785 年	カートライト（英）★…力織機の発明（ワットの蒸気機関を搭載）
1793 年	ホイットニー（米）★…綿繰り機の発明（北米での綿花栽培が増大）
1807 年	フルトン（米）◇…蒸気船の発明
1814 年	スティーヴンソン（英）◇…蒸気機関車の実用化
1825 年	**ストックトン・ダーリントン間**に**鉄道**開通
1830 年	**マンチェスター・リヴァプール間**に**鉄道**開通

※☆は動力，★は綿工業，◇は交通，△は製鉄

焦点　飛び杼の発明が紡績機の発明をうながし，すぐれた紡績機の登場が力織機の開発につながることになる流れを，年表で確認しよう。

27 ウィーン体制

STEP 1 基本レベル

□ **1 次の文章の［　］に入る最も適当な語句を下記の語群から選べ。** （駒澤大・改）

1815年に成立した［ 1 ］体制は，フランス革命前の状態を極力復活させる「［ 2 ］主義」と，一国のみの覇権や国境の変更を認めない「勢力均衡」をその原則としていた。

しかし，フランス革命で示された「自由主義」と「［ 3 ］」を基礎とした，新たな社会への動きが封殺されたわけではなく，ふたつの社会観は併存し続けた。そのなかで，フランスでは1830年に革命が起こり，フランス革命前への復帰を支持していた［ 4 ］が退位させられ，新国王［ 5 ］のもとで七月王政が成立した。ここでは，初等教育法や鉄道法などの制定により緩慢ながらも自由主義改革が行われたが，制限選挙制に代表されるように，富裕層による支配が続いていた。

これにたいして，政治から排除された下層ブルジョワジーや1840年代の不作の影響を受けた民衆は，政府に不満を抱き，左派勢力の指導のもとで，選挙改革運動が行われた。1848年2月に，改革を求める集会が政府によって禁止されると，不満を募らせていたパリ民衆が武装蜂起し，［ 5 ］を退位・亡命に追い込んだ。二月革命の勃発である。

この結果，生産の国家統制を主張する［ 6 ］を含んだ臨時政府が成立し，ただちに普通選挙制度の採用が宣言され，4月に選挙が実施された。だが，有権者は急進的な改革を望まず，成立したのは［ 7 ］による政府であった。これに反発したパリ民衆は6月に再度武力蜂起を行ったが鎮圧された。その後，12月にはルイ=ナポレオンが大統領に選出され，革命運動は急速に後退していった。

だが，このフランスでの事件は，ヨーロッパ諸国に大きな影響を与え「［ 8 ］」とよばれる［ 3 ］が高揚する事態が生じた。最も大きな影響を受けたのがオーストリアで，3月には基本的人権の保障や憲法の制定を求める民衆が蜂起し，［ 1 ］体制の支柱であった［ 9 ］を失脚させた。プロイセンでも3月に憲法制定を求める蜂起が発生し，自由主義内閣が成立した。しかし，1850年には［ 10 ］が発布され，革命は頓挫した。また，ドイツ全体では，自由主義者を中心として，統一と自由を求める国民議会が1848年5月に［ 11 ］で開催された。

このような自由主義運動に加えて，列強の支配下にあった地域では，独立を求める運動が展開された。［ 12 ］ではパラツキーに指導されたスラヴ民族会議が開催され，［ 13 ］では1849年にコシュートのもとで独立が宣言されたが，皇帝側により武力で鎮圧された。

〔語群〕

あ.諸国民戦争　**い**.立憲　**う**.王党派　**え**.ベルリン
お.ファシズム　**か**.ハンガリー　**き**.ヴェルサイユ
く.シャルル10世　**け**.タレーラン　**こ**.フランクフルト　**さ**.正統
し.社会政策　**す**.欽定憲法　**せ**.ティエール　**そ**.ナショナリズム
た.軍国主義　**ち**.プルードン　**つ**.ルイ18世　**て**.メッテルニヒ
と.ルーマニア　**な**.ウィーン　**に**.社会主義者鎮圧法
ぬ.諸国民の春　**ね**.ベーメン　**の**.ルイ＝フィリップ
は.ルイ＝ブラン　**ひ**.鉄血政策　**ふ**.ポーランド　**へ**.ルイ16世
ほ.穏健共和派　**ま**.社会主義　**み**.フーリエ

この用語もおさえる！

- **ウィーン議定書**…オーストリア外相**メッテルニヒ**が主導した**ウィーン会議**で調印された国際条約。この条約に基づいて，フランス・スペイン・ナポリでは**ブルボン家**が復位した。イギリスは**ケープ植民地**と**セイロン島**をオランダから獲得し，フランス占領下にあった**マルタ島**も獲得。オランダは共和国から**オランダ王国**に移行し，オーストリアから**南ネーデルラント**（現ベルギー）を獲得。オーストリアは**ロンバルディア**と**ヴェネツィア**を獲得し，プロイセンは**ザクセン北部**と**ラインラント**を獲得した。ロシアは**ポーランド王国**の王位を継承する一方で，**フィンランド**と**ベッサラビア**を獲得。その他，**スイス**は**永世中立**となり，ドイツ地域には**ドイツ連邦**が成立した。
- **ブルシェンシャフト運動**（1817～19）…ドイツの**学生同盟**による自由・統一運動。
- **スペイン立憲革命**（1820）…リエゴの指導。**ブルボン家**の支配に反発。
- **カルボナリの蜂起**（1820～21）…ナポリとピエモンテで発生。オーストリア軍の介入で失敗。その後，七月革命期にも蜂起（1830～31）。
- **デカブリスト（十二月党員）の乱**（1825）…**農奴制廃止**などを訴える自由主義的な青年将校の反乱。**ニコライ1世**が鎮圧。
- **プーシキン**…デカブリストに共鳴した**ロシアの文豪**。『大尉の娘』など。
- **ショパン**…**ポーランド**の作曲家。**七月革命**期の祖国消滅に際して「革命」を作曲。

STEP 2 実戦レベル

2 **次の文章をよく読み，下線（1～7）に関連するそれぞれの問（1～7）にもっとも適するものを（A～D）の中から一つ選べ。** （明治大・改）

ナポレオンの大陸支配が崩壊すると，新しい国際秩序を確立するために，ウィーン会議が開催された。この会議には，イギリス・フランス・ロシア・プロイセンなどの各代表が参加し，司会を務めたのはオーストリアの外相，メッテルニヒであった。各国の君主に歓迎された正統主義が基本原則として採用され，ヨーロッパにおける各国の勢力均衡がはかられた。1 ウィーン議定書は，ワーテルローの戦いの直前になって成立した。

この議定書により，ブルボン王家が復活する一方，大国間の均衡がはかられた。ロシア皇帝がポーランド王を兼ね，プロイセンは東西に領土を拡大した。またスイスは，永世中立国となり，ドイツでは神聖ローマ帝国は復活せず，2 ドイツ連邦が組織された。この国際体制を安定させるために，ロシア皇帝は1815年9月，3 神聖同盟を提唱した。

神聖同盟よりも反動的体制維持の機能をもっていたのが，4 四国同盟であった。反ナポレオンの中心となった四カ国から構成され，革命の防止，紛争の終止が企図された。1818年11月，フランスの参加が認められて五国同盟となったが，それはフランス革命とナポレオン支配のもとでめざめた自由主義とナショナリズム（国民主義）にもとづく抵抗運動の抑制を意図するものであった。

だが，こうしたウィーン体制の保守的かつ抑圧的な性格ゆえに，5 ヨーロッパ各地での抵抗運動の展開は避けがたかった。ナポレオン戦争の影響は 6 ラテンアメリカ諸国へも波及した。メッテルニヒはこうした独立運動を弾圧しようとしたが，ラテンアメリカへの経済進出をねらうイギリスやモンロー宣言を発したアメリカの反対にあって断念した。ヨーロッパを襲った 7 1848年の諸革命のなかで，最終的にウィーン体制は崩壊していった。

☐ **問1.** 下線部**1**に関する次の文章のうち，もっとも適切なものを選べ。

A．メッテルニヒが提唱した正統主義に基づいて作成された。

B．フィンランドとベッサラビアが独立した。

C．ロンバルディア・ヴェネツィアは，オーストリア領となった。

D．オランダのケープ植民地領有が認められた。

☐ **問2.** 下線部**2**に関連して，ドイツ連邦またはライン同盟について述べた次の文章のうち，もっとも適切なものを選べ。

A．ドイツ連邦は，オーストリア・プロイセン以下35の君主国と4自由市からなる。

B．プロイセンは，ドイツ連邦の盟主となった。

C．ドイツ連邦は，1848 年の三月革命によって中断されたが，ドイツ帝国成立（1871 年）まで存続した。

D．ライン同盟には，のちにプロイセンも加盟した。

□ **問 3.** 下線部 **3** に関連して，この同盟を提唱したロシア皇帝の名を選べ。

A．ニコライ 2 世　　B．ニコライ 1 世

C．アレクサンドル 2 世　　D．アレクサンドル 1 世

□ **問 4.** 下線部 **4** に関して，この同盟に加盟していた国を選べ。

A．ベルギー　　B．オランダ

C．プロイセン　　D．スペイン

□ **問 5.** 下線部 **5** に関する次の文章のうち，もっとも適切なものを選べ。

A．ドイツでは自由と統一を求めて，イエナ大学で大学生の組合であるブルシェンシャフトが結成された。

B．イタリアでは，マッツィーニがカルボナリを結成し，蜂起した。

C．スペインでは，ハプスブルク家の専制支配に対して立憲革命が起こった。

D．ロシアでは，アレクサンドル 2 世の即位に際して，デカブリストの乱が起きた。

□ **問 6.** 下線部 **6** に関する次の文章のうち，もっとも適切なものを選べ。

A．ハイチはトゥサン＝ルヴェルチュールの指導のもと，スペインからハイチ共和国として独立した。

B．メキシコでは，司祭シモン＝ボリバルの指導のもとに，スペインから独立を達成した。

C．アルゼンチンはホセ＝リサールの指導のもとに，スペインから独立を達成した。

D．ブラジルは 1822 年，ポルトガルの王子が皇帝に即位し，「ブラジル帝国」として独立した。

□ **問 7.** 下線部 **7** の年にフランスで起きたできごとについて述べた次の文章のうち，もっとも適切なものを選べ。

A．フランスの二月革命は，七月王政を打倒し，第三共和政を樹立した革命である。

B．二月革命後の臨時政府では，社会主義者が中心となっており，少数の共和主義者も加わっていた。

C．共和主義者のルイ＝ブランが，臨時政府に入閣した。

D．四月普通選挙では，社会主義勢力は敗北した。

27 ウィーン体制　解答・解説

1 1 な 2 さ 3 そ 4 く 5 の 6 は 7 ほ 8 ぬ
9 て 10 す 11 こ 12 ね 13 か

解説 **1・2** －フランス外相タレーランが提唱した**正統主義**は，フランス革命前の政治秩序にヨーロッパを戻すことを意味した。**3** －ナショナリズムは民族の独立や統一による国民国家の形成をめざす政治理念。**4・5** －ナポレオン戦争後のフランスでは**ブルボン家**のルイ18世の即位によって**復古王政**が成立し，次王シャルル10世は**反動政治**を強化した。シャルル10世は1830年にオスマン帝国領のアルジェリアに出兵したが，その直後の総選挙で国王支持派が大敗すると，**未招集の議会解散**を宣言。これを機に**七月革命**が勃発し，シャルル10世は亡命して**オルレアン家**のルイ＝フィリップを新国王に**七月王政**が成立した。**6・7** －七月王政期の**極端な制限選挙**に不満を抱いた**中小資本家**や**労働者**は**選挙法改正運動**を展開。これを政府が弾圧したことから**二月革命**が勃発。ルイ＝フィリップは亡命して**第二共和政**が成立した。**臨時政府**は**穏健共和派**を中心に組織されたが，社会主義者ルイ＝ブランも入閣し，失業者救済の**国立作業場**を設立した。**四月普通選挙**で社会主義者が大敗し，国立作業場の閉鎖に反発した労働者の**六月蜂起**が鎮圧されると，穏健共和派の下で**新憲法**が制定され，ルイ＝ナポレオン（ナポレオン1世の甥）が大統領に当選した。**8～13** －精講 27-1 を参照。

2 問1 C 問2 A 問3 D 問4 C
問5 A 問6 D 問7 D

解説 **問1** －**オーストリア**はロンバルディアとヴェネツィアを獲得し，**北イタリア**を支配した。**A** －「**メッテルニヒ**」ではなく「**タレーラン**」。**B** －フィンランドとベッサラビアは**ロシア領**。**D** －「**オランダ**」ではなく「**イギリス**」。

やや難 **問2** **B** －「**プロイセン**」ではなく「**オーストリア**」。**C** －ドイツ連邦は1866年の**プロイセン＝オーストリア（普墺）戦争後**に解散した。**D** －ライン同盟は，**ナポレオン1世**がプロイセンやオーストリアを牽制するために結成した。

問3・問4 －神聖同盟はキリスト教の友愛精神に基づく君主間の連帯組織。**イギリス**王・教皇・オスマン帝国のスルタンは参加しなかった。**四国同盟**は**イギリス**が提唱し，**ロシア・プロイセン・オーストリア**が加盟した軍事同盟。1818年に**フランス**が加わって五国同盟となった。

問5 **B** －「**カルボナリ**」ではなく「**青年イタリア**」。**C** －「**ハプスブルク家**」ではなく「**ブルボン家**」。**D** －「**アレクサンドル2世**」ではなく「**ニコライ1世**」。

問6 ブラジル帝国は1889年に**共和国**に移行。**A**－「**スペイン**」ではなく「**フランス**」。**B**－「**シモン＝ボリバル**」ではなく「**イダルゴ**」。ただし司祭イダルゴの独立運動は失敗している。シモン＝ボリバルは**ベネズエラ**出身の**クリオーリョ**（植民地生まれの白人）で，**ベネズエラ・コロンビア・エクアドル・ボリビア**の独立に貢献した。**C**－「**ホセ＝リサール**」ではなく「**サン＝マルティン**」。**ホセ＝リサール**は**フィリピン独立運動**の指導者。

問7 **A**－「**第三共和政**」ではなく「**第二共和政**」。**B**－共和主義者が中心で社会主義者は少数派。**C**－ルイ＝ブランは「社会主義者」。

精講 27-1 ウィーン体制期の自由主義・ナショナリズム運動

1830年	**フランス七月革命**の勃発
	ブリュッセル蜂起（～31）…**オランダ**から**ベルギー**が独立
	ワルシャワ蜂起（～31）…**ロシア**による鎮圧→**ポーランド**併合
1831年	カルボナリの蜂起…**オーストリア**の介入で失敗
	マッツィーニの「青年イタリア」…**共和国**の建設をめざして結成
1832年	第1回選挙法改正（英）…ホイッグ党**グレー（グレイ）**内閣
1834年	ドイツ関税同盟の結成…**プロイセン**中心，経済学者**リスト**の提唱
1848年	**フランス二月革命**の勃発→「**諸国民の春**」
	ドイツ三月革命…**ウィーン暴動，ベルリン暴動**
	フランクフルト国民議会の開催（～49）
	・普通選挙に基づいて招集された議会で，**ドイツ統一**を協議
	・**大ドイツ主義**（墺が中心）と**小ドイツ主義**（普中心で墺排除）が対立
	・**小ドイツ主義**に基づく**ドイツ帝国憲法**を採択（1849）
	・プロイセン王**フリードリヒ＝ヴィルヘルム4世**が帝冠を拒否
	サルデーニャの対オーストリア戦争（～49）→敗戦
	ハンガリー民族運動（～49）…**コシュート**の指導，**ロシア軍**が鎮圧
	ベーメン民族運動（～49）…**パラツキー**が**スラヴ民族会議**を開催
1849年	マッツィーニのローマ共和国…**フランス軍**の介入で失敗

焦点 フランス七月革命と二月革命のそれぞれの影響については，出来事を混同しないように整理して学習しよう。

28 二月革命後のヨーロッパ

STEP 1 基本レベル

1 次の文を読み，下記の問いに答えよ。 (法政大・改)

ナポレオン3世は国威の発揚を目指し，対外的には，クリミア戦争への参戦，さらにイタリア統一戦争へも介入を行った。イタリア統一戦争への介入は，ナポレオン3世と，クリミア戦争にフランスならびにイギリスの要請で参戦していた[1]王国との間に結ばれたプロンビエール密約が契機となっている。[1]王国では国王[A]が[B]を首相に指名し，イタリアの統一を目指していたのであるが，この密約のもとで，フランスからの援助を受けた[B]は1859年にオーストリアとの間で戦争に突入した。しかしながら，同王国が勝利を続けると，今度は自国の周辺に大国が誕生することを恐れたナポレオン3世が，オーストリアと単独で講和を結んだ。この講和による停戦の代償として[B]は[2]を獲得したが，[3]は依然としてオーストリアに属したままであった。1860年にはナポレオン3世の合意のもと，(a)中部イタリアの併合がなされたが，その際に[4]がフランスへ割譲された。

1861年には，ナポレオン3世はメキシコへ出兵した。ナポレオン3世はメキシコ政府を倒し，[5]皇帝の弟である[C]をメキシコ皇帝に立てたが，現地の反発や疫病に苦しみ，またアメリカからの強い抗議などを受け，最終的には[C]を見捨てて撤兵せざるを得なくなったのである。このことは，ナポレオン3世の威信を大きく傷つける結果となった。

さらに，ビスマルク率いるプロイセンとの対立が原因で戦争に発展したが，ナポレオン3世はフランス東部の町である[6]で捕虜となり，彼の帝政は崩壊した。

ナポレオン3世の帝政崩壊後も，両国の間の戦争は継続された。この戦争の終結を図るために，[D]らの穏健派はプロイセンとの間で1871年に仮の講和条約を[7]において結んだ。しかし，これに反対したパリ市民は自治政府を組織して抵抗した。この抵抗に対して[D]が率いる政府が行った武装解除に対抗する形で，3月にはパリ＝コミューンが成立し，彼の率いる政府からの自立を宣言した。しかし，パリ＝コミューンは，政府軍の攻撃によって崩壊することになる。

□ **問1.** 空欄[1]～[7]に入る最も適切な語句を下記の語群のなかからそれぞれ一つ選べ。

〔語群〕

a．ヴェネツィア　b．ヴェルサイユ
c．オーストリア　d．サヴォイア・ニース　e．サルデーニャ
f．スダン（セダン）　g．スペイン　h．トルコ　i．ノヴァラ
j．フィレンツェ　k．フランス　l．プロイセン　m．ラヴェンナ
n．リソルジメント　o．ローマ共和国　p．ロンバルディア

□ **問2.** 空欄[A]～[D]に入る最も適切な人名を下記の語群のなかからそれぞれ一つ選べ。

〔語群〕

a．ヴィットーリオ＝エマヌエーレ２世　b．ヴィルヘルム１世
c．カヴール　d．カルロ＝アルベルト　e．グラッドストン
f．ティエール　g．フランツ＝ヨーゼフ１世　h．マクシミリアン
i．マクマオン　j．マッツィーニ

□ **問3.** 下線部(a)について述べた次の文中の空欄に入る最も適切な語句を下記の語群のなかからそれぞれ一つ選べ。

この翌年にはイタリア王国が成立したが，それにはガリバルディの貢献も大きい。ガリバルディは当初，「[1]」に加わり，ローマ共和国の防衛などにも加わったが敗れて亡命し，帰国した後，1859年にイタリア統一戦争に参加した。彼はジェノヴァで[2]と呼ばれる義勇軍を組織し，1860年には[3]を占領し，その後ナポリ王国を占領した。しかしながら，彼の[4]主義的な立場は，同じくイタリア統一に多大な貢献をしながらもイタリア王国成立直後に急病死する人物と対立した。

〔語群〕

a．千人隊　b．カルボナリ　c．共和　d．シチリア
e．青年イタリア　f．トスカナ　g．ブルシェンシャフト　h．民族

STEP 2 実戦レベル

2A 次の文章を読み，以下の問いに答えよ。 （法政大・改）

七月王政下での厳しい制限選挙に対して，選挙権の拡大を求める運動が盛んになってくると，首相であったギゾーはその運動を弾圧した。それに反発したパリの民衆が蜂起し（二月革命），その結果，国王は退位して，1848年に再び共和政に移行した。(1)第二共和政の臨時政府には，社会主義者であるルイ＝ブランが入閣し，労働委員会の委員長として国立作業場を設置した。しかしその後，財政負担などの理由により数カ月で国立作業場は閉鎖された。それに反発したパリの労働者は蜂起したが鎮圧された。

その後，ルイ＝ナポレオンの第二帝政の崩壊後に，再度パリで民衆蜂起がおき(2)自治政権が樹立された。しかし臨時政府の行政長官であり，後に第三共和政の初代大統領となったティエールによって鎮圧された。

□ **問1.** 下線部(1)に関して，次の**ア**～**エ**のうち，第二共和政下で実施されたことに関する説明として間違っているものを一つ選べ。すべて正しい場合は**オ**を選べ。

ア. 1848年4月に実施された選挙は，男性普通選挙であった。

イ. この選挙の結果，国民の多数を占める労働者の意見が反映され，社会主義者の意向を反映した政府が成立した。

ウ. 1848年12月に実施された大統領選挙で当選したのは，ルイ＝ナポレオンであった。

エ. ルイ＝ナポレオンは，1851年にクーデタを起こし議会を解散し，翌年に国民投票により帝政に移行することの承認を得た。

□ **問2.** 下線部(2)に関して，次の**ア**～**エ**のうち，この自治政権に関する説明で，間違っているものを一つ選べ。すべて正しい場合は**オ**を選べ。

ア. この自治政権ができるきっかけは，臨時政府がプロイセンとの戦争の敗北を認め，パリ国民兵の武装解除を進めようとしたことに，民衆が反発したことによる。

イ. パリの民衆は，選挙でコミューン議会を樹立して，臨時政府からの自立を宣言した。この政権は，労働者や中下層市民による政権としては史上初のものであった。

ウ. 自治政権は，労働者による仕事場の自主管理などを試みた。

エ. 臨時政府は，プロイセンの支援を受け，自治政権と「血の月間」と呼ばれた壮絶な市街戦を行い鎮圧した。自治政権は，約1年で崩壊した。

2B **次の文章を読み，設問に答えよ。** (青山学院大・改)

1825年12月ロシア皇帝に即位した[A]は，即位直後に起こったデカブリストの乱を鎮圧し，専制政治を強行した。そして，1830年にフランスで起こった革命に影響を受けたポーランドの蜂起を鎮圧した。対外的には，キリスト教の聖地[B]の管理権をめぐる争いから，1853年から1856年にかけてオスマン帝国と(1)クリミア戦争において戦った。ロシアはこの戦争に敗れ，その後進性が明らかとなった。また，[A]は戦争中に急死した。

1855年に即位したアレクサンドル2世は，クリミア戦争の敗北の反省から，(2)自由主義的改革を進めた。この改革に乗じて1863年にロシア領ポーランドにおいて反乱が起こったが，ロシア軍により弾圧され失敗に終わった。反乱鎮圧後，アレクサンドル2世は専制政治へと再び舵を切った。このような状況に対して，改革の担い手となったのは，都市の(3)知識人階層であった。その一部は，(4)改革のためには農民を啓蒙する必要があると考え，農村の中へ入り込んだ。さらに，その中の一部はテロリズムに走り，1881年にアレクサンドル2世を暗殺した。

アレクサンドル2世治世期の対外関係では，クリミア戦争によって一旦沈静化していた南下政策が再び追求された。ロシアは，スラヴ諸民族の統一と連合を目指す運動である[C]を利用し，(5)1877年から1878年にかけてオスマン帝国と再び戦った。この戦いの講和条約により，ロシアは領土を拡大し，バルカン半島では[D]・セルビア・モンテネグロが独立，[E]の自治が承認された。ロシアは[E]を保護下に置いた。この結果，ロシアの勢力が大幅に拡大することになったが，それに危機感を抱いたイギリス・オーストリアが猛反対し，国際危機を招いた。この状況下で，ドイツが仲介し国際会議が開かれた。その結果，ロシアの進出は抑えられることとなった。

□ **問1.** [A]～[E]にあてはまる人名・用語を記入せよ。

□ **問2.** 下線部(1)に関連して。この戦争で最大の激戦地となったロシアの要塞の名称を記せ。

□ **問3.** 下線部(2)に関連して。この改革の一環として1861年に布告された勅令を記せ。

□ **問4.** 下線部(3)に関連して。このような人々は何と呼ばれるか記せ。

□ **問5.** 下線部(4)に関連して。彼らのスローガンは何か記せ。

□ **問6.** 下線部(5)に関連して。この戦争は何と呼ばれるか記せ。

28 | 二月革命後のヨーロッパ

解答・解説

1 問1 1 e 2 p 3 a 4 d 5 c 6 f 7 b
問2 A a B c C h D f
問3 1 e 2 a 3 d 4 c

解説 **問1 1・2・3・4** －サルデーニャ王国では，二月革命期の**オーストリア**との戦いに敗北後，新国王にヴィットーリオ＝エマヌエーレ２世が即位。首相となったカヴールはサルデーニャの近代化を進める一方，**クリミア戦争**（1853～56）に参戦して**イギリス・フランス**への接近をはかり，1858年にはフランス皇帝（こうてい）**ナポレオン３世**とプロンビエール密約を結んで対オーストリア戦争での軍事支援を約束させた。1859年の**イタリア統一戦争**では緒戦でオーストリアを破り**ロンバルディア**を奪ったが，フランスがオーストリアと単独で講和（こうわ）したため，もう一つのオーストリア領である**ヴェネツィア**を奪うことはできなかった。カヴールはその後も外交交渉を駆使して統一事業を進め，1860年には**中部イタリア**を併合（へいごう）。フランスにニース・サヴォイアを割譲（かつじょう）することでその承認を得た。**5・6・7** －フランス皇帝ナポレオン３世は**クリミア戦争**を皮切りに，**アロー戦争**（1856～60）→**インドシナ出兵**（1858～67）→**イタリア統一戦争**（1859）に成果を上げたが，**マクシミリアン**（オーストリア皇帝の弟）のメキシコ皇帝即位などを画策した**メキシコ遠征**（1861～67）に失敗すると，プロイセン＝フランス（普仏（ふふつ））戦争（1870～71）では**スダン（セダン）**の戦いでプロイセン軍に降伏し，**第二帝政**は崩壊した。第三共和政となったフランスは敗戦し，**ティエール**を首班（しゅはん）とする**臨時政府**と**プロイセン（ドイツ帝国）**との間でヴェルサイユ仮条約が成立した。**問２** －**問１**の解説参照。**問３** －精講 28-1 を参照。

精講 28-1 サルデーニャ王国のイタリア統一（統一戦争後～）

1859年	**イタリア統一戦争**…オーストリアから**ロンバルディア**を獲得
1860年	**中部イタリア併合**…**ニース**と**サヴォイア**をフランスに割譲
	シチリア・ナポリ**併合**（両シチリア王国**併合**）
	・**ガリバルディ**の**千人隊**（せんにんたい）が活躍→両地域をサルデーニャ王に献上（けんじょう）
1861年	イタリア王国の成立…**サルデーニャ**のイタリア統一達成
1866年	**プロイセン＝オーストリア（普墺（ふおう））戦争**
	・プロイセンと同盟→ヴェネツィア**併合**
1870年	**プロイセン＝フランス（普仏）戦争**（～71）

	・フランス駐留軍がローマから撤兵→ローマ教皇領**占領**
1871 年	**ローマ**遷都…イタリア政府とローマ教皇との対立が始まる
	「未回収のイタリア」（墺領**トリエステ**・**南チロル**など）の獲得めざす

2A **問1** **イ** **問2** **エ**

2B **問1** **A** **ニコライ1世** **B** **イェルサレム** **C** **パン＝スラヴ主義**

D **ルーマニア** **E** **ブルガリア**

問2 **セヴァストーポリ要塞** **問3** **農奴解放令**

問4 **インテリゲンツィア** **問5** **「ヴ＝ナロード（人民のなかへ）」**

問6 **ロシア＝トルコ（露土）戦争**

解説 **2A** **問1** －二月革命後の**四月普通選挙**では社会主義者が大敗した。

難 **問2** －ティエールの臨時政府とパリ＝コミューンとの間で行われた最後の戦闘は「血の月間」ではなく**「血の週間」**と呼ばれ，パリ＝コミューンは3カ月足らずで崩壊した。

2B **問1** **A** －ニコライ1世は**反動政治**を強化したロシア皇帝。デカブリスト（十二月党員）の乱（1825）を鎮圧し，**七月革命期**にポーランドを併合した。**二月革命期**にはオーストリアの要請を受けてハンガリー民族運動を鎮圧したことでロシアは**「ヨーロッパの憲兵」**と呼ばれた。**B** －聖地**イェルサレム**の管理権とはオスマン帝国（トルコ）がキリスト教国に与える恩恵的権利。16 世紀以降**フランス**が管理権を持っていたが，ナポレオン戦争期のフランスとの関係悪化を背景に**ロシア**に移っていた。クリミア戦争はこの管理権を再びフランスに戻したことにニコライ1世が反発して起こり，オスマン帝国側にはイギリス・フランス・サルデーニャが参戦。最大の激戦地となった**セヴァストーポリ要塞**が陥落してロシアは敗北し，パリ条約で**黒海の中立化**などが決定された。**C・D・E** －クリミア戦争中に即位したアレクサンドル2世は 1861 年の農奴解放令に始まる近代化に着手したが，1863 年の**ポーランドの反乱**を機に次第に反動化した。対外的には**ボスニア＝ヘルツェゴヴィナ**や**ブルガリア**で起こった反乱をオスマン帝国が弾圧したことを機に，**パン＝スラヴ主義**を利用してロシア＝トルコ（露土）**戦争**を起こした。1878 年のサン＝ステファノ条約で**セルビア・モンテネグロ・ルーマニア**を独立させ，**ブルガリア**の領土を拡大してロシアの保護下に置くなどバルカン半島からエーゲ海地域への進出を画策したが，**イギリス・オーストリア**の反発を受けて開催されたドイツ帝国宰相**ビスマルク**（▶精講 28-2）の主催するベルリン会議で，その動きは封じられた。

問2・問3・問6 －問1の解説参照。

問4・問5 －アレクサンドル2世時代にミール（農村共同体）を基盤に社会主義の実現をめざしたインテリゲンツィア（都市の知識人階級）は，そのスローガン「ヴ＝ナロード（人民のなかへ）」からナロードニキ（人民主義者）と呼ばれた。

精講 28-2 プロイセン王国のドイツ統一

1861年	プロイセン王ヴィルヘルム1世の即位
1862年	首相ビスマルクの就任（～90）…**鉄血政策**を推進
1864年	デンマーク戦争
	・**シュレスヴィヒ・ホルシュタイン**領有をめぐり**デンマーク**と開戦
	・プロイセンは**オーストリア**と同盟してデンマークに勝利
	・プロイセンとオーストリアは獲得領土の分割をめぐって対立・開戦
1866年	プロイセン＝オーストリア（**普墺**）戦争
	・プロイセンの勝利→ドイツ連邦は解体
1867年	**北ドイツ連邦**の成立
	・**プロイセン**の主導，マイン川以北の22国で結成
	オーストリア＝ハンガリー帝国（アウスグライヒ体制）の成立
	・**普墺戦争**敗戦後の民族運動に対処するため，国家体制を再編
	・**マジャール人**に自治権を付与→**ハンガリー王国**を建設
	・オーストリア皇帝**フランツ＝ヨーゼフ1世**がハンガリー王を兼任
1870年	プロイセン＝フランス（普仏）戦争（～71）
	・**スペイン王位継承問題**でフランスと開戦
	・**スダン**で**ナポレオン3世**が降伏・退位→軍事的優位の確立
1871年	ドイツ帝国の成立
	・**ヴェルサイユ宮殿**で**ヴィルヘルム1世**の戴冠式
	フランクフルト講和条約…アルザス・ロレーヌと賠償金を獲得

プロイセン王国のドイツ統一は，入試頻出の重要テーマである。ビスマルクの鉄血政策の下で起こった国際戦争を順に押さえながら，ドイツ帝国成立までのプロセスを確認しておこう。

精講 28-3 その他の基礎用語

- パリ万国博覧会…**ナポレオン3世**の時代，1855年と1867年の2回開催した。
- 英仏通商条約…1860年に結ばれた**自由貿易協定**。フランスの工業化を促進。
- パリ改造…セーヌ県知事**オスマン**が実施。現在のパリの街並みがほぼ完成。
- スペイン王位継承問題…国王を追放したスペイン側がプロイセン王国の**ホーエンツォレルン家**の系統から新国王を選出したことにフランスが反発。**プロイセン=フランス（普仏）戦争**に発展した。
- パリ=コミューン…普仏戦争後に成立した**ティエール**の臨時政府に反発したパリ民衆の自治政府。「**血の週間**」と呼ばれる臨時政府の激しい弾圧によって3カ月足らずで崩壊した。
- 文化闘争…ドイツ帝国宰相**ビスマルク**の政教分離政策に反対した南ドイツの**カトリック勢力**との闘争のこと。社会主義勢力に対処するため，最終的にビスマルク側が妥協した。
- ドイツ社会主義労働者党…1860年代に成立した**ラサール派**や**アイゼナハ派**などの諸団体を結集し，1875年に成立した社会主義政党。**ドイツ社会民主党**の前身。
- 社会主義者鎮圧法…1878年に**ビスマルク**が制定した社会主義者を弾圧する法。一方でビスマルクは**災害保険**・**疾病保険**・**養老保険**などの**社会保障制度**を充実させ，労働者の懐柔をはかった。
- 保護関税法…1879年に**ビスマルク**が制定した法。工業製品や穀物などの輸入品に関税を課した。

29　19・20世紀の中東・アフリカ（〜戦間期）

STEP 1　基本レベル

1 中東の近代化および立憲制の歴史に関する次の略年表を見て，問1〜7に答えよ。　(日本大・改)

西暦	出来事
	①
1789年	オスマン帝国でセリム3世即位
	②
1805年	ムハンマド=アリーがエジプト総督となり，エジプトの富国強兵を推進
	③
1808年	オスマン帝国で A マフムト2世即位
	④
1839年	オスマン帝国でアブデュルメジト1世即位，B ギュルハネ勅令を発布（タンジマートの開始）
	⑤
1856年	アブデュルメジト1世が勅令でさらなる改革の推進の方向を公表
	⑥
1861年	チュニジア，イスラーム世界で初めてとなる憲法を公布
	⑦
1876年	オスマン帝国で C アブデュルハミト2世即位，オスマン帝国憲法公布
1877年	オスマン帝国議会召集（翌年に停会，憲法も施行停止）
	⑧
1906年	イランで最初の国民議会が開かれる
1907年	イランで憲法公布
1908年	D 青年トルコ革命，立憲政の復活
1909年	アブデュルハミト2世廃位
	⑨
1918年	第一次世界大戦終結，オスマン帝国降伏
E 1922年	オスマン帝国滅亡，翌年トルコ共和国成立
[F]年	オスマン帝国憲法にかわるトルコ共和国憲法の公布

☐ 問1. 次の1～3の出来事が起こった時期を，左の略年表中の①～⑨の中からそれぞれ1つずつ選べ。

1. カルロヴィッツ条約締結　2. クリミア戦争勃発

3. サン＝ステファノ条約締結

☐ 問2. 下線部Aに関して，彼がおこなったことはどれか。次の1～4の中から最も適切なものを1つ選べ。

1. 第2次ウィーン包囲　2.「新オスマン人」の育成

3. イェニチェリ軍団の廃止　4. ミドハト＝パシャの大宰相への登用

☐ 問3. 下線部Bに関して，これが宣言していたことはどれか。次の1～4の中から最も適切なものを1つ選べ。

1. ムスリムと非ムスリムの法的平等　2. パン＝トルコ主義

3. 政教分離　4. 女性の解放

☐ 問4. 下線部Cに関して，彼がおこなったことはどれか。次の1～4の中から最も適切なものを1つ選べ。

1. エジプトのウラービー（オラービー）の反乱への軍事介入

2. パン＝イスラーム主義の政治利用

3. タバコ＝ボイコット運動の鎮圧

4. ニザーム＝ジェディット（新秩序）と呼ばれる諸改革

☐ 問5. 下線部Dに関して，この革命を主導した「青年トルコ人」が結成した政治組織はどれか。次の1～4の中から1つ選べ。

1. 国民会議派　2. 共和人民党　3. ムスリム同胞団

4.「統一と進歩団」(「統一と進歩委員会」)

☐ 問6. 下線部Eに関して，この年より前に起こった出来事を，次の1～4の中から1つ選べ。

1. ローザンヌ条約の締結　2. カリフ制の廃止

3. トルコ大国民議会の開設　4. イランにおけるパフレヴィー朝の成立

☐ 問7. 空欄［　F　］に該当する年を，次の1～4の中から1つ選べ。

1. 1924　2. 1925　3. 1926　4. 1927

STEP 2 実戦レベル

2A 次の文章を読み，下線部(1)〜(3)について下記の【設問】に答えよ。（中央大・改）

18世紀に入ると，サファヴィー朝は衰退し始め，1722年アフガン人の攻撃の前にイスファハーンが陥落し，事実上滅亡した。以後数十年の混乱の後，18世紀末にテヘランを都としてトルコ系のカージャール朝が成立した。19世紀になると，外国勢力の影響力がこの王朝に及んだ。カフカスの領有をめざすロシアとの間で領土をめぐる争いに敗れたこの王朝は，(1)1828年の条約で，アルメニアなどの領土を割譲した。19世紀半ばには，(2)シーア派から生まれたサイイド＝アリー＝ムハンマドを教祖とする新宗教が有力となり，農民や商人の間に浸透していった。政府に不満をもった彼らは，各地で武装蜂起したが鎮圧された。

カージャール朝では，ロシアやイギリスの介入による政治的混迷が深まると，軍司令官であったレザー＝ハーンがクーデタをおこして実権を握り，(3)1925年にカージャール朝を廃して，レザー＝シャーとして王朝を開いた。

【設問】

- □ **(1)** このとき結ばれた条約は何と呼ばれるか。
- □ **(2)** この新宗教は何と呼ばれるか。
- □ **(3)** この王朝は何と呼ばれるか。

2B 次の文章を読み，下記の問に答えよ。（明治大・改）

㋐アフリカ大陸の北西部に位置するアルジェリア・チュニジア・モロッコの3カ国は，19世紀に入るとフランスによる植民地化が進み，第二次世界大戦後に独立をはたすまで，いずれもフランスの植民地となった。

これら3カ国のうち，最初にフランスによる植民地化が始まったのは，アルジェリアであった。アルジェリアについては，1830年に，当時のフランス国王である［ ① ］が兵を送り首都アルジェを占領したことで，フランスによる植民地化が始まった。

チュニジアについては，ビスマルクが中心となって開催された1878年の［ ② ］会議で，チュニジアにおけるフランスの優位がヨーロッパの列強諸国に承認されたことをきっかけに，フランスによる植民地化が始まった。㋑フランスは，1881年に，チュニジアの首都チュニスを占領し，チュニジアを保護国とした。

アルジェリアとチュニジアにおける優位を確立したフランスは，その南方に広がっているサハラ砂漠を掌握した後，さらにアフリカ大陸を東に横断して支配圏を拡大し，既に支配下に置いていた，アフリカ大陸の北東岸に位置する港であるジブチおよびアフリカ大陸の南東に位置する島である[③]との連結をもくろんだ。しかし，フランスは，㋒エジプトを起点に南に向かってアフリカ大陸を植民地化しようとするイギリスと衝突することになった。1898年に，現在の南スーダンに位置する[④]という場所をフランス軍が占領したが，イギリス軍がこれを阻止しようと到着し，フランスとイギリスの軍事衝突の危機が生じた。フランスは，イギリスに譲歩し，スーダンにおけるイギリスの優位を認めた。この譲歩の結果，フランスは，1904年の英仏協商で，モロッコにおける優位をイギリスに認めてもらうことに成功し，モロッコの植民地化へと動き出した。一方，1905年に，英仏協商に反対するドイツ帝国の皇帝ヴィルヘルム2世が，突如，モロッコ北端の都市タンジールを訪れ，モロッコの門戸開放のため列国会議の開催を求めるという事件を起こし，今度はフランスとドイツの対立が激化した。さらに，ドイツは，1911年に，モロッコの先住民の抵抗運動を鎮圧するためにフランスが出兵したのに対抗して，軍艦をモロッコに派遣してフランスを威嚇した。しかし，最終的には，ドイツがフランス領コンゴの一部を得ることで妥協し，モロッコは，1912年の[⑤]条約で国土の大部分がフランスの保護国となった。

□ **問1.** 文中の空欄①～⑤のそれぞれにもっとも適切と思われる語句を記入せよ。

問2. 文中の下線部㋐～㋒に関して，下記の問(ア)～(ウ)に答えよ。

□ (ア) 下線部㋐に関して，もともとアラビア語で「日の没する土地」を意味する言葉で，アルジェリア・チュニジア・モロッコの3カ国を含むアフリカ北部一帯を指す言葉を何というか。

□ (イ) 下線部㋑に関して，現在，チュニジアの南東には，リビアが位置している。リビアは，アルジェリア・チュニジアと同様，長らくオスマン帝国の属領であったが，1912年に，オスマン帝国と支配権を争い勝利したヨーロッパのある国の支配下に置かれることになった。このヨーロッパの国はどこか。

□ (ウ) 下線部㋒に関して，エジプトの南に位置するスーダンでは，イギリスの進出に対して，1881年から20年近くにわたって，イスラーム教徒たちが激しい抵抗運動を行った。この時，自らをマフディーと称して，イギリスに抵抗するイスラーム教徒たちの中心となった人物は誰か。

29 | 19・20世紀の中東・アフリカ（〜戦間期） 解答・解説

1 **問1** 1 ① 2 ⑤ 3 ⑧ **問2** 3 **問3** 1 **問4** 2
問5 4 **問6** 3 **問7** 1

解説 **問1** − **1** は1699年。**2** は1853年。**3** は1878年。**問2** −マフムト２世は**イェニチェリ軍団を解散**して軍隊の西欧化を進めた。ミドハト＝パシャ（1876年制定のミドハト**憲法**の起草者）を大宰相に登用したのはアブデュルハミト２世。**問3** −アブデュルメジト１世が1839年に発布した**ギュルハネ勅令**は，宗教の一切を問わず，オスマン帝国の臣民に法的平等などを約束したもの。これを機に司法・行政・財政・軍事など多面にわたる**タンジマート**（西欧型の近代化）が始まった。**問4** −**パン＝イスラーム主義**は19世紀にアフガーニーが提唱した政治思想。ヨーロッパの植民地主義に対抗するため，イスラーム教徒の団結を訴えた。**問5** −「**統一と進歩団**」はアブデュルハミト２世が停止した**ミドハト憲法の復活**をめざして1908年の**青年トルコ革命**を主導し，立憲君主政を樹立した。**共和人民党**はムスタファ＝ケマルが率いたトルコの民族主義政党。**ムスリム同胞団**は1920年代に**エジプト**で結成されたイスラーム原理主義の組織。**問6・問7** −**トルコ大国民議会**は第一次世界大戦で敗戦した**オスマン帝国**において，ムスタファ＝ケマルが1920年に**アンカラ**に招集した議会。この議会を母体にアンカラ政府を樹立したムスタファ＝ケマルは侵入ギリシア軍を撃退してイズミルを回復する一方，トルコ革命（1919〜23）を主導し，1922年の**スルタン制廃止**によって**オスマン帝国**を滅ぼした。1923年には連合国との間でセーヴル条約を改定したローザンヌ条約を結び，領土回復と治外法権撤廃に成功。同年に**トルコ共和国**の建国を宣言して大統領となり，議会からアタテュルク（父なるトルコ人）の称号を与えられた。▶精講 29-1

精講 29-1 アタテュルクの近代化政策（トルコ）

アタテュルクの**政教分離**に基づく近代化政策には，カリフ制廃止（1924），トルコ共和国憲法制定（1924），女性解放（一夫多妻制廃止や女性参政権導入など），文字改革（アラビア文字廃止と**ローマ字**採用）がある。1928年には憲法からイスラーム教を国教とする条項も削除された。

2A (1) トルコマンチャーイ条約 (2) バーブ教 (3) パフレヴィー朝
2B **問1** ① シャルル10世 ② ベルリン ③ マダガスカル
④ ファショダ ⑤ フェス（フェズ）
問2 (ア) マグリブ (イ) イタリア (ウ) ムハンマド＝アフマド

解説 **2A** (1)－カージャール朝は1828年のトルコマンチャーイ条約で，**ロシア**に治外法権承認と**アルメニア割譲**を強いられた。

(2)－「**バーブ**」とは救世主（マフディー）と人をつなぐ「門」のこと。その信徒たちは**イギリス・ロシア**の圧迫やカージャール朝の無策に反発して**バーブ教徒の乱**（1848～52）を起こしたが，政府により厳しく弾圧された。

(3)－パフレヴィー朝（1925～79）はイラン最後の王朝。1935年に国号をペルシアからイランに改称し，トルコにならった近代化を進めた。

2B **問1** ①－シャルル10世はその後，フランス七月革命で退位した。②－**ビスマルク**のベルリン会議には，**ロシア＝トルコ（露土）戦争**を処理した**ベルリン会議**（1878）と，**アフリカ分割**に関する**ベルリン会議**（**ベルリン＝コンゴ会議**；1884～85）がある。後者はベルギーの**コンゴ進出**をめぐる国際紛争を処理したもので，ベルギー王レオポルド２世の私有領コンゴ自由国の成立や，**アフリカ分割の原則**などが決定された。③・④・**難**⑤－**フランス**はアルジェリア・チュニジアから**サハラ砂漠**を横断してジブチ，マダガスカルに連絡するアフリカ横断政策を展開したが，**エジプト**のカイロと**ケープ植民地**のケープタウンを結んでアフリカ縦断をめざす**イギリス**と1898年に現在の**南スーダン**で衝突した。このファショダ事件でイギリスに譲歩したフランスはモロッコに進出し，1904年の**英仏協商**でイギリスの承認を得たが，これに反発した**ドイツ**との間で２度の**モロッコ事件**が起こった。しかし，最終的にフランスのモロッコ領有が確定し，フランスは1912年の**フェス条約**で**モロッコ**を正式に**保護国化**した。

問2 (ア)－**マグリブ**は元来，エジプトより西の北アフリカを指す言葉。(イ)－**イタリア**はイタリア＝トルコ戦争（1911～12）で北アフリカのトリポリ・キレナイカを獲得し，後にリビアと改称した。(ウ)－**ムハンマド＝アフマド**が指導したマフディー運動（1881～98）では，イギリス軍人**ゴードン**（常勝軍を率いて太平天国軍と戦った軍人）が戦死するなど，イギリスは鎮圧に苦しんだ。

精講 29-2 列強のアフリカ分割①

イギリス	<エジプト>
	1869年　**スエズ運河**の開通（フランス人の**レセップス**が建設）
	1875年　スエズ運河会社の株買収…**ディズレーリ**首相の時代
	1881年　ウラービー運動（～82）…反英民族運動の展開
	1882年　イギリス軍の**軍事占領**…事実上の**保護国化**

<table>
<tr><td>イギリス</td><td><スーダン（エジプト南方）>
1881 年　マフディー運動（～ 98）
1898 年　ファショダ事件…英仏の衝突（フランス側の譲歩）
1904 年　英仏協商…英のエジプト，仏のモロッコでの優位確認
<南アフリカ>
1814 年　ケープ植民地をオランダから獲得…ケープタウン中心
1852 年　トランスヴァール共和国…ブール人国家，金鉱発見
1854 年　オレンジ自由国…ブール人国家，ダイヤモンド鉱発見
1890 年　セシル＝ローズ，ケープ植民地首相に就任（～ 96）
　　　　・ローデシア併合（1895）
1899 年　南アフリカ戦争（～ 1902）…ブール人国家への征服戦争
　　　　・イギリス植民相ジョゼフ＝チェンバレンの指導
1910 年　南アフリカ連邦の成立…イギリスの自治領</td></tr>
<tr><td>フランス</td><td>1830 年　アルジェリア出兵
1881 年　チュニジア保護国化…サハラ砂漠に進出
1888 年　ジブチ領有→マダガスカル領有（1896）
1898 年　ファショダ事件
1904 年　英仏協商→モロッコ進出をねらうドイツ皇帝が反発
1905 年　第１次モロッコ事件（タンジール事件）
　　　　・ヴィルヘルム２世がフランスのモロッコ支配を批判
　　　　・アルヘシラス国際会議（1906）…ドイツの進出失敗
1911 年　第２次モロッコ事件（アガディール事件）
　　　　・モロッコ人の反フランス反乱の現場にドイツが軍艦を派遣
　　　　・独はコンゴの一部獲得，仏のモロッコ支配を承認
1912 年　フェス条約の締結…モロッコ保護国化</td></tr>
</table>

精講 29 - 3 列強のアフリカ分割②

<table>
<tr><td>ドイツ</td><td>1884 年　ベルリン会議の開催（～ 85）
　　　　・ドイツ帝国宰相ビスマルクの主催，植民地を獲得
　　　　・カメルーン, 東アフリカ植民地, 南西アフリカ植民地などを建設
1905 年　第１次モロッコ事件→第２次モロッコ事件（1911）</td></tr>
</table>

イタリア	1885年　エリトリア領有→ソマリランド領有（1889） 1895年　エチオピア侵入（～96）…**アドワの戦い**（1896）に敗北 1911年　**イタリア＝トルコ戦争**（～12） 　・トリポリとキレナイカを奪う→リビアと改称
ベルギー	1870～　ベルギー王レオポルド2世のコンゴ進出 　・スタンリーの**コンゴ探検**支援→コンゴ領有宣言 　・イギリス・ポルトガルが反発 1884年　**ベルリン会議**の開催（～85）…**コンゴ問題**を処理 1885年　コンゴ自由国の成立…ベルギー王の**私有領** 1908年　ベルギー領コンゴの成立…ベルギー領として正式併合
独立国家	エチオピア帝国 　・メネリク2世の近代化，**アドワ**で**イタリア軍**を撃退（1896） リベリア共和国 　・**アメリカ合衆国**の**解放奴隷**(どれい)が建国（1847；首都モンロビア） 　・アメリカ植民協会が解放奴隷の入植(にゅうしょく)を支援

精講 29-4 その他の基礎用語

- ウラービー運動（1881～82）…エジプトの反英民族運動。「**エジプト人のためのエジプト**」をスローガンに外国勢力の排除をめざしたが，**イギリス軍**に鎮圧された。
- タバコ＝ボイコット運動（1891～92）…イランの民族運動。**カージャール朝**が**イギリス人業者**にタバコ販売などの独占権を与えたことが原因。独占権は無効となったが，カージャール朝は多額の賠償金(ばいしょうきん)支払いを強いられた。
- イラン立憲(りっけん)革命（1905～11）…**日露(にちろ)戦争**の影響下にイランで起こった革命。**英露(えいろ)協商**（1907）を結んだ英露の介入(かいにゅう)で議会が解散し，最終的に失敗した。
- アフガン戦争…アフガニスタンに対する**イギリス**の侵略戦争。イギリスは**第2次アフガン戦争**（1878～80）に勝利してアフガニスタンを**保護国化**した。
- リヴィングストン…イギリス人の宣教師(せんきょうし)・探検家。南部アフリカを探検し，ヴィクトリア滝を発見した。
- スタンリー…イギリス出身のアメリカ人探検家。消息不明のリヴィングストンを救出後，**ベルギー王**の要請で**コンゴ探検**を行った。

30 19・20 世紀のインド（植民地化～独立）

STEP 1 基本レベル

1 次の 19 世紀後半以降のインド史に関する略年表をみて，問 1 ～ 5 の各設問に答えよ。

（日本大・改）

西　暦	出　　来　　事
1877 年	(a)<u>イギリス領インド帝国成立</u>
	①
1885 年	インド国民会議派成立
	②
(b)<u>1906 年</u>	全インド＝ムスリム連盟結成
	③
1925 年	インド共産党結成
	④
1929 年	（　c　）で国民会議派が大会を開催してプールナ＝スワラージの方針を決定
	⑤
1935 年	新インド統治法（改正インド統治法）成立
	⑥
1947 年	インドとパキスタンがイギリス連邦内の自治領として分離独立
	⑦
1950 年	インド共和国成立
	⑧
1965 年	第 2 次(d)<u>インド＝パキスタン戦争勃発</u>
	⑨
1971 年	バングラデシュ独立

□ **問 1.** 次の **1** ～ **5** の出来事がおこった時期として適切なものを，上の略年表中の①～⑨の中からそれぞれ一つずつ選べ。なお，同じ番号を2度以上選んでもよい。

1. ローラット法発布　**2.** ガンディー暗殺
3. セイロン（スリランカ）独立　**4.** 英印円卓会議開催
5. ベンガル分割令（カーゾン法）発布

□ **問 2.** 下線部(a)に関して，このときインド皇帝を兼ねたイギリス女王を，次の **1** ～ **4** の中から一つ選べ。

1. ヴィクトリア女王　**2.** アン女王　**3.** メアリ2世　**4.** エリザベス1世

□ **問 3.** 下線部(b)の年に国民会議派が採択した綱領に該当しないものを，次の **1** ～ **4** の中から一つ選べ。

1. 英貨排斥　**2.** 非暴力・不服従　**3.** スワデーシ　**4.** 民族教育

□ **問 4.** 空欄（　c　）に該当する都市を，次の **1** ～ **4** の中から一つ選べ。

1. ボンベイ（ムンバイ）　**2.** カルカッタ　**3.** デリー　**4.** ラホール

□ **問 5.** 下線部(d)の戦争は，ある地方の帰属問題をめぐる紛争であるが，その地方として適切なものを，次の **1** ～ **4** の中から一つ選べ。

1. パンジャーブ　**2.** ベンガル　**3.** カシミール　**4.** アッサム

この用語もおさえる！

- **ザミンダーリー制**…**ベンガル・ビハール**などの**北インド**にイギリスが導入した税制度。**ザミンダール**（地主（じぬし）・領主（りょうしゅ））に土地所有権を認めて直接納税（のうぜい）させた。
- **ライヤットワーリー制**…**南インド**やシンド地方（インダス川下流域）にイギリスが導入した税制度。**ライヤット**（農民）に土地所有権を認めて直接納税させた。
- **サティー（寡婦殉死（かふじゅんし））**…夫の遺体が焼かれる火に妻も身を投じて殉死するというインド古来の風習。19世紀初めに社会運動家**ラーム＝モーハン＝ローイ**らが反対運動を展開し，**サティー廃止**に尽力した。
- **カルカッタ大会4綱領（こうりょう）**…1906年に**国民会議派**の**カルカッタ大会**で採択（さいたく）された「**英貨排斥（えいかはいせき）**」「**スワデーシ（国産品愛用）**」「**スワラージ（自治獲得）**」「**民族教育**」の4つの実践綱領。
- **スリランカ内戦**…1948年に独立した**セイロン**は，1972年に国号を**スリランカ**と改称。1980年代から**多数派**で**仏教徒**の**シンハラ人**の支配に対して，**少数派**で**ヒンドゥー教徒**の**タミル人**が独立闘争を展開し，21世紀初めまで激しい内戦が続いた。

STEP 2 実戦レベル

2A 次の文章を読み，下記の問に答えよ。 (明治大・改)

イギリス東インド会社は，1765 年ムガル皇帝からベンガル・ビハール・オリッサ 3 州の［ ① ］と呼ばれる租税徴収権を獲得し，単なる貿易商社ではなく，インドの土地と住民を直接支配する統治機関としての役割を果たすようになった。他方，イギリス本国では産業資本家による自由貿易を要求する声が高まり，1813 年には東インド会社による茶を除くインドとの［ ② ］が廃止され，1833 年には，残されていた茶の取引と中国との［ ② ］も廃止されたことにより，東インド会社の商業活動は完全に停止され純然たるインド統治機関となった。

イギリスのインド征服が進むとともに，インド人勢力による抵抗も各地で行われた。イギリスは，㋐戦争によってこれらの抵抗勢力を破り領土を併合して直接支配するとともに，保守的な旧王侯の国に対しては従属する代わりに内政権を与え，19 世紀半ばにはインド全域の征服を完了した。

イギリスは，㋑新たな土地政策を導入し税収の増加を図った。また，産業革命の結果イギリスの安価な機械織り綿布が大量にインドに流入したため，インドは一次産品の輸出国およびイギリス製品の輸入国に転落した。

こうしたなかで，1857 年東インド会社の㋒インド人傭兵（シパーヒー）による反乱が起きた。これに対してイギリス本国は 1858 年に東インド会社を解散し，インドをイギリス政府の直接支配下に置いた。さらに 1877 年には［ ③ ］が正式にインド皇帝となり，ここにインド帝国が成立した。

□ **問 1.** 文中の空欄①～③のそれぞれにもっとも適切と思われるものを下記の語群から一つずつ選べ。

〔語群〕

A．領事裁判権　**B**．デュプレクス　**C**．ポルトガル　**D**．ボース
E．エリザベス 1 世　**F**．条約締結権　**G**．クライヴ　**H**．貿易独占権
I．ウェリントン　**J**．ジズヤ　**K**．スペイン　**L**．ヴィクトリア女王
M．オランダ　**N**．ヘンリ 8 世　**O**．ヘースティングズ　**P**．フランス
Q．ディズレーリ　**R**．ディーワーニー　**S**．関税自主権
T．セシル＝ローズ　**U**．デリー　**V**．プラッシー　**W**．グラッドストン

問 2. 文中の下線部㋐～㋒に関して，下記の問㋐～㋒に答えよ。解答は各問の語群の中からもっとも適切と思われるものを一つ選べ。

□ ㋐ 下線部㋐に関して，17 世紀初頭に南インドに成立したヒンドゥー教の地方王権で，18 世紀後半における 4 回の戦争でイギリスに敗れ，以後イギリ

スに従属したものは次のうちどれか。

〔語群〕

A．マラーター王国　B．マイソール王国　C．シク王国
D．マタラム王国　E．ヴィジャヤナガル王国

□ (イ)　下線部④に関して，主に北インドで実施された土地税徴収制度で，イギリスが政府と農民との間を仲介する者として旧来の地主・領主の伝統的権利を近代的土地所有権として認める代わりに，彼らを国家に対する地租納入の直接責任者とする制度を何というか。

〔語群〕

A．マンサブダール制　B．イクター制　C．エンコミエンダ制
D．ザミンダーリー制　E．ライヤットワーリー制

□ (ウ)　下線部⑨に関して，この反乱がインド人の各階層を巻き込みインド北部・中部全域に波及する大反乱となった要因といえるイギリスの対インド政策の具体的内容として誤っているものは，次のうちどれか。

〔語群〕

A．失権の原理　B．ムガル皇帝の廃位　C．土地制度
D．イギリス式教育　E．東インド会社の商業活動停止

□ **2B 次の空欄にあてはまる適切な語句，年号を答えよ。**　（東京女子大・改）

国民会議派は，1905年に反英民族運動を弱めようとして公布されたベンガル分割令に強く反対し，翌年のカルカッタ（コルカタ）大会で，イギリス商品の排斥，（　1　），（　2　），民族教育の4大綱領を採択して，運動をさらに強めた。

第一次世界大戦が始まると，イギリスはインドの協力をえようと戦後の自治を約束した。しかし，戦後の（　3　）年に制定されたインド統治法では形式的な自治を認めたにすぎず，その一方で民族運動を抑圧する（　4　）法を制定した。これに対して，国民会議派はガンディーの指導のもとに非暴力・（　5　）の抵抗運動を展開した。

イギリスはこれを武力で弾圧したが，運動はかえって高まった。その過程で運動の主導権は国民会議派左派のネルーらに移り，1929年の（　6　）で開いた大会で，「完全な独立」を要求することが決定された。このねばり強い闘争に，イギリスもやむなく，1930～32年にかけて3度にわたる円卓会議を開いて妥協のみちをさぐった。そして，1935年に新インド統治法を制定し，各州にある程度の自治を認めた。

30 | 19・20世紀のインド（植民地化～独立） 解答・解説

1 問1 1 ③ 2 ⑦ 3 ⑦ 4 ⑤ 5 ②
問2 1 問3 2 問4 4 問5 3

解説 問1 1－ローラット法が発布されたのは1919年。ローラット法は**第一次世界大戦後**のインド民族運動を弾圧するために**イギリス**が制定した法。これに対する抗議集会がインド各地で広がるなか，**パンジャーブ地方**ではイギリス軍が市民を虐殺する**アムリットサール事件**が発生した。2－**ガンディー**が暗殺されたのはインド独立後の1948年。3－**セイロン（スリランカ）**独立は1948年。4－**英印円卓会議**の開催は1930～32年。5－**ベンガル分割令**(カーゾン法)の発布は1905年。**ベンガル地方**をヒンドゥー・イスラーム両教徒の2州に分割して民族運動の宗教的分断をはかったが，**国民会議派**はティラクの指導するカルカッタ大会で**4綱領**を採択し，反英運動を本格化させた。イギリスは国民会議派に対抗する親英的な**イスラーム教徒**を結集し，1906年に**全インド＝ムスリム連盟**を成立させ，**分割統治**を強化した。**問2**－ヴィクトリア女王を初代インド皇帝とする**インド帝国**の成立は1877年で，保守党ディズレーリ内閣のとき。**問3**－**非暴力・不服従**(サティヤーグラハ）は**ガンディー**が提唱した民族運動の理念。**問4**－1929年の**ラホール大会**ではネルーが指導的な役割を果たし，プールナ＝スワラージ（完全独立）を決議して民族運動を再開した。**ボンベイ**は1885年に**イギリス**の提唱で**インド国民会議**が発足した都市。インド民族運動については，精講 30-2を参照。**問5**－カシミール地方は藩王が**ヒンドゥー教徒**，住民の多数派が**イスラーム教徒**で，独立当初からその領有をめぐって**インド**（ヒンドゥー教徒中心）と**パキスタン**（イスラーム教徒）が対立し，軍事衝突を繰り返している。

2A 問1 ① R ② H ③ L 問2 (ア) B (イ) D (ウ) B
2B 1・2 スワデーシ（国産品愛用），スワラージ（自治獲得）
3 1919 4 ローラット 5 不服従 6 ラホール

解説 **2A** 問1 ①－ディーワーニーを獲得した**イギリス東インド会社**は，この収入を財源に征服活動を展開した。征服戦争については，精講 30-1を参照。②・③－東インド会社はインド統治機関としての性格を強め，イギリスにインドを経済的に従属させる植民地経営を展開した。東インド会社の**傭兵**（シパーヒー）が宗教的慣習を無視した会社側に反発して**シパーヒーの反乱**(1857～59)を起こすと，反乱軍は**デリー城**を占拠して**ムガル皇帝**を擁立したが，最終的にイギリス軍に鎮圧された。この反乱のさなか，1858年にムガル皇帝が廃位されて**ムガル帝国は滅**

亡し，**東インド会社**も反乱の責任を問われて**解散**。インドはイギリスの直接統治下に置かれ，1877年に**インド帝国**が成立した。

問2 (ア)－精講 30-1 を参照。(イ)－ザミンダーリー制やライヤットワーリー制などの**新税制**の導入で，インド伝統の村落社会が崩壊した。やや難 (ウ)－ムガル皇帝の廃位は1858年で，シパーヒーの反乱が起こった後の出来事。

2B 1～6－**1**・**2A**の解説参照。

精講 30-1 イギリス東インド会社の征服戦争

- マイソール戦争（1767～99）…**マイソール王国**を破り，**南インド**を支配
- マラーター戦争（1775～1818）…**マラーター同盟**を破り，**デカン高原西部**を支配
- シク戦争（1845～49）…**シク王国**を破り，**パンジャーブ地方**を支配

精講 30-2 第一次世界大戦後のインド民族運動

年	出来事
1917年	**イギリス**，戦後のインド自治を約束…インド人の戦争協力を得る
1919年	ローラット法の制定…民族運動を弾圧するための法
	アムリットサール事件…パンジャーブ地方の反英運動を英軍が弾圧
	インド統治法の制定…形式的な自治しか認めず
	ガンディー（国民会議派），**非暴力・不服従運動**を展開
1929年	**ラホール大会**（国民会議派）
	・ネルーの指導，プールナ＝スワラージ（完全独立）を決議
1930年	**ガンディー**の「**塩の行進**」…イギリスによる塩の専売（せんばい）に反対
	英印円卓会議の開催（1930～32）…インド人の懐柔（かいじゅう）をめざす
1935年	1935年インド統治法の制定…連邦制と自治拡大，**ビルマの分離**など
1939年	**第二次世界大戦**の勃発（～45）
	・**チャンドラ＝ボース**が**インド国民軍**を組織してイギリスに抵抗
1944年	**ガンディーのインド国民政府案**
	・**統一インド**を提唱→全インド＝ムスリム連盟の反対で不成立
1947年	イギリスの**アトリー内閣**（労働党）による**インド独立法**の制定
	インド（ヒンドゥー），パキスタン（イスラーム）に分離・独立

31 19・20世紀の東南アジア

STEP 1 基本レベル

1 東南アジアの植民地化について述べた次の文章を読み，下の問いに答えよ。

(東洋大・改)

マレー半島では[A]が，1826年に海峡植民地を成立させた。さらにマレー半島とそれ以外の地をマレー連合州として支配した。

[A]はビルマ（ミャンマー）の[B]朝との3次にわたるビルマ戦争をへてビルマを併合させた。

[C]は17世紀にジャワ島のバタヴィアを拠点に貿易活動を展開していた。19世紀前半にジャワ戦争がおこると，その鎮圧には成功したものの，[C]は財政難に陥り，そのたて直しのために強制栽培制度を導入した。

[D]はサイゴン条約でコーチシナ東部を得た。続いてカンボジアを保護国化し，コーチシナ西部も獲得した。さらにベトナムの[E]朝と条約を結んでベトナムを保護国化した。これに対して，ベトナムに対する宗主権を持つ清朝が反発し，戦争がおこったが，結局[F]条約が結ばれ，清は宗主権を放棄した。その後，ベトナムとカンボジアとをあわせて[D]領インドシナ連邦を成立させた。

フィリピンは16世紀以来[G]に支配されていた。しかし，19世紀末に[G]は[H]との戦争に敗れ，フィリピンは[H]領となった。

東南アジアで唯一植民地化の圧力を回避したのはタイであった。タイの[I]朝は[A]と[D]の緩衝地帯となって独立を維持した。

☐ **問 1.** 空欄［A］・［C］・［D］・［G］・［H］に入る国名として正しいものを，次のうちから一つずつ選べ。ただし，一つの選択肢は一度しか選べない。

①イギリス　②フランス　③イタリア　④スペイン
⑤ポルトガル　⑥オランダ　⑦ベルギー　⑧ドイツ
⑨アメリカ合衆国　⑩日本

☐ **問 2.** 空欄［B］・［E］・［I］に入る語句として正しいものを，次のうちから一つずつ選べ。ただし，一つの選択肢は一度しか選べない。

①ラタナコーシン　②アユタヤ　③西山　④クディリ
⑤黎　⑥パガン　⑦コンバウン　⑧トゥングー
⑨スコータイ　⑩阮

☐ **問 3.** 空欄［F］に入る語句として正しいものを，次のうちから一つ選べ。

①ユエ（フエ）　②黄埔　③望厦　④天津　⑤北京

第3章

一体化へ進む世界と反動

この用語もおさえる！

▶ **イギリス＝オランダ協定**（1824）…東南アジアなどでのイギリス・オランダの勢力圏を画定した協定。イギリスは**マレー半島・シンガポール**などを，オランダは**スマトラ島・ジャワ島などの島々**をそれぞれ支配した。

▶ **インドネシア民族運動**…インドネシアでは 19 世紀末に**カルティニ**が女性解放運動の先駆者（せんくしゃ）として活躍する一方，1912 年には**イスラーム同盟（サレカット＝イスラーム）**が結成され，オランダの植民地（しょくみんち）支配に反対する運動を展開した。第一次世界大戦後は 1920 年にアジア最初の共産党となる**インドネシア共産党**が組織され，さらに 1928 年には**スカルノ**が指導する**インドネシア国民党**も結成されるなど，オランダ支配への抵抗が激しさを増した。

▶ **ビルマ（ミャンマー）独立運動**…イギリス統治下のビルマでは，第一次世界大戦後の 1930 年にイギリスからの完全独立を訴える**タキン党**が結成され，**アウン＝サン**らを中心に独立運動が展開された。

▶ **タイ立憲革命**（1932）…世界恐慌（きょうこう）期の混乱を背景にタイで起こった無血（むけつ）革命。憲法と議会開催を国王に認めさせた。

STEP 2 実戦レベル

2 次の文を読み，下記の問いに答えよ。 (法政大・改)

インドシナ半島やマレー半島に対する西欧勢力の進出は，香辛料の獲得など商業権益の拡大から始まった。しかし，しだいに領土の獲得がめざされるようになり，19世紀末までには，イギリス，フランスがつぎに述べるような過程を経て，両半島の植民地化を進めた。

ベトナムでは，1802年に[1]が[2]朝を滅ぼし，(1)阮朝のもとに全土を統一していた。阮朝は国号を[3]とした。1858年，フランスがインドシナ半島に軍事進攻し，ベトナムで領土拡大を進めると，[4]は黒旗軍を組織し，阮朝に協力してフランスに抵抗した。しかしフランスはこれらの抵抗を抑え込み，1883年の[5]条約でベトナムを保護国とした。一方，ベトナムの宗主国である清はこれを認めず，清仏戦争が始まった。1885年に清が敗北すると，[6]条約が結ばれ，清はフランスにベトナムの保護権を認めた。フランスはすでにカンボジアを保護国にしていたが，1887年には，ベトナムとカンボジアとを合わせて(2)フランス領インドシナ連邦を成立させた。ラオスは1899年にこれに編入された。

ビルマでは，18世紀中ごろ[7]朝が成立した。[7]朝はタイの[8]朝を滅ぼし，清の進攻を撃退した。しかしイギリスと三回にわたって交戦した結果，1886年にイギリス領インド帝国に併合され，消滅した。

タイでは，[8]朝が滅んだのち，[9]朝が成立した。[9]朝では，国内の近代化を進めながら，英仏均衡外交を行い，植民地化を免れた。1868年に王位についた[10]は，西欧の諸制度や文化を積極的に導入し，奴隷制の廃止など近代化を進めたことで知られている。

マレー半島では，イギリスがベンガル湾と南シナ海の中継地として，マラッカ，ペナンを領有した。1826年にイギリスはマラッカ，ペナン，シンガポールを合わせて海峡植民地とした。さらにイギリスは，マレー半島の錫鉱山労働者として[11]を，ゴム園には[12]を大量に送り込み，1895年には同半島南部4州に[13]を形成させて，支配を確立した。

□ **問1.** 空欄[1]〜[13]に入る最も適切な語句を，下記の語群のなかからそれぞれ一つずつ選べ。

1. アユタヤ　**2.** アンコール　**3.** アンボイナ　**4.** 印僑
5. インドシナ連合州　**6.** 越南　**7.** 華僑　**8.** 阮福暎
9. コンバウン　**10.** サイゴン　**11.** スコータイ　**12.** 西山

13. 曾国藩　14. 大越　15. タイ人　16. チャンパー　17. 陳
18. 鄭和　19. 天津　20. トゥングー　21. 北京　22. マイソール
23. マレー連合州　24. ユエ　25. ラーマ4世　26. ラーマ5世
27. ラタナコーシン　28. 劉永福　29. 黎　30. 黎利

□ 問2. 下線部(1)に関連して，阮朝について述べた以下の文のうち正しいものを一つ選べ。

a．漢字をもとにチュノム（字喃）というベトナム独自の文字を考案した。
b．首都をハノイにおいた。
c．阮文岳ら三兄弟が反乱を起こし，ベトナムを統一した。
d．バオダイが退位する1945年まで続いた。

問3. 下線部(2)に関連して，つぎの史料（書簡）を読み，以下の問いに答えよ。

彼（注）は亜州黄種にとって功ある人間である。ああ，罪なく功ある我が亜州人，罪なく功ある亜州黄種国の皇族に対して，およそ亜州黄種国であれば，それを崇拝，歓迎するのが当然である。しかるに堂々たる大日本帝国は，あえて彼を受け入れようとしない。ましていわんや，シナ，シャムなどに僅かに生き延びる者をや。

（注）ユエの皇族クオン＝デ。本書簡の執筆者とともに民族運動に携わった。

（出典：歴史学研究会編『世界史史料9　帝国主義と各地の抵抗Ⅱ』岩波書店，2008年，332―333頁）

□ ①　この書簡を書いた人物は，ベトナムで維新会を結成した民族運動家である。この人物の名前をつぎのなかから一つ選べ。

a．ファン＝デン＝ボス　b．ファン＝ボイ＝チャウ
c．ファン＝チュー＝チン　d．ホー＝チ＝ミン

□ ②　この書簡を書いた人物の活動について述べた以下の文のうち正しいものを一つ選べ。

a．ドンキン義塾を設立して民族運動を指導した。
b．日本での民族運動が挫折し，中国でベトナム光復会を結成した。
c．中国への留学を促すドンズー（東遊）運動を組織した。
d．ベトナム青年革命同志会を結成し，インドシナ共産党の組織化を準備した。

31 ｜ 19・20世紀の東南アジア 解答・解説

1 **問1** A ① C ⑥ D ② G ④ H ⑨
問2 B ⑦ E ⑩ I ① **問3** F ④

解説 A・B－**イギリス**は**コンバウン**（アラウンパヤー）**朝**がインド東北部の**アッサム**に侵攻したことを機に**ビルマ戦争**を展開し，これを滅ぼして1886年にビルマをインド帝国に編入した。**マレー半島**では1826年に**ペナン・マラッカ・シンガポール**を拠点に**海峡植民地**をつくって**マラッカ海峡**を確保し，1888年に**北ボルネオ**も領有。1895年にはマレー半島南部に**マレー連合州**を形成した。イギリスはこのマレー半島で**華僑**（**中国系移民**）を投入した錫開発や，**印僑**（**インド系移民**）を用いたゴム栽培を行った。C－**オランダ**は**ジャワ島**のバタヴィアを拠点に**インドネシア**の経営に着手し，1755年にマタラム王国を滅ぼして**ジャワ島全土**を領有。オランダ東インド会社解散（1799）後はオランダ政府の直接統治が始まった。ジャワ島民の最後の抵抗運動であるジャワ戦争（1825～30）を鎮圧した1830年からは**強制栽培制度**が実施され，**コーヒー・サトウキビ・藍**などの商品作物を強制的に作付けさせた。さらに**スマトラ島**のアチェ王国を征服し，オランダ領東インドを形成した。D・E・F－精講 31-1 を参照。G・H－アメリカ＝スペイン（米西）戦争（1898）に勝利した**アメリカ合衆国**はフィリピンのほか，プエルトリコとグアム島も**スペイン**から獲得した。フィリピンでは1834年にマニラ開港が実現し，スペイン統治下で国際貿易の発展が見られたが，19世紀後半になるとホセ＝リサールの反スペイン運動が始まり，その逮捕後には**カティプーナン**を中心に**フィリピン革命**（1896～1902）が勃発。独立宣言を発表したアギナルドは**アメリカ合衆国**の支援を期待したが，アメリカ合衆国はフィリピン獲得後その独立を認めず，フィリピン＝アメリカ戦争（1899～1902）に発展。アギナルドのフィリピン共和国独立は失敗した。I－英仏の**緩衝地帯**として独立を維持した**タイ**のラタナコーシン（チャクリ）朝では，**ラーマ4世**やラーマ5世（チュラロンコン）の下で近代化が行われた。

2 **問1** 1 8 2 12 3 6 4 28 5 24 6 19 7 9
8 1 9 27 10 26 11 7 12 4 13 23
問2 d **問3** ① b ② b

解説 **問1**－**1**の解説および精講 31-1 を参照。**8**－**アユタヤ朝**はタイ史上最大領土を実現した王朝。アユタヤ朝滅亡後のタイでは政治混乱が続き，一時短命政権が成立したが，すぐに**ラタナコーシン朝**に移行した。

問2 －バオダイは阮朝最後の国王。**a** －**陳朝**（**大越国**）の説明。**b** －**阮朝**（**越南国**）の首都はユエ（フエ）。**c** －**西山**（タイソン）の乱（1771 ～ 1802）の説明。この反乱のなかで一時ベトナムを統一した西山朝を倒して阮朝が成立した。

問3 ①－**精講** 31 - 1 を参照。**やや難** ②**a** －ファン＝チュー＝チンの説明。**c** －「中国」ではなく「**日本**」。**d** －ホー＝チ＝ミンの説明。

精講 31 - 1 フランスのインドシナ進出とベトナム民族運動

1802年	阮朝越南国の成立（～ 1945） ・阮福暎が**西山朝**を倒して建国（首都は**ユエ**） ・フランス人宣教師ピニョーが建国を支援…フランス進出の契機
1858年	**仏越戦争**（～ 62） ・阮朝が**清朝**に服属し，**反仏政策**を強化したことにフランスが反発 ・フランス皇帝**ナポレオン３世**のインドシナ出兵→勝利
1862年	サイゴン条約…フランスに**コーチシナ東部**を割譲，３港開港など
1863年	フランスのカンボジア**保護国化**
1873年	**劉永福**（**黒旗軍**を指揮した中国人）の**反仏闘争**（～ 85）→失敗
1883年	ユエ（フエ）条約（1884年にも締結）…フランスのベトナム**保護国化**
1884年	**清仏戦争**（～ 85）…ベトナム支配をめぐって開戦→清朝の敗北
1885年	**天津条約**…清朝はフランスのベトナム支配を承認
1887年	フランス領インドシナ連邦の成立…**ベトナム・カンボジア**で成立
1893年	ラオスの保護国化→**インドシナ連邦**に編入（1899）
1904年	ファン＝ボイ＝チャウ，**維新会**（反仏独立の秘密結社）を組織 ・**日本留学**を奨励するドンズー（東遊）運動を展開するが失敗 ・中国の広東で**ベトナム光復会**を組織（1912）
1907年	ファン＝チュー＝チン，ドンキン義塾を組織
1925年	ホー＝チ＝ミン，**ベトナム青年革命同志会**を組織 ｝反仏運動を展開
1930年	ホー＝チ＝ミン，**インドシナ共産党**を結成 ｝反仏運動を展開

ベトナムを中心としたインドシナにフランス領インドシナ連邦が形成されるプロセスと，その後のベトナム民族運動の動きを確認しておこう。

32 中国の植民地化（アヘン戦争～辛亥革命）

STEP 1 基本レベル

□ 1A 次の文章の［　　］に入る最も適当な語句を下記の語群から選べ。（駒澤大・改）

19 世紀, 中国ではアヘン吸飲の風習がひろまり, 密輸量が増加した。1839 年, 清朝は［ 1 ］を広州に派遣し，アヘンを没収，廃棄させた。イギリスは自由貿易の実現を要求し，翌年開戦する。このアヘン戦争は清の一方的な敗北に終わり，1842 年，南京条約が結ばれ，清は不平等条約のもとに開国を迫られた。清は他の列強にも同様の権利を認めざるを得ず，1844 年，アメリカとの間に［ 2 ］条約，フランスとの間に［ 3 ］条約を締結する。この結果，民衆の生活は困窮し，暴動が頻発するようになった。このとき，「［ 4 ］」のスローガンを唱え，新国家の樹立をめざしたのが［ 5 ］である。かれはキリスト教の影響を受けて，人はみな平等であると主張し，［ 6 ］という宗教団体を組織した。1851 年, 広西省の［ 7 ］で挙兵し, ［ 8 ］と称し, 太平天国の建国を宣言する。太平天国軍は貧民・流民を吸収しつつ，湖南省を北上し，武昌を占領，ついで長江を下り，1853 年，南京を占領すると，［ 9 ］と改称して首都とした。太平天国は［ 10 ］制度を発布し，土地の均分，男女平等，租税の軽減，悪習の除去などの新政策を掲げた。［ 11 ］などの正規軍は腐敗して役に立たず，太平天国軍を破ったのは，［ 12 ］の湘軍，李鴻章の［ 13 ］などの郷勇，あるいは常勝軍だった。常勝軍は，1860 年，アメリカ人［ 14 ］が組織した外国人部隊から出発し，のちに外国人を将校，中国人を兵卒として編成された洋式軍隊である。［ 14 ］の戦死後, イギリス軍人［ 15 ］が指揮をとった。1864 年, 南京が陥落し, 太平天国は滅亡した。

〔語群〕

あ．ウォード　**い**．ゴードン　**う**．ハリス　**え**．マカートニー
お．威海衛　**か**．厦門　**き**．金田村　**く**．均輸平準　**け**．虎門寨
こ．洪秀全　**さ**．黄埔　**し**．康有為　**す**．崔済愚　**せ**．曾国藩
そ．拝上帝会　**た**．大帝　**ち**．大都　**つ**．天王　**て**．天京
と．天地会　**な**．天朝田畝　**に**．捻軍　**ぬ**．八旗　**ね**．反清復明
の．扶清滅洋　**は**．府兵　**ひ**．平英団　**ふ**．奉天　**へ**．望厦
ほ．滅満興漢　**ま**．林則徐　**み**．淮軍

□ **1B** **次の文章の［　　］に入る最も適当な語句を下記の語群から選べ。**（駒澤大・改）

清の正規軍は太平天国に対抗できず，これと戦ったのは漢人官僚たちが郷里で組織した義勇軍だった。曾国藩の［ 1 ］軍，李鴻章の［ 2 ］軍などが有名である。列強は初め中立的な立場をとっていたが，1860年［ 3 ］条約が調印されると，清の支援に転じ，アメリカ人の［ 4 ］，ついでイギリス人の［ 5 ］に率いられた常勝軍などが清に協力して，太平天国を破った。［ 6 ］帝が死んで幼い［ 7 ］帝が即位すると，生母の西太后が［ 8 ］首席の恭親王と結んで政治の実権を握った。［ 8 ］は外国公使に対応するために新設された官庁である。この時期は内政が一時的に安定したため，［ 7 ］の中興と称される。曾国藩，李鴻章ら［ 9 ］派の官僚たちは西洋の科学技術を導入して，富国強兵を図った。これを［ 9 ］運動といい，この結果，官営もしくは官督商弁の軍需工場，汽船会社などが設立され，鉱山開発や電信事業なども始まった。しかし，西洋文明に対する関心は低く，その成果である科学技術を利用しようとしただけで，国家・社会の根本的な変革をめざすものではなかった。このような思想を［ 10 ］といい，［ 9 ］派の基本的な立場であった。従来，東アジアの国際秩序は中国を中心とする［ 11 ］体制によって維持されていたが，［ 12 ］戦争によってベトナムがフランス，日清戦争によって朝鮮半島が日本の勢力下に入った。対外戦争の相継ぐ敗北の中，日本の明治維新にならい，改革をめざす変法派が台頭する。その代表は公羊学者の康有為であり，かれは立憲君主制への移行を唱え，［ 13 ］帝を説得して政治の主導権を握った。しかし，保守派が西太后と結んでクーデタを起こすと，改革はわずか3か月余りで挫折する。［ 13 ］帝は幽閉され，康有為や［ 14 ］らは日本に亡命した。干支に因み，康有為らの改革を［ 15 ］の変法，保守派の反動を［ 15 ］の政変という。

〔語群〕

あ．アロー　**い**．ウォード　**う**．グラッドストン　**え**．ゴードン
お．スタンリー　**か**．仇教　**き**．咸豊　**く**．甲午　**け**．光緒
こ．左宗棠　**さ**．事大　**し**．湘　**す**．辛丑　**せ**．清仏
そ．総理衙門　**た**．尊王攘夷　**ち**．中越　**つ**．中書省
て．中体西用　**と**．朝貢　**な**．同治　**に**．南京　**ぬ**．扶清滅洋
ね．汴　**の**．戊戌　**は**．北京　**ひ**．北洋　**ふ**．洋務　**へ**．李大釗
ほ．理藩院　**ま**．梁啓超　**み**．淮

第3章　一体化へ進む世界と反動

STEP 2 実戦レベル

2 次の文を読み，下記の問いに答えよ。 (法政大・改)

18世紀後半，清朝は外国貿易においては貿易港を[A]一港に限定するなど厳しい制限を設けたが，19世紀になると門戸開放を迫る欧米諸国による軍事的外圧が激化していった。1840年に勃発したアヘン戦争では，清はイギリスの圧倒的な軍事力の前に惨敗し，南京条約で[A]など五港の開港を認め，次いで1856年に[A]で起きたアロー号事件に端を発する英仏連合軍との(1)アロー戦争にも敗北すると，沿岸開港場の増加要求を受けて新たに十港を開放し，1860年には[B]も追加で開港することが決められた。

その間，国内では十年の長きにわたって(2)太平天国による反乱が続き，またそれと呼応するように各地で連鎖的に反乱が起こり，度重なる内憂外患で国力は疲弊した。これらの反乱が鎮圧されると，(a)社会も外交も一時的に安定を取り戻し，富国強兵と経済再建を目指す(b)洋務運動が推進された。その後，変法派が現れて保守的な洋務運動を批判し，急進的な政治改革の必要性を訴えて実行に移したが，(c)西太后を中心とする保守派の武力弾圧により，その改革はあえなく頓挫した。20世紀に入り，清朝の改革は(3)光緒新政として実行されたが，既に遅きに失し，清朝打倒の気運が高まる中，1911年10月10日，湖北省[C]での新軍の蜂起に端を発した辛亥革命によって，清の統治は終結を迎えた。

□ **問1.** 文中の空欄[A]～[C]に入る最も適切な語句を，下記の語群からそれぞれ一つ選べ。

〔語群〕

1. 上海　**2.** 寧波　**3.** 南京　**4.** 香港　**5.** 大連　**6.** 天津
7. 広州　**8.** 盛京　**9.** 福州　**10.** 武昌　**11.** 厦門　**12.** 旅順

□ **問2.** 下線部(1)について，アロー戦争に関する記述として間違っているものを，以下の**a**～**d**から一つ選べ。

a．恭親王奕訢はアロー戦争の事後処理を担当し，総理各国事務衙門の創設にも努め自らその主席となった。

b．天津条約の批准書交換の際に再び戦争となり，改めて北京条約が結ばれた。

c．北京を占領した英仏連合軍は，円明園を徹底的に破壊し，略奪を行った。

d．戦後，北京の公使館区域防衛のための駐兵権，外国人の内地旅行の自由化などが認められた。

□ **問 3.** 下線部(2)について，太平天国に関する記述として正しいものを，以下の **a** ～ **d** から一つ選べ。

a．1853 年に南京を占領すると，平京と改称して都とし，天朝田畝制度，租税の軽減，辮髪や纏足を禁止する政策を打ち立てた。

b．清の正規軍だけでは反乱の鎮圧はかなわず，湘軍や淮軍などの郷勇やゴードン率いる常勝軍が鎮圧において重要な役割を果たした。

c．西洋の宗教の影響を受けて組織された宗教結社である拝上帝会を中心に樹立され，「滅洋興漢」をスローガンにして民衆の支持を集めた。

d．弥勒仏が救世主として現れる下生信仰と結びついて大きな勢力となった白蓮教が樹立し，「弥勒下生」を唱えて貧困農民の支持を集めた。

□ **問 4.** 下線部(3)について，光緒新政の内容に関する記述として正しいものを，以下の **a** ～ **d** から一つ選べ。

a．1905 年，科挙を廃止した。

b．1908 年，8 年以内の憲法制定と国会開設を公約した。

c．フランス共和国憲法を模範にした憲法大綱を発表した。

d．「中体西用」にもとづく立憲君主制を樹立した。

□ **問 5.** 下線部(a)について，内政・外交の小康期であるこの時代の治世を何と呼ぶか。記入せよ。

□ **問 6.** 下線部(b)について，洋務運動は漢人官僚が主導となって推進したが，そのうちの一人は淮軍を組織した人物でもある。この人物の名前を記入せよ。

□ **問 7.** 下線部(c)について，西太后とともに戊戌の変法を弾圧したある人物は，日清戦争後には新軍（新建陸軍）の整備にも携わり，やがて清朝最大の実力者となった。この人物の名前を記入せよ。

32 ｜ 中国の植民地化（アヘン戦争～辛亥革命）　解答・解説

1A 1 ま　2 へ　3 さ　4 ほ　5 こ　6 そ　7 き　8 つ
9 て　10 な　11 ぬ　12 せ　13 み　14 あ　15 い

1B 1 し　2 み　3 は　4 い　5 え　6 き　7 な　8 そ
9 ふ　10 て　11 と　12 せ　13 け　14 ま　15 の

解説 **1A** **1** －**林則徐**は**道光帝**によって**欽差大臣**に任命され，**広州**でのアヘン密輸を厳しく取り締まった。これを口実にアヘン戦争（1840～42）を強行したイギリス外相は，自由党の**パーマストン**。1842年の**南京条約**では，**上海・寧波・福州・厦門・広州**の**5港**が開港され，広州での貿易業務を独占していた**公行**（**特許商人集団**）が廃止されたほか，**香港島**が**イギリス**に**割譲**され，**賠償金**の支払いを課された。その後，イギリスは1843年の**五港（五口）通商章程**で**領事裁判権**を，同年の**虎門寨追加条約**で清から関税自主権を奪い，イギリスに対する**片務的な最恵国待遇**を認めさせ，開港場での土地租借も承認させた。これにより開港場には**外国人居留地**が形成され，1845年には**上海**に**イギリス租界**が成立した。

2・3 －**アメリカ**の**望厦条約**と**フランス**の**黄埔条約**は南京条約などに準じた条約。

4・5・6・7・8・9・10 －**洪秀全**は**キリスト教**的宗教結社である**拝上帝会**を組織し，アヘン戦争後の社会不安を背景に**広西省金田村**で挙兵。満州人の王朝である清を倒し，漢民族国家の再興をめざす「**滅満興漢**」をかかげて**太平天国の乱**（1851～64）を起こした。**天王**と称した洪秀全は，**南京**を**天京**と改称して太平天国の都とする一方，**辮髪**や**纏足**などの**悪習撤廃**，**土地均分**，**男女平等**，**租税軽減**などの政策を打ち出したが，土地均分の一環として発布された**天朝田畝制度**は実施には至らなかった。

11・12・13・14・15 －清の正規軍である**八旗**と，治安維持などに当たる**緑営**は腐敗と弱体化で機能せず，**地方官僚**が指揮する**郷勇**などの**義勇軍**が活躍。**曾国藩**は湖南省で**湘軍**を，**李鴻章**は安徽省で**淮軍**を，**左宗棠**は湖南省で**楚軍**を組織した。またアメリカ人の**ウォード**から**常勝軍**を引き継いだイギリス軍人の**ゴードン**は，その後，スーダンで起こった**マフディー運動**（1881～98）での戦闘中に戦死した。

1B **1・2・4・5** －**1A**の解説参照。

3・6・7・8 －**北京条約**（1860）はアロー戦争（1856～60）の最終**講和**条約。アロー戦争は**アロー号事件**や**フランス人宣教師殺害事件**を口実に，対中国貿易の拡大をめざして**イギリス・フランス**が仕掛けた戦争。1858年の**天津条約**の**批准**が清軍による英仏使節団への攻撃で流れると，英仏連合軍は**北京**を占領。天津条約の内容に追加条項を加えた**北京条約**が結ばれた（▶精講 32-1）。北京条約の締結時の清皇帝は**咸豊帝**（**西太后**の夫で**同治帝**の父）。この条約で**外国公使の北京常駐**が認められ，ヨーロッパ流の対等外交を義務づけられた清は，1861年に**外交事務官庁**である**総理衙門**（**総理各国事務衙門**）を設立し，その首席に**恭親王**（咸豊帝の弟）が就任した。

9・10 －**洋務運動**は西洋の軍事技術を導入する**近代化運動**。同治の中興と呼ばれる同治帝の時代（1861～75）の政治的安定期に進められたが，それはあくまで技術面のみの近代化であり，**儒教思想に基づく皇帝専制**という中国伝統の支配体制には手を加えないことを前提とした。これを示す基本理念が「**中体西用**」である。

11・12・13・14・15 －**清仏戦争**（1884～85）後の**天津条約**でベトナムの宗主権を失い，**日清戦争**（1894～95）後の**下関条約**で朝鮮の宗主権を失うなど，**朝貢体制（冊封体制）**が崩れるなか，洋務運動の限界を痛感した清では，**列強の中国分割**（▶精講 32-2）が激しさを増す1898年，**光緒帝**の信任を得た**公羊学派**の**康有為**や**梁啓超**を中心に**日本**の**明治維新**にならって**立憲君主制の樹立**をめざす**戊戌の変法**が試みられた。しかし，西太后を中心に**袁世凱**などの保守派が起こした**戊戌の政変**で運動は挫折し，光緒帝は**幽閉**され，康有為や梁啓超は日本への**亡命**を余儀なくされた。その後の清は，「扶清滅洋」を掲げる**義和団**の反乱に便乗して**義和団事件**（1900～01）を起こし，**日本・ロシア**を主力とする**8カ国共同出兵**を招いて敗北。1901年の**北京議定書**（**辛丑和約**）で**外国軍隊の北京駐兵権**を認めさせられることになった。

精講 32-1 北京条約（1860）

- 天津条約（1858）の内容確認
  →**南京など10港開港**，**外国人の内地旅行の自由**，**外国公使の北京常駐**，
  キリスト教布教の自由，**アヘン貿易の公認**（条約とは別の通商交渉で決定）
- 天津の開港（**天津条約**と合わせて**11港**を開港）
- **九竜半島南部**の**イギリス**への割譲
- **賠償金**の増額（天津条約の600万両から800万両に増額）

焦点　アロー戦争の最終講和条約である北京条約は，アヘン戦争時の講和条約である南京条約と合わせて，その内容を必ず確認しておこう。

第3章　一体化へ進む世界と反動

精講 32-2 列強の中国分割（1895～1900）

ロシア	**露仏独**の三国干渉（1895）…清への遼東半島の返還を**日本**に迫る **東清鉄道**敷設権の獲得（1896）…**シベリア鉄道**の支線 **旅順**・**大連**を租借（1898）…**中国東北地方**に進出
ドイツ	膠州湾を租借（1898）…**青島**を建設し，**山東省**に進出
イギリス	威海衛・九竜半島を租借（1898）…**長江流域**に進出
日本	福建省不割譲条約を締結（1898）…事実上，**福建省**に進出
フランス	広州湾を租借（1899）…**広東**・**広西**・**雲南省**に進出
アメリカ	国務長官ジョン＝ヘイの門戸開放宣言（1899，1900） 門戸開放・機会均等（1899），領土保全（1900）を提唱

2 問1 A 7 B 6 C 10 問2 d 問3 b 問4 a
問5 同治の中興 問6 李鴻章 問7 袁世凱

解説 問1 A・B－1A 1Bの解説参照。C－清の幹線鉄道国有化宣言に対して，民族資本を中心に鉄道民営化などの**利権回収運動**を進めていた四川で暴動が発生すると，その鎮圧を命じられた武昌の**新軍（湖北新軍）**の**革命派**が1911年に武装蜂起し，**辛亥革命**（1911～12）が勃発した。1912年には**南京**を首都に**中華民国**の建国が宣言され，**孫文**が**臨時大総統**に就任。孫文と密約を交わした**袁世凱**（清朝最大の実力者で，**北洋軍**の指揮官）が**宣統帝**（溥儀）を退位させて**清**は滅亡した。その後，密約に従って臨時大総統に就任した**袁世凱**が**北京政府**を樹立して独裁政治に走ると，革命勢力は**第二革命**（1913），**第三革命**（1915）と2度の革命を起こして抵抗した。袁世凱死後の中国では，**軍閥政権**が北京政府を支配する混乱の時代が続いた。

やや難 **問2**－北京の公使館区域防衛のための駐兵権が認められたのは，義和団事件後の**北京議定書（辛丑和約）**。

問3 a－「平京」ではなく「**天京**」。c－「滅洋興漢」ではなく「**滅満興漢**」。d－

清の乾隆帝の退位後に起こった白蓮教徒の乱（1796～1804）の説明。

難 **問4** **b**－「**8年以内**」ではなく「**9年以内**」。ただし，正誤の判断は難。**c**－「**フランス共和国憲法**」ではなく「**日本の明治憲法**」。**d**－「**中体西用**」は**洋務運動**の基本理念。光緒新政では，軍機処の廃止と責任内閣制の導入なども提唱された。

問5・問6－**1A** **1B**の解説参照。

問7－**2**の解説参照。

第3章 一体化へ進む世界と反動

精講 32-3 その他の基礎用語

・マカートニー…中国からの**茶の輸入超過**に苦しんだ**イギリス**が18世紀末に中国に派遣した特使。清の**乾隆帝**に制限貿易の撤回を求めたが聞き入れられなかった。19世紀前半には**アマースト**が派遣されたが，**嘉慶帝**との謁見すらかなわず，イギリスはインド・中国間での**アヘン密貿易**によって貿易赤字の解消をめざし，**三角貿易**を展開した。

・捻軍…塩の密売集団を中心とした武装集団。**太平天国の乱**に呼応して各地で反乱を起こした。

・アイグン条約（1858）…東シベリア総督の**ムラヴィヨフ**が締結したロシアと清の国境条約。ロシアは**黒竜江（アムール川）以北**を獲得し，**ウスリー川以東（沿海州）**を清との共同管理地とした。

・北京条約（1860）…東シベリア総督の**ムラヴィヨフ**が締結したロシアと清の国境条約。**アロー戦争**の**北京条約**を斡旋した見返りとして結ばれた。ロシアは**ウスリー川以東**を獲得し，その南端に極東の拠点となる**ウラジヴォストーク**を開港した。

・樺太・千島交換条約（1875）…**ロシア**と**日本**との国境条約。樺太と千島の領有権を整理し，**樺太はロシア領**，**千島列島は日本領**とすることが決められた。

・イリ条約（1881）…**イリ事件**を解決した露清間の国境条約。**イスラーム教徒の反乱**を機にロシアが占領していた**イリ地方**を清に返還した。ロシアはこの条約で**中央アジア**における国境を有利に改定した。

・下関条約（1895）…**日清戦争**の講和条約。清は**朝鮮の独立**を承認し，**遼東半島・台湾・澎湖諸島**を日本に割譲。2億両の**賠償金**を日本に支払うことを約束した。

・中国同盟会（1905）…**興中会**を組織していた**孫文**が，**日露戦争**での**日本勝利**の影響下に諸派を結集して**日本の東京**で結成した革命団体。**民族の独立・民権の伸張・民生の安定**からなる**三民主義**を提唱した。

第4章 地球世界の形成と混迷

33 帝国主義時代の欧米諸国

STEP 1 基本レベル

1A 次の文章を読んで，下記の問いに答えよ。 (青山学院大・改)

19世紀の半ばには，イギリスは繁栄の絶頂にあった。（ A ）女王治下の1851年には，（ B ）で万国博覧会が開かれた。1860年代には，保守党・自由党の二大政党が交替して政権を担当し，典型的な議会政党政治が成立した。保守党・自由党とも，植民地支配の拡大を強化して帝国を発展させるという政策では共通しており，保守党の（ C ）は1877年にインド帝国を成立させ，自由党の（ D ）は1882年にエジプトを事実上の保護国とした。1870年には国民意識を労働者階級にまで広げる目的で（ E ）法が制定され，1871年の労働組合法によって労働組合が合法化されて体制内への労働大衆の組み込みがすすめられた。その一方，19世紀初頭に併合された（ F ）では生活が苦しく，1880年代以降に提出された（ F ）自治法案は議会を通過せず，問題は未解決のままとなった。この法案に反対して1886年に自由党を分裂させた（ G ）は，1895年には植民相として保守党内閣に加わった。

☐ **問1.** 空欄（ A ）に入る語として正しいものを，選択肢から一つ選べ。
①ヴィクトリア　②エリザベス　③アン　④メアリー

☐ **問2.** 空欄（ B ）に入る語として正しいものを，選択肢から一つ選べ。
①マンチェスター　②ロンドン　③リヴァプール　④オクスフォード

☐ **問3.** 空欄（ C ）に入る人名として正しいものを，選択肢から一つ選べ。
①チェンバレン　②ウォルポール　③ディズレーリ
④ピール　⑤チャーチル　⑥グラッドストン

☐ **問4.** 空欄（ D ）に入る人名として正しいものを，選択肢から一つ選べ。
①チェンバレン　②ウォルポール　③ディズレーリ
④ピール　⑤チャーチル　⑥グラッドストン

☐ **問5.** 空欄（ E ）に入る語として正しいものを，選択肢から一つ選べ。
①教育　②識字　③国民　④道徳

☐ **問6.** 空欄（ F ）に入る語として正しいものを，選択肢から一つ選べ。
①スコットランド　②ブリテン　③イングランド　④アイルランド

□ **問 7.** 空欄（ G ）に入る人名として正しいものを，選択肢から一つ選べ。
①ジョゼフ＝チェンバレン ②ウォルポール ③ディズレーリ
④ピール ⑤チャーチル ⑥グラッドストン

□ **1B 次の文章を読み，(1)～(5)の設問について〔 〕内の語句から最も適切と思われるものを選べ。** (学習院大・改)

最後のロシア皇帝（ツァーリ）は(1)〔①アレクサンドル２世 ②ピョートル２世 ③フリードリヒ２世 ④ニコライ２世〕である。先代，先々代の例に学んだ(1)の父は，一方で革命運動を抑圧しながら，他方では国内諸階層に配慮しつつ政情の安定化につとめた。また，露仏同盟を結んで従来の外交政策を転換させるとともに，(2)〔①リヴォフ ②ウィッテ ③プレーヴェ ④ストルイピン〕を蔵相に登用して工業化を急ごうとした。

父の病没を受け26歳で皇帝となった(1)の治世は，激動，激変の連続であった。日清戦争に勝利した日本にたいし，(2)の主導のもと三国干渉をおこなって遼東半島租借への足掛かりとしたが，これによって，日露関係は悪化し，やがて日露戦争の勃発につながった。1904年にはじまった日露戦争は，旅順要塞を陥落させるなど，日本優位のうちに推移したが，翌年，ロシアの首都ペテルブルクでは，司祭(3)〔①ガポン ②プガチョフ ③ジノヴィエフ ④ラスプーチン〕に率いられた労働者，民衆が，皇帝へ請願書を渡すべく冬宮（王宮）へ向かって行進し，これに軍隊が発砲して多数の死者を出す血の日曜日事件がおこった。こうした国内情勢のため，ロシアに戦局を転換させる余力はなく，セオドア＝ローズヴェルトの仲介にのって講和会議が開かれ，(2)がロシアの全権代表をつとめた。その結果，(4)〔①下関 ②サンフランシスコ ③ワシントン ④ポーツマス〕条約が締結された。条約締結の直後，(1)は，十月宣言（十月詔書）を出してドゥーマ（国会）開設などを約束し，また，土地改革を実施して，共同体の解体，自作農の育成をはかった。

ロシアの革命運動や労働運動は，第一次世界大戦の勃発を機に，大きな盛り上がりを見せるようになった。オーストリア＝ハンガリー帝国，オスマン帝国をはじめ，列強の利害が交錯するバルカン半島には，多数のスラヴ系住民が居住しており，ロシアにとっても重大な関心を寄せるべき地域であった。そのバルカンのサライェヴォで，1914年6月28日，(5)〔①ボスニア ②マケドニア ③セルビア ④ブルガリア〕人の民族主義者によってオーストリア帝位継承者が暗殺された。このとき，長期にわたるヨーロッパ規模の大戦争がおこると考えた者はほとんどいなかったはずである。

STEP 2 実戦レベル

2 以下の19世紀後半から20世紀初頭の欧米列強に関する文章を読んで,〔設問1〕～〔設問6〕に答えよ。 (専修大・改)

産業革命をいちはやく経験したイギリスは,「世界の工場」と呼ばれていたが,1870年代にはその勢いが衰えはじめており，それ以降は資本力を使って国力を示していくことになる。その口火を切ったのは(1)ディズレーリである。1875年にイギリスは，その指導の下でロンドンのロスチャイルド家の援助を得て,地中海と紅海をつなぐスエズ運河の経営に大きな発言権を握った。これにより,イギリスはインドへの道を確保する。すでに東インド会社がインドには進出していたが，大反乱を期に1858年に同会社は解散され，1877年にはヴィクトリア女王がインド皇帝に即位してインド帝国と称する植民地が正式に成立することとなった。一方,イギリスはエジプトにもさらに強く干渉していくようになった。エジプトでは外国資本による支配強化に反発して1881年から1882年にかけて(2)武装蜂起がおこり，これを機に単独出兵したイギリスがエジプトを保護国化していく。その後，イギリスは(3)南アフリカ戦争を経て，1910年には南アフリカ連邦を自治領とすることに成功した。

フランスでは(4)第三共和政が1870年から第二次世界大戦期まで存続する。1875年には第三共和国憲法が成立し,(5)国内では民主的機運が促進されつつも,小党分立や対独復讐熱など,不安定な面もあった。対外的には,1870年代以降,ビスマルクの外交政策による影響で国際的に孤立状態にあったが，1890年代になるとロシアと同盟を結び，孤立状態を解消した。さらに，1904年には英仏協商を締結し,イギリスがエジプトに優越権をもつことを承認する代わりに,フランスがモロッコに優越権をもつことをイギリスが支持することになる。これを機に，イギリスの支援を得てタンジール事件やアガディール事件を制したフランスがモロッコの大半を1912年に保護国化した。

アメリカもまた，西部開拓がほぼ終了すると，対外進出に乗り出し，1889年に各国からの代表者を[6]に集めて第1回パン＝アメリカ会議を開いた。

□**〔設問1〕** 下線部(1)に関連して，ディズレーリについて説明する記述として誤っているものはどれか。もっとも適するものを次の①～④の中から一つ選べ。

①アイルランド自治法案を提出した。

②ロシアの南下政策を阻止しようとした。

③1874年にイギリスの首相に就任した。

④保守党の政治家である。

□〔設問2〕 下線部(2)に関連して，この大反乱あるいはその指導者について説明した記述として正しいものはどれか。もっとも適するものを次の①～④の中から一つ選べ。

①エジプトとリベリアに対する外国支配に対抗した。

②「エジプト人のためのエジプト」をスローガンとして唱えた。

③これが失敗に終わって，エジプト民族独立運動もついに幕を閉じた。

④イギリスのリヴィングストンが鎮圧した。

□〔設問3〕 下線部(3)に関連して，この戦争について説明する記述として誤っているものはどれか。もっとも適するものを次の①～④の中から一つ選べ。

①金鉱が1880年代に発見されていたトランスヴァール共和国は，この戦争でイギリスに敗れた。

②ブール人がゲリラ戦で激しく抵抗したこの戦争は，「ブール戦争」とも称される。

③イギリスは，この戦争で焦土作戦を使って，どうにか勝利し，人種差別を禁止した。

④ダイヤモンド鉱山が1860年代に発見されたオレンジ自由国は，この戦争でイギリスに降伏した。

□〔設問4〕 下線部(4)に関連して，この共和政の初代大統領は誰か。もっとも適するものを次の①～⑤の中から一つ選べ。

①ティエール　②ゾラ　③ポワンカレ　④クレマンソー　⑤レオン＝ブルム

□〔設問5〕 下線部(5)に関連して，第三共和政の時代の出来事として誤っているものはどれか。もっとも適するものを次の①～⑤の中から一つ選べ。

①ドレフュス事件　②ブーランジェ事件　③国立作業場の設置

④労働総同盟成立　⑤急進社会党結成

□〔設問6〕 空欄［ 6 ］に入る語句は何か。もっとも適するものを次の①～⑤の中から一つ選べ。

①ボストン　②ニューヨーク　③フィラディルフィア　④ワシントン

⑤マイアミ

33 帝国主義時代の欧米諸国 解答・解説

1A 問1 ① 問2 ② 問3 ③ 問4 ⑥
問5 ① 問6 ④ 問7 ①

1B (1) ④ (2) ② (3) ① (4) ④ (5) ③

解説 **1A** 問3・問4・問5・問6 − 精講 33-1を参照。

問7 − **植民相**のジョゼフ=チェンバレンは**南アフリカ戦争**（1899～1902）でトランスヴァール共和国とオレンジ自由国の２つの**ブール人国家**を征服した。

1B (1)・(2) − ロシア最後の皇帝ニコライ２世の父とは**アレクサンドル３世**のこと。アレクサンドル３世の下で蔵相となったウィッテは，**フランス資本**を投入してシベリア鉄道の建設を軸にロシアの工業化を進めた。

(3)・(4) − 日露戦争中の物資不足などを訴える**民衆デモ行進**（司祭**ガポン**の指導）をロシアの軍隊が弾圧した血の日曜日事件を機に，第１次ロシア革命（1905）が勃発した。労働者らはソヴィエト（評議会）を組織して革命を主導し，**ニコライ２世**は日露戦争の講和条約である**ポーツマス条約**を締結して帰国したウィッテを首相に指名し，**憲法制定**とドゥーマ（ロシア国会）の開設を約束する**十月宣言**を発布した。革命終結後に新首相となったストルイピンは**ミール解体**を行い，反対派を弾圧して専制政治を強化したが，ストルイピン自身が暗殺されるなど政治の混乱が続き，ロシアはバルカン半島への**南下政策**を強行することで国民の不満をそらそうとした。

(5) − **ボスニア**の州都サライェヴォで**セルビア人**の民族主義者が**オーストリア＝ハンガリー帝国**の帝位継承者**フランツ＝フェルディナントとその妻**を暗殺，**第一次世界大戦**（1914～18）が勃発した。

2 〔設問1〕 ① 〔設問2〕 ② 〔設問3〕 ③
〔設問4〕 ① 〔設問5〕 ③ 〔設問6〕 ④

解説

〔設問1〕 − **アイルランド自治法案**を提出したのは**自由党**のグラッドストン。

〔設問2〕 − ① −「リベリア」ではなく「**スーダン**」。③ − 民族独立運動はその後も**ワフド党**など第一次世界大戦後の民族主義政党に継承された。④ −「**リヴィングストン**」ではなく「**グラッドストン**」。

やや難 〔設問3〕 − イギリスはブール人を懐柔するため，南アフリカで圧倒的多数の黒人を差別するアパルトヘイト（**人種隔離政策**）を導入した。

〔設問 4〕－ゾラは**ドレフュス擁護運動**を展開した**自然主義**の文豪。**ポワンカレ**は第一次世界大戦時のフランス大統領で，大戦後に右派内閣を組織。クレマンソーは第一次世界大戦末期に挙国一致内閣を組織したフランス首相。レオン＝ブルムはフランスの人民戦線内閣（1936～38）の首相。

〔設問 5〕－「国立作業場の設置」は**第二共和政期**でのこと。

〔設問 6〕－パン＝アメリカ会議はその後も**アメリカ合衆国**の外交的指導下で定期的に開催され，1948年に米州機構（ＯＡＳ）に改変された。帝国主義時代のアメリカ合衆国を代表する大統領とその政策については，精講 33-2 を参照。

精講 33-1 帝国主義時代のイギリス首相

ディズレーリ（保守党）	1875年に**ユダヤ系**の**ロスチャイルド家**からの資金調達によってスエズ運河会社の株買収に成功し，1877年にインド帝国を成立させたほか，1878年には**ロシア＝トルコ（露土）戦争**後の**ベルリン会議**に出席して**トルコ領**キプロス島の**管理権**を獲得した。
グラッドストン（自由党）	1870年の教育法では義務教育の導入に向けて公立学校を増設し，1871年の労働組合法では労働組合が合法化された。また1884年の第３回選挙法改正では**農業・鉱山労働者**に選挙権を拡大。1870年のアイルランド土地法ではアイルランド人の小作権を保障したが，アイルランド自治法案は1886年と1893年の２度提出したものの，不成立に終わった。

焦点　ヴィクトリア女王時代のイギリス二大政党政治を代表する政治家，ディズレーリ（保守党）とグラッドストン（自由党）については，その在任期間中の諸政策を必ず確認しておこう。

精講 33-2 帝国主義時代のアメリカ大統領

マッキンリー (任 1897 ～ 1901)	**共和党**。**キューバ独立運動**を支援してアメリカ=スペイン（米西(べいせい)）戦争（1898）に勝利し，**パリ条約**でプエルトリコ・グアム・フィリピンを獲得。1901 年には独立後のキューバ憲法にプラット条項を付記し，キューバを事実上の保護国とした。その他，米西戦争中の 1898 年に**ハワイ**を併合(へいごう)し，1899 年・1900 年には国務長官**ジョン=ヘイ**の門戸開放(もんこかいほう)宣言によって列強の中国分割に参入した。
セオドア =ローズヴェルト (任 1901 ～ 09)	**共和党**。カリブ海政策を推進し，軍事力を背景とした棍棒(こんぼう)外交を展開。**コロンビア**からのパナマの独立を支援し，**パナマ共和国**からパナマ運河の工事権・運河地帯の永久租借権(そしゃくけん)を獲得。また**日露(にちろ)戦争**の講和(こうわ)条約であるポーツマス条約 (1905) の締結を仲介した。国内的には革新主義の時代を背景に独占資本の規制に乗り出し，**反トラスト法**を発動した。
タフト (任 1909 ～ 13)	**共和党**。**ドル外交**（アメリカ資本の貸付など経済的・金融的手段を活用した外交政策）を行った。
ウッドロー =ウィルソン (任 1913 ～ 21)	**民主党**。**反トラスト法**を制定して国民生活の公正化をはかる一方，宣教師(せんきょうし)外交を展開して**ラテンアメリカ諸国**にアメリカ的自由主義の受け入れを迫った。1917 年には**第一次世界大戦**に連合国側で参戦し，1918 年に十四カ条を発表した。

精講 33-3 その他の基礎用語

・「世界の銀行」…ロンドンの金融街**シティ**を中心に繁栄を維持した19世紀末以降のイギリスの地位を表した言葉。イギリスは1880年代から20世紀初めにかけて**工業力**で**アメリカ合衆国**と**ドイツ**に相次いで抜かれ**「世界の工場」**としての地位を失うが，**金融・保険・海運**などのサービス業でこれを補塡（ほてん）した。

・イギリスの自治領…**自治権**を与えられた**白人系植民地**（しょくみんち）。自治権を与えられた順に**カナダ連邦**(1867)，**オーストラリア連邦**(1901)，**ニュージーランド**(1907)，**南アフリカ連邦**（1910）など。

・シン＝フェイン党…1905年に結成された**アイルランド**の民族主義政党。1914年制定の**アイルランド自治法**の実施延期に反対し，第一次世界大戦中の1916年にその急進派が**イースター蜂起**（ほうき）を起こした。

・ブーランジェ事件（1887～89）…フランス将軍**ブーランジェ**を支持する反議会勢力が起こした反政府運動。

・ドレフュス事件（1894～99）…**ユダヤ系**フランス人の**ドレフュス大尉**（たいい）に対するドイツ・スパイ嫌疑をめぐる冤罪（えんざい）事件。その背後には**反ユダヤ主義**の高まりがあり，真犯人発覚後もドレフュスを釈放しようとしない軍部への批判が高まった。

・政教分離法（1905）…**カトリック教会**の政治介入を排除するフランスの法。

・「世界政策」…ドイツ皇帝（こうてい）**ヴィルヘルム２世**が提唱した帝国主義政策。**海軍の大拡張**をはかり，**イギリス**との**建艦競争**（けんかん）を招いた。

・アメリカ合衆国の独占資本（トラスト）…**ロックフェラー**（スタンダード石油を創業した石油王），カーネギー（鉄鋼（てっこう）王と称された独占資本），モルガン（鉄鋼・鉄道・金融を手掛けた独占資本）などが有名。

34 第一次世界大戦とヴェルサイユ体制

STEP 1 基本レベル

1A 次の文を読み，下記の問いに答えよ。 (法政大・改)

1919年に戦勝国によってパリで開催された講和会議は，その前年に[1]党出身のアメリカ大統領[A]が提案した十四カ条に基づいて行われた。この会議で話し合われた内容に基づいて連合国側とドイツやその他の同盟国側の国々との間で講和条約が調印された。ドイツとの間で結ばれたヴェルサイユ条約では，アルザス・ロレーヌは[B]に返還され，ドイツと東プロイセンとの間の地域は[C]に編入されることとなった。また，軍備面での条項および賠償についての条項が存在した。

また，この講和会議での議論に基づいて，翌1920年には国際連盟が創設された。国際連盟は発足当時，イギリス，フランス，[D]，そして日本が常任理事国であった。当初，アメリカ合衆国も常任理事国となる予定であったが，アメリカは上院においてこの講和条約の批准ができず，国際連盟への加入ができなかった。この背景には[2]と呼ばれるモンロー宣言以来の主張がある。国際連盟には最高議決機関である総会，また常任理事国と非常任理事国から構成される理事会などがあった。総会は国際連盟の最高機関であり，決定に当たっては[3]を原則とした。

[A]の後を受けた[4]党の[E]大統領は国際連盟への加入には反対したが，ワシントン会議などを開催するとともに，国際的な経済の拡大のためにいくつかの政策を採用した。

この時代のアメリカ社会にはいくつかの特徴がみられる。第一次世界大戦は女性の社会進出を促した。このことは女性参政権の実現にも寄与した。しかしながら，同時にこの時期はアメリカで伝統的な白人社会の価値観が浸透した。アメリカでは建国以来，同国の支配的な地位にいるとみなされてきた人々を[5]とよぶ。また，人種差別的な秘密結社である[6]が勢力を拡大した。1921年及び1924年には移民法が改正され，中国や日本といったアジアの国々からの移民は禁止された。

同時期に，イギリスでは，パリで開かれた講和会議にイギリスの代表として出席した[F]の下で選挙法の改正が行われた。また，懸案のアイルランド問題では，1918年に行われた総選挙で[7]党が勝利し，1922年にはイギリス連邦内の自治領としてアイルランド自由国が承認されることになった。

□ **問 1.** 文中の空欄[1]～[7]に入る最も適切な語句を，下記の語群からそれぞれ一つ選べ。

〔語群〕 **1.** アパルトヘイト　**2.** 貴族　**3.** 共和
4. クー＝クラックス＝クラン　**5.** クシャトリヤ　**6.** 孤立主義
7. 産業資本家　**8.** 自由　**9.** 修正主義　**10.** 集団的自衛権
11. シン＝フェイン　**12.** 人民　**13.** 全会一致　**14.** 多数決
15. ノーメンクラトゥーラ　**16.** フリーメーソン　**17.** 民主
18. レッセ＝フェール　**19.** ワスプ

□ **問 2.** 文中の空欄[A]～[F]に入る最も適切な人名または国名を，下記の語群からそれぞれ一つ選べ。

〔語群〕 **1.** イタリア　**2.** ウィルソン　**3.** グラッドストン
4. クーリッジ　**5.** ダービー　**6.** 中国　**7.** ドレフュス
8. ハーディング　**9.** フーヴァー　**10.** フランス　**11.** ポーランド
12. マクドナルド　**13.** ユーゴスラヴィア　**14.** ロイド＝ジョージ

1B つぎの文を読み，下記の問いに答えよ。 (法政大・改)

第一次世界大戦下のロシア帝国では都市の食糧不足状況が強まり，二月革命を招来した。この状況は，自由主義政党の[1]，ナロードニキ系の[2]，マルクス主義系の[3]が加わった臨時政府にも引き継がれた。しかし，臨時政府はこの課題に対応できず，十月革命が起こった。こうしてマルクス主義系の別組織である[4]を中心とする社会主義政権が誕生した。その後単独政権となった[4]政府は，1918年初夏から穀物の強制徴発に着手する。[5]と呼ばれるこの政策は，農村を敵に回し，諸国の干渉戦争を招来した。内戦終結後，当時の最高指導者は政策を転換し，部分的に市場経済を認める[6]をとった。しかし，1920年代後半には五カ年計画が採用され，農民は旧農村を基盤に共同経営を行う[7]に強制的に組織され，国家管理下に置かれた。

□ **問**. 文章の空欄[1]～[7]に入る最も適切な語句を，**語群**から一つ選べ。

〔語群〕 **1.** 右翼党　**2.** オクチャブリスト　**3.** 共産主義　**4.** 君主党
5. 国民党　**6.** 国家介入策　**7.** 国家主義　**8.** コルホーズ
9. 資本主義　**10.** 社会革命党　**11.** 社会主義　**12.** 自由化政策
13. 新経済政策（ネップ）　**14.** 新自由主義　**15.** 人民党
16. 戦時共産主義　**17.** ソフホーズ　**18.** ボリシェヴィキ
19. メンシェヴィキ　**20.** 立憲民主党

STEP 2 実戦レベル

2 次の文章を読み，下記の問いに答えよ。 (明治大・改)

植民地獲得競争を通じて列強は，大きく2つの陣営に分かれることとなり，直接的には，ボスニアのサライェヴォで起きたオーストリア帝位継承者夫妻暗殺事件を契機として，同盟国側と協商国側の間に(a)第一次世界大戦が勃発した。

大戦は協商国側の勝利に終わり，1919年1月にパリ講和会議が開かれた。アメリカのウィルソン大統領は，1918年に(b)十四カ条の原則を提唱し，講和会議をリードすると思われた。しかし，同じく戦勝国であるフランスやイギリスの思惑もあり，十四カ条の原則は部分的にしか実現しなかった。(c)対ドイツの講和条約であるヴェルサイユ条約は，巨額の賠償金を課すなどドイツに対してきわめて過酷であった。

第一次世界大戦後，(d)西洋諸国の国内事情とそれらを取り巻く国際関係は大きく変容した。その中で台頭したのがアメリカである。戦争による被害をほとんど受けなかった(e)アメリカは，「黄金の20年代」と呼ばれる繁栄の時代を享受した。アメリカは1920年代の国際関係においても中心的な役割を担った。アメリカは国際連盟には参加しなかったものの，［(ア)］大統領がワシントン会議の開催を提唱し，アジア太平洋地域においてワシントン体制と呼ばれる国際秩序を成立させた。1928年には米仏外相の主導で不戦条約が締結され，戦争そのものが違法とされた。さらにドーズ案やヤング案によって，アメリカはドイツの賠償金支払いの軽減にも大きな役割を果たした。

□ **問1.** 下線部(a)について，大戦中の出来事を古い順に並べたものとして，最も適切なものを一つ選べ。

(あ) アメリカが，協商国（連合国）側にたって参戦した。

(い) ソヴィエト政権が，ドイツと単独講和を結んだ。

(う) ドイツが，無制限潜水艦作戦を開始した。

(え) 仏英軍が，マルヌの戦いでドイツ軍の侵攻を食い止めた。

A. (え)→(う)→(あ)→(い)　**B**. (う)→(え)→(い)→(あ)

C. (え)→(い)→(う)→(あ)　**D**. (う)→(あ)→(え)→(い)

□ **問2.** 下線部(b)の内容として誤っているものを一つ選べ。

A. 秘密外交の禁止　**B**. 海洋の自由

C. 無併合・無償金　**D**. 国際平和機構の設置

□ **問 3.** 下線部(c)に関連して，第一次世界大戦の講和条約はドイツ以外の敗戦諸国とも締結されたが，その組み合わせとして誤っているものを一つ選べ。

A．オーストリア ― サン＝ジェルマン条約

B．ハンガリー ― トリアノン条約

C．ブルガリア ― ヌイイ条約

D．オスマン帝国 ― ローザンヌ条約

□ **問 4.** 空欄(ア)に入る最も適切な人物を一人選べ。

A．タフト　**B**．フーヴァー　**C**．ハーディング　**D**．クーリッジ

□ **問 5.** 下線部(d)に関連して，1920 年代の西欧諸国の動向として最も適切なものを一つ選べ。

A．ドイツは，ロカルノ条約調印の翌年に国際連盟に加盟した。

B．アイルランドは，イギリス連邦を離脱した。

C．イタリアのファシスト党は，赤シャツ隊を組織した。

D．フランスは，ザール地方の占領を実施した。

□ **問 6.** 下線部(e)に関連して，1920 年代のアメリカについて誤りを含むものを一つ選べ。

A．1924 年に成立した移民法は，アメリカへの移民を制限した。

B．1920 年に女性参政権が成立した。

C．ラジオや冷蔵庫などの家電製品が，広く普及した。

D．民主党は，三度の大統領選挙においてすべて勝利した。

解答力 UP! 地図でイメージ！（第一次世界大戦）

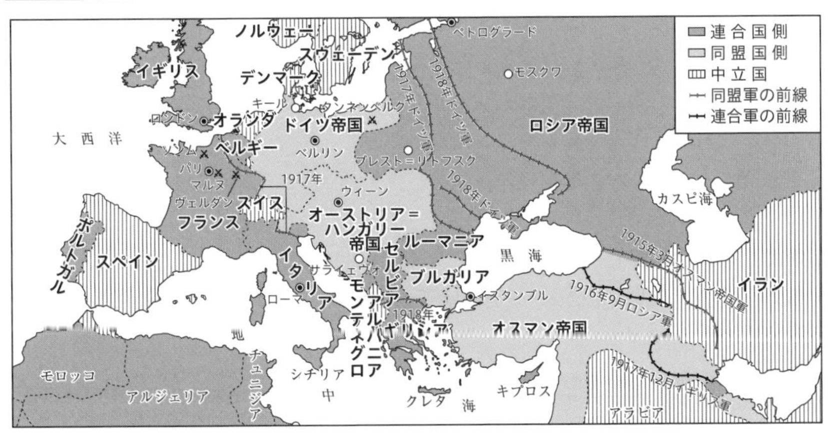

34 | 第一次世界大戦とヴェルサイユ体制　解答・解説

1A 問1　1　17　2　6　3　13　4　3　5　19　6　4　7　11
問2　A　2　B　10　C　11　D　1　E　8　F　14
1B　1　20　2　10　3　19　4　18　5　16　6　13　7　8

解説　1A　**問1　2**－孤立主義とはアメリカ合衆国とヨーロッパ諸国との相互不介入を外交上の原則とする立場。**アメリカ合衆国**では**共和党**が多数を占める**上院**(じょういん)でヴェルサイユ条約の批准(ひじゅん)が拒否され，**国際連盟**への加盟が見送られた。**3**－国際連盟の**総会**(そうかい)で採用された**全会一致**(ぜんかいいっち)**の決議方式**は緊急時における国際連盟の即時対応を困難にした。**4**－ウッドロー＝ウィルソンの**民主党政権**が終わりを迎えた1921年から，ハーディング（任1921～）→**クーリッジ**（任1923～）→**フーヴァー**（任1929～33）と**3期連続**で**共和党政権**が続いた。**5**－**WASP**(ワスプ)とは**白人・アングロ＝サクソン・プロテスタント**の略称。**6**－**クー＝クラックス＝クラン**（**KKK**）は南北戦争後にテネシー州で結成された人種差別的な白人優位の秘密結社(けっしゃ)。**問2　B・C**－**ドイツ**と**連合国**との間で結ばれたヴェルサイユ条約（1919）の内容については精講 34-1 を参照。**E**－**ハーディング**が主催したワシントン会議（1921～22）については精講 34-2 を参照。**F**－**ロイド＝ジョージ**（**自由党**）が首相を務めた**挙国**(きょこく)**一致内閣**（任1916～22）で**第4回選挙法改正**（1918）が実施され，21歳以上の男性と30歳以上の女性に選挙権を与える普通選挙制が導入された。また男女間の年齢差は**保守党**のボールドウィン内閣が実施した**第5回選挙法改正**（1928）で是正(ぜせい)され，男女共に21歳以上となった。

1B　**1**－**立憲**(りっけん)**民主党**は**第1次ロシア革命**中の1905年に結成されたブルジョワジーを中心とする自由主義政党。

2・3・4－第1次ロシア革命前夜の20世紀初め，**ロシア**ではナロードニキ系で農民主体の社会主義実現をめざす**社会革命党**（1901～）と，マルクス主義的な都市労働者の団体である**ロシア社会民主労働党**（1903）が結成されており，後者は急進的な革命組織を志向するレーニン指導の**ボリシェヴィキ**（多数派）と，大衆政党を志向するプレハーノフ指導の**メンシェヴィキ**（少数派）に分裂した。1917年の**ロシア二月革命**（**三月革命**）後に帰国した**レーニン**は『**四月テーゼ**』を発表し，立憲民主党主導の**臨時政府**と社会革命党・メンシェヴィキが指導する**ソヴィエト**の**二重権力**を批判。その後の**ロシア十月革命**（**十一月革命**）で**ケレンスキー**（社会革命党）が首相を務める臨時政府を打倒し，**ソヴィエト政権**を樹立した。

5・6・7－**ソ連の経済政策**については精講 34-3 を参照。

精講 34 - 1 ヴェルサイユ条約（1919）

- **国際連盟規約**に基づく国際連盟の設立
- **ドイツ・オーストリアの合併禁止**
- アルザス・ロレーヌは**フランス**に，ポーランド**回廊**は**ポーランド**に割譲
- ダンツィヒ，ザール地方は国際連盟の管理下に置かれる
- 海外植民地はすべて放棄し，**委任統治領**として連合国が管理
- **徴兵制禁止**，空軍・潜水艦の所有禁止，ラインラントの非武装化
- **賠償金支払い**の義務（1921年に総額が1320億金マルクに決定）

2 **問1** A **問2** C **問3** D **問4** C
問5 A **問6** D

解説 **問1** －(あ)は1917年4月，(い)は1918年，(う)は1917年2月，(え)は1914年。ドイツの無制限潜水艦作戦に反発し，**アメリカ合衆国**が**協商国（連合国）側**に参戦した。

問2 －「**無併合・無償金**」は「**民族自決**」と合わせ，1917年に**ソヴィエト政権**が発表した「**平和に関する布告**」のなかで提唱された。

問3 －「**ローザンヌ条約**」ではなく「**セーヴル条約**」。**ローザンヌ条約**は1923年に連合国とムスタファ＝ケマルの**アンカラ政府**との間で結ばれた条約。

問4 －**1A** **問2 E**の解説参照。

問5 **B** －アイルランドが**イギリス連邦**から離脱するのは1949年。**C** － 1922年のローマ進軍で**イタリア**の**ファシスト党**（ムッソリーニ）が組織したのは「**黒シャツ隊**」。**D** －「**ザール地方**」ではなく「**ルール地方**」。ドイツの賠償金支払い義務不履行を受けて1923年に**フランス軍**と**ベルギー軍**が共同でルール占領を強行。**ドイツ側**はゼネストなど消極的抵抗で対抗したが，インフレ率が**約1兆倍**に跳ね上がるハイパーインフレーションが発生した。こうしたなか，**ナチ党**のヒトラーは1923年にミュンヘン一揆を起こしたが失敗し，首相となったシュトレーゼマンは新紙幣レンテンマルクを発行してインフレを奇跡的に改善する一方，**アメリカ合衆国**のドーズ案（1924）を受け入れて経済復興をはかった。

問6 －「**民主党**」ではなく「**共和党**」。

精講 34-2 ワシントン会議（1921～22）と国際条約

四カ国条約 (1921)	**米英仏日**が太平洋地域の現状維持などを約束。この条約の発効によって**日英同盟**は解消。
九カ国条約 (1922)	**中国**での**門戸開放**・**機会均等**・**領土保全**を再確認。大戦中にアメリカ合衆国が日本の中国での特殊権益を認めた**石井・ランシング協定**の廃棄が決定し，日本は大戦中に手に入れた**山東省**の**旧ドイツ権益**を中国に返還。
海軍軍備制限条約 (1922)	**米英日仏伊**で**主力艦**の保有比率を確定。米：英：日：仏：伊＝5：5：3：1.67：1.67とした。

精講 34-3 ソヴィエト＝ロシア（ソ連）の経済政策

戦時共産主義 (1918～21)	内乱や対ソ干渉戦争に対処するための経済政策。**中小工場の国営化**，農民からの**穀物強制徴発**と**食料配給制**，**労働義務制**などを実施した。しかし，自由な経済活動を抑制したことで人々の労働意欲が減退し，工業・農業ともに生産力が極度に低下。深刻な食料不足は多くの餓死者を生んだ。
新経済政策 (1921～)	通称ネップ。生産力の回復を目的に**穀物強制徴発を廃止**して自由な農業経営を許可する一方，小規模の私企業も認めるなど一定限度の資本主義の復活をはかった。生産力は1927年までに戦前の水準に回復した。
五カ年計画 (1928～32)	スターリンが主導した本格的な**社会主義経済政策**。農業の集団化と**機械化**，重工業建設を目的に展開された。農民はコルホーズ（**集団農場**）かソフホーズ（**国営農場**）のいずれかに組み込まれ，国家の管理下に置かれた。**資本主義諸国**をおそった世界恐慌の影響をほとんど受けずに工業力が急速に上昇した反面，農村部の荒廃は深刻化した。1933年からの第2次（～37）では第1次で軽視された軽工業にも注意が払われた。

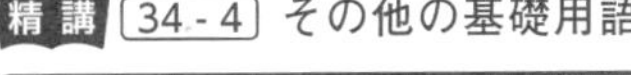

精講 34-4 その他の基礎用語

・タンネンベルクの戦い（1914）…**東部戦線**でドイツ軍の将軍**ヒンデンブルク**がロシア軍を破った戦い。東部戦線ではドイツ軍が主導権を握った。

・マルヌの戦い（1914）…**西部戦線**でイギリス・フランス連合軍がドイツ軍の進撃を阻止した戦い。これ以後，両陣営は**塹壕戦**に突入した。

・ソンムの戦い（1916）…**西部戦線**でイギリス・フランス連合軍が**ヴェルダン攻撃**に対する報復としてドイツ軍を攻撃した戦い。イギリス軍に**戦車**が登場した。

・無制限潜水艦作戦（1917）…潜水艦を使ったドイツ軍の無差別攻撃。**イギリスの海上封鎖**打破をねらったが，**アメリカ合衆国**の参戦を招いた。

・ドーズ案（1924）・ヤング案（1929）…ドイツの**賠償問題**を処理するために**アメリカ合衆国**の銀行家を中心とした委員会が提案したもの。**ドーズ案**は**アメリカ民間資本**を導入してドイツ経済の復興をはかり，**ヤング案**ではドイツの賠償金総額を**358億金マルク**に減額することが決定された。

・ロカルノ条約（1925）…**西ヨーロッパ**の安全保障に関する条約。ドイツ外相**シュトレーゼマン**の協調外交の一環であり，ドイツ西部国境地帯の現状維持と**ラインラントの非武装化**をドイツ自身が再確認した。

・不戦条約（1928）…アメリカ合衆国の国務長官**ケロッグ**とフランス外相**ブリアン**が主導して成立。国際紛争解決の手段として**戦争を放棄**することを誓った。

・ロンドン会議（1930）…アメリカ合衆国・イギリス・日本で**補助艦**の保有比率を決定。米：英：日 =10：10：7弱とされた。

・アイルランド独立…1922年に**自治法**が施行され，**アルスター地方を除く**アイルランドが**アイルランド自由国**の国名で**イギリス連邦内の自治領**となり，1937年には**エール**と改称して事実上の独立を達成。1949年にはイギリス連邦から正式に脱退して**アイルランド共和国**と改称した。

35　世界恐慌とファシズムの台頭

STEP 1　基本レベル

1 次の文章を読み，下の問いに答えよ。　(東洋大・改)

1929年10月24日に［A］株式市場で株価が暴落し，世界恐慌に陥った。1929年に大統領に就任した［B］は，経済に政府が介入することなく自由放任政策を採っていれば自然と経済が回復すると考えた。しかし，経済の悪化を止めることができず，民主党の［C］に政権を奪われた。［C］は新規まき直しを意味する(a)ニューディールにより，アメリカ経済の混乱を落ち着かせようとした。

世界恐慌の影響はヨーロッパにも波及していった。この混乱の中で，イギリスでは［D］内閣が緊縮財政を打ち出した。［E］ではアウトバーンと呼ばれる高速道路建設による失業対策に乗り出した。欧米各国では他国との経済的な関係よりも植民地との関係を深めるブロック経済がしだいに見られるようになった。イギリスの経済ブロックは［F］=ブロックと呼ばれた。

□ **問1.** 空欄［A］に入る語句として正しいものを一つ選べ。

①フィラデルフィア　②セントルイス
③サンフランシスコ　④ボストン　⑤ニューヨーク

□ **問2.** 空欄［B］・［C］に入る語句として正しいものを一つずつ選べ。ただし，一つの選択肢は一度しか選べない。

①T＝ローズヴェルト　②タフト　③ウィルソン
④ハーディング　⑤クーリッジ　⑥フーヴァー
⑦F＝ローズヴェルト　⑧トルーマン　⑨アイゼンハワー

問3. 空欄［D］～［F］に入る語句として正しいものを一つずつ選べ。

□ ［D］　①ロイド＝ジョージ　②マクドナルド　③チェンバレン
④チャーチル　⑤アトリー

□ ［E］　①フランス　②ドイツ　③イタリア
④スペイン　⑤ソヴィエト連邦

□ ［F］　①ドル　②フラン　③スターリング　④マルク　⑤ルーブル

□ **問4.** 下線部(a)について述べた次の文章の空欄［ア］～［ウ］に入る語句として正しいものを一つずつ選べ。ただし，一つの選択肢は一度しか選べない。

ニューディールは，企業や農家の生産力の回復をはかる政策と，消費者の購買力を高める政策がセットになっていた。企業ごとに規約を作らせて生産量を規制する［ア］は過剰生産による製品価格の下落を食い止めることを目指していた。一方，団結権や団体交渉権を労働者に認める［ イ ］によって労働者の権利を保障した。その他にも，発電能力増強により電力価格を引き下げ，かつ，工事に多くの労働者を雇用した［ ウ ］により国民の生活を安定させようとした。

①農業調整法（AAA）　②全国産業復興法（NIRA）　③新経済政策
④テネシー川流域開発公社（TVA）　⑤宥和政策
⑥社会保障法　⑦ワグナー法　⑧善隣外交

この用語もおさえる！

▶ **人民戦線**…**社会主義政党**を中心に結集した**反ファシズム統一戦線**。1935 年に**フランス**で成立し，1936 年には社会党の**ブルム**を首相に**人民戦線内閣**が成立した。

▶ **ナチ党**…**国民（国家）社会主義ドイツ労働者党**の略称。党首**ヒトラー**の下で**ユダヤ人排斥**や**ヴェルサイユ条約破棄**などを訴える大衆運動を展開。世界恐慌期に実施された**1932 年選挙**で**第一党**に躍進し，1933 年に**ヒトラー内閣**が成立した。

▶ **全権委任法（1933）**…ヒトラー政権下で制定された**立法権**を政府に移譲する法。**国会議事堂放火事件**を背景に**共産党弾圧**を行ったヒトラー政権が強行した。

▶ **ホロコースト**…ナチス＝ドイツによる**ユダヤ人虐殺**。**秘密警察（ゲシュタポ）**や**親衛隊（ＳＳ）**などが中心となり，約 600 万人ものユダヤ人が**ポーランド**の**アウシュヴィッツ**などで殺害された。

▶ **トーマス＝マン**…ナチ党政権に反対してアメリカ合衆国に亡命した**ドイツ人作家**。国外から**反ファシズム運動**を訴えた。代表作は『**魔の山**』など。

▶ **ドイツの国際連盟脱退（1933）**…**ヴェルサイユ条約**の軍備制限に反発して国際連盟を脱退したドイツは，1935 年に**ザール編入**に成功すると，**再軍備宣言**を発表して**徴兵制復活**をはかった。フランスとソ連は 1935 年に**仏ソ相互援助条約**を結んで対抗したが，イギリスは**英独海軍協定**を結び，ドイツの再軍備を容認する**宥和政策**を行った。ソ連は**コミンテルン第７回大会**で**人民戦線戦術**の採用を決定するが，1936 年にドイツは**ロカルノ条約**を破棄して**ラインラント進駐**に踏み切った。

▶ **スペイン内戦（1936 ～ 39）**…スペインの**人民戦線政府**に対して右翼の将軍**フランコ**が起こした反乱。**ベルリン＝ローマ枢軸**を結成した**ドイツとイタリア**が反乱軍を支援して軍事介入したのに対して，**イギリスやフランス**は**不干渉政策**を堅持。人民戦線政府側は**ソ連**や**国際義勇軍**などの外国人部隊の支援を得ながらも，1939 年に反乱軍に敗れた。

STEP 2　実戦レベル

2 次のA～Cの文章を読み，〔設問 1〕～〔設問 5〕に答えよ。　（専修大・改）

A．1929年10月24日にニューヨーク株式取引所で株価が大暴落した。その後のアメリカによる海外投下資本の回収と輸入縮小の影響は各国に波及し，世界恐慌を引き起こした。

各国は恐慌に対処するためのあらたな経済政策導入を迫られた。広大な国土や従属地域を有する国々は，(1)公共事業による雇用創出やブロック経済圏の形成を試みた。

□〔設問 1〕 下線部(1)に関連して，アメリカとイギリスの行なった政策についての説明として正しいものはどれか。最も適するものを一つ選べ。

① イギリスのボールドウィン内閣は金本位制を停止した。

② イギリスは1932年にオタワ連邦会議を開き，イギリス連邦内の関税を下げ，他国には高関税をかけることで貿易の回復をはかった。

③ アメリカは1935年の全国産業復興法（NIRA）を基軸として，ニューディールを進めた。

④ アメリカはラテンアメリカ諸国への経済的影響力を強めるために棍棒外交を展開した。

B．ナチ党のもとで全体主義体制を確立したドイツは，再軍備宣言をして徴兵制を復活した。ドイツを共産主義に対する防波堤とみるイギリスは，1935年，ドイツ海軍の再軍備を部分的に認める協定を結び，ドイツの再軍備を追認した。これに乗じてドイツは翌年［ 2 ］に軍隊を進駐させた。

スペインでは，1931年に成立した第二共和政に対して1936年にフランコ将軍が反乱を起こし，スペイン内戦が始まった。フランコ側がドイツとイタリアから軍事支援を得る一方で，反フランコ側はソ連と各国からの(3)国際義勇軍により支えられた。内戦は，1939年のマドリード陥落とともにフランコ側の勝利に終わり，以後フランコによる独裁政治が続いた。

□〔設問 2〕 空欄［ 2 ］に入る地域名は何か。最も適するものを一つ選べ。

①ラインラント　②ザールラント

③アルザス・ロレーヌ　④ズデーテン　⑤ルール

□〔設問 3〕 下線部(3)に関連して，国際義勇軍としてスペインに渡った人びとのなかにアメリカの作家ヘミングウェーがいた。彼の作品ではないものはどれか。最も適するものを一つ選べ。

①『武器よさらば』　②『誰がために鐘は鳴る』

③『日はまた昇る』　④『老人と海』　⑤『怒りの葡萄』

C．ドイツは1938年3月にオーストリアを併合し，さらにチェコスロヴァキアにドイツ系住民の多く住む地方の割譲を要求した。イギリスとフランスは同年9月，ドイツ・イタリアと(4)ミュンヘン会談を開いてドイツの要求を黙認した。しかし，ドイツは翌39年にはチェコスロヴァキアを解体して支配下に置き，1939年9月1日，ポーランドに侵攻した。ここにいたって，第二次世界大戦が始まった。

ヨーロッパ東部では，軍備を増強していたドイツ軍がたちまちポーランドの西半分を占領し，ソ連軍も独ソ不可侵条約の秘密協定にもとづいてその東半分を占領したほか，国境地帯の隣国に侵攻した。

ヨーロッパ西部では1940年春にドイツ軍が行動をおこし，6月にはフランスが降伏し，南部にはドイツに協力的なヴィシー政権が成立した。ドイツ軍はイギリス侵攻も試みたが，制空権を奪えず上陸作戦を断念した。

攻撃の矛先を東方に向けたドイツは，1940年秋にバルカン半島に侵入し，1941年6月にソ連に侵攻した。(5)独ソ戦の開始により，それまで対立関係にあったアメリカやイギリスなど資本主義諸国とソ連との関係は改善された。

□**〔設問4〕** 下線部(4)に関連して，対ドイツ宥和政策をとったイギリスの首相は誰か。最も適するものを一つ選べ。

①マクドナルド　②チャーチル　③ネヴィル＝チェンバレン

④アトリー　⑤ロイド＝ジョージ

□**〔設問5〕** 下線部(5)に関連して，説明の正しいものはどれか。最も適するものを一つ選べ。

① 独ソ戦開始直後にアメリカとソ連の間で軍事同盟が結ばれ，米ソ両国は相互援助を約束した。

② アメリカ大統領とイギリス首相は首脳会談を開き，ワシントン協定を結んで両国に領土拡大の意図がないことを示した。

③ 1942年1月に発表された大西洋憲章では，この戦争が反ファシズムの戦いであることが明らかにされた。

④ ソ連はコミンテルンを解散した。

35 | 世界恐慌とファシズムの台頭

解答・解説

1 **問1** **A** ⑤ **問2** **B** ⑥ **C** ⑦
問3 **D** ② **E** ② **F** ③ **問4** **ア** ② **イ** ⑦ **ウ** ④

解説 **問1** **A**－**ニューヨーク株式市場**の通称はウォール街。**問2** **B**－フーヴァーは自由放任による資本主義の自力回復力を過信して初動が遅れ，**スムート＝ホーリー関税法**（1930）によって**保護関税政策**を強化したが，かえって各国の反発とブロック経済圏の構築を招いた。**C**－**民主党**のフランクリン＝ローズヴェルトはイギリスの経済学者**ケインズ**の経済学説を採用し，政府の財政出動（市場に資金を流すこと）によって需要と雇用を喚起するニューディールを展開した。**問3** **D**－**イギリス**では**労働党**のマクドナルド内閣（1929～31）時に世界恐慌が波及したが，失業保険削減問題をめぐって労働党が分裂。労働党を除名されたマクドナルドは**保守党**と**自由党**に推されてマクドナルド**挙国一致内閣**（1931～35）を組織し，**金本位制停止**（1931）によってポンド切り下げと輸出増進をはかる一方，1931年にはウェストミンスター憲章を採択して**イギリス連邦**を正式に発足させ，翌1932年に**オタワ連邦会議**を開き，ブロック経済（スターリング〔ポンド〕＝ブロック）を形成した。**E**－**ドイツ**では世界恐慌期の政治危機を背景に1933年に**ナチ党**のヒトラーが政権を獲得。**全権委任法**（1933）によって**立法権**を手にしたヒトラーは**一党独裁体制**を確立し，1934年に**総統**（フューラー）に就任して全権を掌握した。ヒトラーは1936年に戦争準備の自給自足的な経済体制をめざす**四カ年計画**を発動し，アウトバーン建設などの公共事業によって失業者の雇用をはかった。**F**－上記**D**の解説参照。**フランス**のブロック経済をフラン（金）＝ブロックと呼び，**アメリカ合衆国**は**善隣外交**を背景に**ラテンアメリカ諸国**などとドル＝ブロックを形成した。**問4**－精講 35-1を参照。

2 **〔設問1〕** ② **〔設問2〕** ① **〔設問3〕** ⑤
〔設問4〕 ③ **〔設問5〕** ④

解説 やや難 **〔設問1〕** ①－「ボールドウィン」ではなく「**マクドナルド**」。③－「1935年」ではなく「**1933年**」。④－「**棍棒外交**」ではなく「**善隣外交**」。**フランクリン＝ローズヴェルト**は相互互恵の通商条約によって貿易の振興をはかる**善隣外交**を展開。その一環として**キューバ憲法**に付記させたプラット条項を削除し，1934年にキューバの**完全独立**を承認した。

〔設問2〕－ドイツは1935年の**仏ソ相互援助条約**に反発して**ロカルノ条約**を破棄し，1936年にラインラント**進駐**を強行した。

〔設問 3〕－『**怒りの葡萄**』は**スタインベック**の小説。スペイン内戦に国際義勇軍として参加したヘミングウェーはその体験から『**誰がために鐘は鳴る**』を著した。

〔設問 4〕－ネヴィル＝チェンバレンは**保守党**の政治家。ミュンヘン会談に出席したフランス首相はダラディエ。ネヴィル＝チェンバレンは第二次世界大戦中の 1940 年に首相を辞任し，チャーチルの**挙国一致内閣**が成立した。

やや難 〔設問 5〕－**ソ連**は 1943 年に，資本主義諸国に対抗して共産主義運動を指導するコミンテルンを解散し，アメリカ合衆国やイギリスとの協力関係を強化した。

精講 35 - 1 アメリカ合衆国のニューディール

- 農業調整法（1933）…農業生産を抑え，農産物価格の上昇をはかる
- 全国産業復興法（1933）…工業生産を抑え，工業製品価格の上昇をはかる
- テネシー川流域開発公社（1933）…**公共事業**により失業者の雇用をはかる
- ワグナー法（1935）…労働者の**団結権・団体交渉権**を再立法化

精講 35 - 2 ドイツの東方侵略とソ連の動き

1938 年 **ドイツ**によるオーストリア併合
ドイツ，**チェコスロヴァキア**に**ズデーテン地方**の割譲を要求
ミュンヘン会談の開催…**英仏**がドイツのズデーテン獲得を承認
1939 年 **ドイツ**による**チェコスロヴァキア**解体
→ミュンヘン協定を無視，**チェコ**併合・**スロヴァキア**保護国化
ドイツ，**ポーランド**に**ダンツィヒ**返還と**ポーランド回廊**の特権を要求
独ソ不可侵条約の締結…独ソが**相互不可侵**と**ポーランド分割**を約束
ドイツ軍のポーランド侵攻→**第二次世界大戦**の勃発
ソ連軍のポーランド侵攻
ソ連軍のフィンランド侵攻→**ソ連＝フィンランド戦争**の勃発
→**ソ連軍**による**カレリア地方**の占領
→**フィンランド**が国際連盟に提訴→**国際連盟**は**ソ連**を**除名**
1940 年 **ソ連軍**，**ルーマニア**から**ベッサラビア**を獲得
ソ連軍，**バルト３国**（エストニア・ラトヴィア・リトアニア）を併合
1941 年 **ドイツ軍**の**バルカン半島**制圧→**ソ連**との関係悪化
独ソ戦の開始（～ 45）

焦点 第二次世界大戦前後の独ソ関係は，「対立→和解（不可侵条約）→開戦」の流れで学習しよう。

36　20世紀前半の中国（中華民国）

STEP 1　基本レベル

□ **1 次の文章の[　　]に入る最も適当な語句を下記の語群から選べ。**（駒澤大・改）

1919年，孫文は第二革命後につくった[1]党をもとに，大衆政党としての中国国民党を組織し，軍閥勢力の北京政府に対抗した。また，1921年，[2]を指導者とする中国共産党が結成される。1924年1月，国民党は共産党員の国民党への加入を認め，孫文の提案した連ソ・容共・[3]の三大政策を採択し，これによって，国民党と共産党の提携が実現した。1925年3月，孫文は病死するが，共産党員を含めて再編された広州国民政府は，同年に起きた[4]運動を背景に，[5]軍を組織し，1926年7月，軍閥を打倒するため，出兵した。同年末，[5]軍は長江流域の湖北省[6]に進出し，国民党左派と共産党を中心とする[6]政府がたてられる。しかし，[5]軍総司令官の蔣介石は，[7]財閥や外国勢力の支持を受け，1927年4月，[8]で反共クーデタを起こし，[9]に国民政府を成立させた。同年，[9]政府は，[6]の国民党左派を吸収し，共産党を排除した。1928年，国民政府は北京政府の実権を握っていた[10]を追い出し，北京を制圧した。[10]は本拠地の[11]に戻る途中，関東軍によって爆殺され，その子は日本に反抗して国民政府に帰順した。こうして，同年末には全国の統一が実現した。一方，共産党は国共分裂後，紅軍を組織して長江以南の各地に農村根拠地を建設し，1931年，江西省の[12]に[13]共和国臨時政府を樹立する。これに対して，国民政府は外国の援助を受け，根拠地への包囲攻撃をくりかえした。追いつめられた共産党は，のちに[14]，あるいは大西遷などと呼ばれる逃避行の末，陝西省の[15]にたどり着いた。

〔語群〕

あ．安徽　**い**．延安　**う**．袁世凱　**え**．汪兆銘
お．五・三〇　**か**．五・四　**き**．呉佩孚　**く**．杭州
け．国民革命　**こ**．三・一　**さ**．山西　**し**．重慶
す．上海　**せ**．瑞金　**そ**．西征　**た**．浙江
ち．大躍進　**つ**．段祺瑞　**て**．中華革命
と．中華人民　**な**．中華ソヴィエト　**に**．中体西用
ぬ．長征　**ね**．張作霖　**の**．陳独秀　**は**．南京
ひ．扶助工農　**ふ**．武漢　**へ**．奉天　**ほ**．北伐
ま．民権　**み**．劉少奇

この用語もおさえる！

▶ **新文化運動**…第一次世界大戦期の中国で始まった**知識人**による民衆の啓蒙運動。**北京大学**が中心となり，**「民主と科学」**をスローガンに中国古来の儒教的価値観や封建制度，迷信などを批判した。**陳独秀**による**『新青年』**の発刊に始まり，**胡適**は**文学革命**を提唱して**白話（口語）**文学運動を展開。その実践者となった**魯迅**は**『狂人日記』『阿Q正伝』**を発表し，作品を通じて儒教道徳を厳しく批判した。また**李大釗**の**マルクス主義研究**によって社会主義思想も普及した。こうした新文化運動が第一次世界大戦後の**五・四運動**(1919)や**中国国民革命**に多大な影響を与えた。

▶ **五・一五事件**（1932）…**日本海軍**の青年将校を中心としたクーデタ事件。**満州国**を承認しようとしない首相の**犬養毅**が暗殺され，日本の**政党政治**が終焉した。

▶ **二・二六事件**（1936）…**日本陸軍**の青年将校を中心としたクーデタ事件。蔵相の高橋是清らが暗殺されたが，クーデタは鎮圧された。しかし，軍部の政治支配は強化され，日本は**軍国主義体制**へと向かった。

▶ **幣制改革**…1935年に**蔣介石**の国民政府が行った通貨制度の改革。イギリスとアメリカの支援を受け，政府系銀行の発行する**法幣**に紙幣を統一した。中国共産党の**八・一宣言**を無視した蔣介石は共産党への攻撃を強める一方，この幣制改革によって国民党による中国の政治的・経済的統一を急いだ。

STEP 2 実戦レベル

2 次の文章を読み，後の問いに答えよ。 （東洋大・改）

1919年のパリ講和会議で，中国が主張した(a)二十一カ条の要求の撤回が却下されると，学生集会に端を発した日本排斥を訴える［ A ］が中国各地にひろまり，中国政府はヴェルサイユ条約の調印を拒否した。マルクス主義に影響された［ B ］は1921年，中国共産党を結成し，孫文も1924年，中国国民党を改組し，ソ連の支持をとりつけるため，共産党員の国民党入党を認めた。孫文の後継者となった蔣介石は，北方に割拠していた(b)軍閥を倒す(c)北伐をすすめた。

1931年，日本軍は柳条湖での鉄道爆破事件を口実に満州（中国東北地方）を占領し，翌年には満州国を建国して中国侵略を強めたが，蔣介石は(d)共産党との内戦を優先した。1936年，張学良は蔣介石を監禁し，内戦停止と抗日を説得した。これが［ C ］である。

1937年，北京駐屯の日本軍が中国軍からの発砲をうけたとする［ D ］をきっかけに，日中戦争が勃発すると，国民党と共産党は同年9月に，国共合作をおこなった。国民党は日本軍に首都南京を占領されたため，首都を武漢，次いで［ E ］に移して抵抗した。

日本の敗戦後，国民党と共産党は再び内戦に突入し，その結果，共産党が勝利して，1949年，［ F ］を主席とする中華人民共和国が成立した。蔣介石率いる国民党は［ G ］に逃れた。

□ **問1.** 空欄［ A ］・［ C ］・［ D ］に入る出来事の呼称として最も適切なものを，次の中から一つずつ選べ。ただし，一つの選択肢は一度しか選べない。

①五・四運動　②五・三〇運動　③洋務運動
④戊戌の変法　⑤戊戌の政変　⑥盧溝橋事件
⑦義和団事件　⑧西安事件　⑨満州事変　⑩武昌蜂起

□ **問2.** 空欄［ B ］・［ F ］に入る人名として最も適切なものを，次の中から一つずつ選べ。ただし，一つの選択肢は一度しか選べない。

①陳独秀　②毛沢東　③劉少奇　④鄧小平　⑤魯迅　⑥胡適

□ **問3.** 空欄［ E ］・［ G ］に入る語句として最も適切なものを，次の中から一つずつ選べ。ただし，一つの選択肢は一度しか選べない。

①大連　②旅順　③済南　④重慶　⑤遵義　⑥台湾
⑦香港　⑧マカオ

□ **問 4.** 下線部(a)の内容として最も適切なものを，次の中から一つ選べ。

① 中国は日本に台湾および澎湖諸島を割譲する。
② 日本は南満州鉄道の利権を保有する。
③ 日本は山東省のドイツ権益を継承する。
④ 日中両国は朝鮮に出兵する場合，互いに事前通告をする。

□ **問 5.** 下線部(b)に関連して，20 世紀の中国北方に存在していた軍閥とその指導者の組み合わせとして最も適切なものを，次の中から一つ選べ。

①安徽派 — 段祺瑞　②安徽派 — 閻錫山（えんしゃくざん）
③奉天派 — 呉佩孚（ごはいふ）　④奉天派 — 孫伝芳

□ **問 6.** 下線部(c)に関連して述べた文 **X** ～ **Z** について，その正誤の組み合わせとして最も適切なものを，次の中から一つ選べ。

X 北伐の過程で，共産党の勢力に脅威を感じた蔣介石は，広東でクーデタをおこし，共産党を弾圧した。
Y 関東軍（日本軍）は，張作霖の存在を満州での権益拡大の邪魔になると考え，列車ごと爆破して殺害した。
Z 張作霖の子である張学良は，国民党による東北支配を認め，抗日の姿勢を示した。

①**X** — 正，**Y** — 正，**Z** — 正　②**X** — 正，**Y** — 正，**Z** — 誤
③**X** — 誤，**Y** — 正，**Z** — 正　④**X** — 誤，**Y** — 誤，**Z** — 正
⑤**X** — 誤，**Y** — 誤，**Z** — 誤

□ **問 7.** 下線部(d)について述べた文 **X** ～ **Z** について，その正誤の組み合わせとして最も適切なものを，次の中から一つ選べ。

X 江西省瑞金に中華ソヴィエト共和国臨時政府を設立した。
Y 国民党の攻撃をうけ，天津をめざす長征をおこなった。
Z 抗日民族統一戦線の形成をよびかける「八・一宣言」を発表した。

①**X** — 正，**Y** — 正，**Z** — 誤　②**X** — 誤，**Y** — 誤，**Z** — 正
③**X** — 誤，**Y** — 正，**Z** — 誤　④**X** — 正，**Y** — 誤，**Z** — 正
⑤**X** — 誤，**Y** — 正，**Z** — 正

36　20世紀前半の中国（中華民国）　解答・解説

1　1 て　2 の　3 ひ　4 お　5 け　6 ふ　7 た　8 す
9 は　10 ね　11 へ　12 せ　13 な　14 ぬ　15 い

解説　**1・2・3** －**中国代表団**による二十一カ条の要求撤廃請求が**パリ講和会議**で拒否されると，北京の大学生らを中心に反日運動が起こり，それが**反帝国主義・軍閥打倒**を訴える**大衆運動**へと発展した。この五・四運動（1919）を背景に**孫文**は**中華革命党**を中国国民党に改組し，**陳独秀**はコミンテルンの指導下で**中国共産党**を結成。**ソ連**の仲介を経て北京政府の打倒で一致した国共は1924年に第1次国共合作を成立させ，孫文は連ソ（ソ連との連携）・**容共**（共産党の容認）・**扶助工農**（労働者や農民への支援）を採択し，共産党員を国民党に受け入れた。

4・5・6・7・8・9・10・11 － 1925年に孫文が病死し，**蔣介石**（国民党右派）と**反蔣介石派**の**汪兆銘**（国民党左派）や**共産党員**の間で対立が生じるなか，**上海**で起こった五・三〇運動を背景に**広州**に**国民政府**（広州政府）を樹立した**国民党**は，1926年，**蔣介石**を総司令に**国民革命軍**による北伐を開始した。その途中，**武漢**に移った**国民政府**（武漢政府）を**反蔣介石派**が握ったことで，蔣介石は1927年に浙江財閥（上海を拠点とする大資本）の援助を受けて**共産党**を弾圧する上海クーデタを起こし，**南京**に**国民政府**（南京政府）を樹立。主導権を回復した蔣介石は北伐を再開し，1928年，**奉天派軍閥**の**張作霖**が支配する**北京政府**を打倒して北伐を完成した。この間，敗走する張作霖を関東軍（日本の駐留軍）が爆殺する**奉天事件**が起こり，その息子の**張学良**は日本への復讐（抗日）を誓って蔣介石に帰順した。

12・13・14・15 －**上海クーデタ**後に国民党との内戦に突入した**共産党**は紅軍を組織して対抗し，1931年には**江西省**の**瑞金**に毛沢東を主席とする**中華ソヴィエト共和国臨時政府**を樹立した。しかし，日本の中国侵略が本格化するなか（▶精講 36-1），国民党の猛攻を受けた共産党は新たな拠点を求めて**長征**（**大西遷**；1934～36）を強いられた。共産党は最終的に**陝西省**の**延安**にたどり着くが，その途上，**八・一宣言**（1935）を発表し，内戦停止と抗日民族統一戦線の結成を訴えた。この八・一宣言に触発された**張学良**が蔣介石を監禁する**西安事件**（1936）を起こすと，国共は再び接近し，1937年の**盧溝橋事件**に始まる**日中戦争**（1937～45）の勃発を受けて，**抗日民族統一戦線**（**第2次国共合作**）が成立。蔣介石は国民政府を南京から武漢を経て**重慶**に移し（重慶政府の成立），日本軍への徹底抗戦を指揮した。

2 問1 A ① C ⑧ D ⑥ 問2 B ① F ②
問3 E ④ G ⑥
問4 ③ 問5 ① 問6 ③ 問7 ④

解説 問1－**1**の解説参照。

問2・問3－**1**の解説参照。日中戦争に勝利した**中国**では，1946年から国共内戦が再燃し，地主の土地没収と農民への分配をめざす土地改革を推進した**共産党**が人心を得て勢力を拡大。内戦に勝利した**毛沢東**は1949年に**北京**で**中華人民共和国**の建国を宣言した。敗れた**蔣介石**は台湾に移って**台北国民政府**を樹立し，**中華民国**を再建した。

問4－1915年に袁世凱の**北京政府**が承認した**日本の二十一カ条の要求**には，**山東省**における旧ドイツ権益の継承のほか，南満州や東モンゴルなどでの日本の権益強化，日本人の政治・財政顧問の受け入れなどが含まれていた。①は**下関条約**（1895），②は**ポーツマス条約**（1905），④は**天津条約**（1885）の内容。

問5－**段祺瑞**は袁世凱死後の北京政府を支配した**安徽派**の首領。**日本**の支援で軍事力を強化し，1917年には連合国として**第一次世界大戦**に参戦した。呉佩孚は直隷派の指導者の一人。

問6 X－「**広東**」ではなく「**上海**」。 **問7** Y－「**天津**」ではなく「**延安**」。

精講 36-1 日本の中国侵略

1927年	山東出兵（～29）…日本人居留民の保護を名目に**北伐**に干渉
1931年	**柳条湖事件**…**関東軍**（日本の駐留軍）が**南満州鉄道**を爆破
	満州事変（～33）…柳条湖事件を機に日本軍が**満州**を軍事占領
1932年	上海事変…日本人僧殴打事件を機に日本軍が強行
	リットン調査団の派遣…国際連盟の調査団として**満州事変**を調査
	満州国の建国…**溥儀**（清の宣統帝）を擁立した**日本の傀儡国家**
1933年	国際連盟脱退の通告…国連総会での**満州国不承認決議**に反発
1934年	共産党の長征（大西遷，～36）
1935年	**冀東防共自治政府**の樹立…華北侵略の拠点となる**日本の傀儡政権**
1936年	西安事件が起こる
1937年	盧溝橋事件…**北京**郊外で日中両軍が衝突
	日中戦争（～1945）…盧溝橋事件を機に始まった日中全面戦争
	南京事件…住民をまき込む掃討作戦で住民多数が虐殺された事件

焦点 国共内戦を利用して中国侵略を本格化させる日本軍の動きを確認しよう。

37 第二次世界大戦後の欧米

STEP 1 基本レベル

1 次の問1，問2，問3の各設問に答えよ。答えは，それぞれの選択肢から一つずつ選べ。

(日本大・改)

問1. 次のa～cの事項に関する下の設問【1】～【3】に答えよ。

a．チェコスロヴァキア＝クーデタおこる

b．[2]マーシャル＝プラン発表

c．[3]西ヨーロッパ連合条約（ブリュッセル条約）締結

□【1】 aからcの出来事をおこった順に並べた場合，正しいものを，次の1～6から選べ。

1. a―b―c　2. a―c―b　3. b―a―c
4. b―c―a　5. c―a―b　6. c―b―a

□【2】 下線部【2】に関する①②の説明文の正誤について，正しい組み合わせを下の1～4から選べ。

①これはアメリカ合衆国のアイゼンハワー政権が出した封じ込め政策の一環であった。

②このプランは，ギリシア・トルコの共産主義化を派兵によって阻止することを意図していた。

1. ①のみ正しい　2. ②のみ正しい
3. ①②ともに正しい　4. ①②ともに誤り

□【3】 下線部【3】の条約が発展してできた組織を，次の1～4から選べ。

1. 北大西洋条約機構　2. ヨーロッパ経済協力機構
3. ワルシャワ条約機構（東ヨーロッパ相互援助条約）
4. ヨーロッパ経済共同体

問2. 次のa～cの事項（すべて1960年代）に関する下の設問【4】～【7】に答えよ。

a．[5]北ベトナム爆撃（北爆）開始

b．[6]公民権法成立　c．[7]ケネディ大統領就任

□【4】 a～cの出来事をおこった順に並べた場合，正しいものを，次の1～6から選べ。

1. a―b―c　2. a―c―b　3. b―a―c
4. b―c―a　5. c―a―b　6. c―b―a

□【5】 下線部【5】に関連して，アメリカ合衆国がベトナム戦争から撤退した時の大統領は誰か。次の1～4から選べ。

1. ジョンソン　2. ニクソン　3. カーター　4. レーガン

□【6】 下線部【6】に関連する①②の説明文の正誤について，正しい組み合わせを下の1～4から選べ。

①これはさまざまな差別を撤廃し，黒人の権利を保護する法律であった。

②人種差別撤廃運動を推進したキング牧師は，非暴力主義に立った。

1. ①のみ正しい　2. ②のみ正しい

3. ①②ともに正しい　4. ①②ともに誤り

□【7】 下線部【7】に関する①②の説明文の正誤について，正しい組み合わせを下の1～4から選べ。

①彼の在任中，キューバ危機などで世界に緊張がはしったが，その後部分的核実験禁止条約締結に成功した。

②彼が掲げたスローガンは，「偉大な社会」であった。

1. ①のみ正しい　2. ②のみ正しい

3. ①②ともに正しい　4. ①②ともに誤り

第4章 地球世界の形成と混迷

問3. 次のa～cの事項に関する下の設問【8】～【10】に答えよ。

a．[9]ドル＝ショック

b．アメリカ合衆国の「双子の赤字」(財政と貿易の赤字) 深刻化

c．[10]第1次石油危機 (オイル＝ショック)

□【8】 a～cの出来事をおこった順に並べた場合，正しいものを，次の1～6から選べ。

1. a—b—c　2. a—c—b　3. b—a—c

4. b—c—a　5. c—a—b　6. c—b—a

□【9】 下線部【9】に関する①②の説明文の正誤について，正しい組み合わせを下の1～4から選べ。

①これはドルと金の交換を可能にしたことで引きおこされた。

②この結果，国際通貨体制は変動相場制に移行していった。

1. ①のみ正しい　2. ②のみ正しい　3. ①②ともに正しい　4. ①②ともに誤り

□【10】 下線部【10】によって引きおこされた世界経済の悪化に対処するため，先進国首脳会議（サミット）が開催された。その第1回会議の参加国に含まれないのはどこか。次の1～4から選べ。

1. イタリア　2. 日本　3. 西ドイツ　4. ソ連

STEP 2 実戦レベル

2 **以下の文章を読み，下記の設問に答えよ。** （中央大・改）

1947年3月，アメリカ大統領トルーマンは，①トルーマン＝ドクトリンを発表，6月にはアメリカ国務長官マーシャルの発表したヨーロッパ経済復興援助計画受け入れをめぐって，ヨーロッパは東西に分裂した。

ドイツでは米・英・仏・ソ4カ国による分割占領・共同管理が行われ，首都ベルリンも4国地区に分割されたが，1948年6月，米・英・仏3国占領地域での通貨改革の実施に対し，ソ連は西ベルリンの全面封鎖で対抗した。緊張が続く中，1949年4月には合衆国も加わり②軍事同盟NATOが誕生した。

1950年，フランス外相シューマンにより，重要資源の共同管理とフランス・西ドイツ重工業の合体という構想が提唱された。1951年のパリ条約を経て，③ヨーロッパ石炭鉄鋼共同体が発足した。

1953年にスターリンが死去すると，④ソ連共産党第一書記にフルシチョフが就任した。

1970年代西ドイツ政権による⑤東方外交の進展などで東西緊張緩和が進んだ。1975年にはNATO加盟国とワルシャワ条約機構加盟国35カ国首脳が一同に会した全欧安保協力会議が開催され，ヘルシンキ宣言で武力不行使や国境不可侵などとならび，基本的人権の尊重が確認された。

1979年，ソ連軍のアフガニスタン侵攻で東西関係は一挙に険悪化した。ポーランドでは，1980年にストライキが契機となってグダニスクで連帯が結成された。危機感を強めた⑥ワルシャワ条約機構が軍事介入への動きを見せると，ポーランド軍部は自主管理労組を非合法化し，反政府運動を力で抑えこんだ。

1985年，書記長に就任したゴルバチョフは，アメリカ大統領レーガンと首脳会談を行って米ソ関係打開を図り，1986年からはペレストロイカと呼ばれる国内改革に着手した。また，新思考外交を打ち出し，1987年には訪米によって中距離核戦力全廃条約の調印を実現した。ポーランドでは，1989年に自主管理労組が合法化され，東ドイツではベルリンの壁が開放された。1989年12月，ゴルバチョフとアメリカ大統領ブッシュはマルタ島で冷戦の終結を宣言した。

☐ **問1.** 下線部①に関連して，誤っているものを1つ選べ。

ア. 1946年，当時イギリス首相であったチャーチルは，トルーマン大統領の招きで訪米し，「鉄のカーテン演説」を行った。

イ. この演説で，トルーマン大統領は，共産圏を明確に敵視し，その封じ込めをはかる世界政策をとることを宣言した。

ウ．トルーマン大統領は，ギリシアとトルコへの軍事援助を行った。

エ．フランスやイタリアでも共産党の躍進が見られ，アメリカはソ連への警戒感を強めた。

□ **問2.** 下線部②に関連して，誤っているものを１つ選べ。

ア．NATOは国連安全保障理事会の勧告を受けて朝鮮戦争に参加した。

イ．1949年，北大西洋条約に基づき，12カ国でNATOは発足した。

ウ．西ドイツのNATO加盟に対抗して，ワルシャワ条約機構が設立された。

エ．ワルシャワ条約機構が解体した後，NATOは東方拡大を実現した。

□ **問3.** 下線部③に関連して，誤っているものを１つ選べ。

ア．ヨーロッパ石炭鉄鋼共同体（ECSC）の当初の加盟国は，フランス・西ドイツ・イタリア・スペイン・ベルギー・オランダである。

イ．1958年にはヨーロッパ経済共同体（EEC）とヨーロッパ原子力共同体（EURATOM）が設置された。

ウ．1967年にはヨーロッパ石炭鉄鋼共同体・ヨーロッパ経済共同体・ヨーロッパ原子力共同体が合併してヨーロッパ共同体（EC）が結成された。

エ．1973年の拡大ECには，イギリスのほかデンマークとアイルランドが加盟した。

□ **問4.** 下線部④に関連して，誤っているものを１つ選べ。

ア．キューバ危機の後，アメリカとソ連の間にホットラインが開設された。

イ．フルシチョフは1959年にはソ連首相として初めて渡米し，ケネディ大統領と会談した。

ウ．フルシチョフのスターリン批判の内容は，アメリカによって公表された。

エ．フルシチョフ時代のソ連は，人工衛星スプートニクの打ち上げに成功し，核開発や宇宙開発でアメリカ合衆国と厳しい競争を繰り広げていた。

□ **問5.** 下線部⑤に関連して，東方外交を推進した西ドイツの首相とその所属政党の組み合わせとして，正しいものを１つ選べ。

ア．アデナウアー―社会民主党（SPD）

イ．アデナウアー―キリスト教民主同盟（CDU）

ウ．ブラント―社会民主党（SPD）

エ．ブラント―キリスト教民主同盟（CDU）

□ **問6.** 下線部⑥に関連して，この当時ワルシャワ条約機構に加盟していなかった国を１つ選べ。

ア．東ドイツ　イ．ハンガリー　ウ．チェコスロヴァキア　エ．アルバニア

37　第二次世界大戦後の欧米　解答・解説

1　問1　【1】 3　【2】 4　【3】 1　問2　【4】 6　【5】 2　【6】 3　【7】 1　問3　【8】 2　【9】 2　【10】 4

解説　**問1　【1】**－1947年に**アメリカ**が発表したマーシャル＝プラン（ヨーロッパ経済復興援助計画）の受け入れをめぐって，1948年にチェコスロヴァキアで**クーデタ**が起こり，**共産党政権**が成立した。このクーデタに危機感を抱いた**イギリス・フランス・ベネルクス３国**は同年西ヨーロッパ連合条約（ブリュッセル条約）を結び，後の北大西洋条約機構（ＮＡＴＯ）の原型となる**反共軍事同盟**を結成した。**【2】**①－「**アイゼンハワー政権**」ではなく「**トルーマン政権**」。②－1947年にマーシャル＝プランに先行してアメリカ大統領**トルーマン**が発表したトルーマン＝ドクトリンの内容。**【3】**－上記の解説参照。**問2　【4】**－**a**と**b**はケネディ暗殺後に副大統領から昇格したジョンソン大統領の政権下での出来事。したがって「**ケネディ大統領就任**」の**c**に始まり，1964年の**b**「**公民権法成立**」→1965年の**a**「**北ベトナム爆撃（北爆）開始**」の順となる。**【5】**－アメリカはベトナム戦争で深刻な財政難に直面し，国内では**ベトナム反戦運動**に**黒人解放運動**が合流するなど社会混乱も広がった。**ニクソン大統領**は1971年にドル防衛策の一環として**金ドル交換停止**を発表。これにより米ドルを基軸通貨に各国通貨と米ドルとの為替を固定するブレトン＝ウッズ国際経済体制が崩壊した。対外的には1972年に**米中和解**と，**ソ連**とのＳＡＬＴⅠ（第1次戦略兵器制限交渉）調印を実現し，1973年のベトナム（パリ）**和平協定**でアメリカ軍のベトナムからの撤退を決定した。**【6】**－**公民権法**（1964）は投票所・学校・公共施設などにおける人種差別を禁止した法律。これ以後も人種差別主義者の妨害が各地で起こり，**黒人解放**を訴えるキング牧師の**公民権運動**はさらに高揚した。**【7】**①－**部分的核実験禁止条約（ＰＴＢＴ）**は1963年に**アメリカ・イギリス・ソ連**が締結した条約。**地下実験**を除く大気圏内外および水中での核実験を禁止したが，当時，核兵器開発中の**フランス**と**中国**はすでに大量の核兵器を保有する米ソの核独占につながるとして反発し，条約の調印を拒否した。②－**ケネディ大統領**のスローガンはニューフロンティア。「**偉大な社会**」はジョンソン大統領のスローガン。**問3　【8】**－1971年の**ニクソン大統領**による**金ドル交換停止**を受けてドル＝ショックが起こり，**ブレトン＝ウッズ国際経済体制**が崩壊したことで，国際通貨体制は**固定相場**から変動相場に移行。そこに1973年の**第４次中東戦争**に起因する第１次石油危機（オイル＝ショック）が重なって，世界経済は長期不況に苦しむことになった。1975年には**アメリカ・イギリス・西ドイツ・イタリア・日本**の首脳がフランスの**ランブイエ**に集まり，第１回先進国首脳会議（サミット）を開催した。1980年代に入り「**双子の**

赤字」が深刻化したアメリカは，**レーガン政権**の下で**緊縮財政政策**を実施した。**【9】**①－ドル＝ショックはドルと金との交換を，**「可能にした」**のではなく**「停止した」**ことで引き起こされた。②－**【8】**の解説参照。**【10】－第1回サミット**は冷戦終結以前に西側諸国が開催したもので，東側のソ連が参加することはない。ソ連崩壊後の1997年に**ロシア**が正式に参加を認められた。

2 問1 ア 問2 ア 問3 ア 問4 イ 問5 ウ 問6 エ

解説 **問1**－「当時イギリス首相であった」が誤り。**チャーチル**は1945年のポツダム会談中に実施された総選挙に敗れ，アトリー労働党政権に代わっていた。

や難 **問2**－**NATO**（ナトー）はヨーロッパ地域においてソ連など東側諸国に対抗するために結成された軍事同盟であり，朝鮮戦争には参加していない。

問3－「**スペイン**」ではなく「**ルクセンブルク**」。▶精講 37-1

問4－1959年に訪米したフルシチョフは，「**ケネディ大統領**」ではなく「**アイゼンハワー大統領**」との間でキャンプ＝デーヴィッド会談に臨んだ。

問5－**社会民主党**のブラント首相は，1970年に**ソ連＝西ドイツ武力不行使条約**を結び，同年**ポーランド**との**国交正常化**を実現させ，**オーデル＝ナイセ線**を東ドイツとポーランドの国境線として確認。1972年には**東西ドイツ基本条約**で相互の自主・独立を尊重し，1973年に**東西ドイツの国連同時加盟**を実現させた。

難 **問6**－**東欧諸国**ではソ連共産党第20回大会（1956）でのソ連書記長**フルシチョフ**によるスターリン批判とコミンフォルム解散を機に，**反ソ暴動**を含む**独自路線**が本格化した（▶精講 37-2）。**アルバニア**は中ソ対立で中国を支持し1961年に**ソ連**と断交。1968年には**チェコスロヴァキアの民主化運動**に対する**ソ連**の**軍事弾圧**（だんあつ）（**チェコ事件**）に反対してワルシャワ条約機構（東ヨーロッパ相互援助条約）を脱退しており，1980年当時はすでに加盟していなかった。

精講 37-1 ヨーロッパの統合

1950年	**シューマン＝プラン**…石炭・鉄鋼（てっこう）の共同管理を提唱
1952年	ヨーロッパ石炭鉄鋼共同体（ECSC）の発足
	・**フランス，西ドイツ，イタリア，ベネルクス3国**で結成
1957年	**ローマ条約**（EEC－EURATOM条約）の調印
1958年	ヨーロッパ経済共同体（EEC）の発足…共同市場の形成
	ヨーロッパ原子力共同体（EURATOM（ユーラトム））の発足
	・原子力資源の統合と管理をめざす

1960年	**ヨーロッパ自由貿易連合（EFTA（エフタ））**の発足
	・**EEC**に対抗して**イギリス**が提唱
1967年	ヨーロッパ共同体（EC）の発足
	・**ECSC，EEC，EURATOM**の統合
1973年	拡大EC…**イギリス，デンマーク，アイルランド**のEC加盟
1981年	**ギリシア**のEC加盟
1986年	**スペイン，ポルトガル**のEC加盟
1987年	**単一欧州議定書（ぎていしょ）**の発効
	・1992年までに完全市場（しじょう）統合の実現をめざす
1992年	EC加盟12カ国，**マーストリヒト条約**を調印
	・共通の外交政策，欧州市民権の導入，通貨統合などを決定
1993年	ヨーロッパ連合（EU）の発足…ECが発展・改組して成立
1995年	**オーストリア，スウェーデン，フィンランド**のEU加盟
1999年	ユーロ（欧州単一通貨）の導入→2002年から流通開始
2004年	**東欧・南欧**など旧社会主義国を含む**10カ国**のEU加盟
	・エストニア，ラトヴィア，リトアニア，ポーランド，チェコ，スロヴァキア，ハンガリー，スロヴェニア，キプロス，マルタ
2007年	**ブルガリア，ルーマニア**のEU加盟
	リスボン条約の合意…EU大統領職の新設→2009年に発効
2013年	**クロアティア**のEU加盟
2016年	**イギリス**，国民投票で**EU離脱（りだつ）**を決定…移民増加への反発が背景

精講 37-2 東欧の独自路線化（1950～80年代）

1956年	ポーランドの反政府反ソ暴動（ポズナニ暴動）
	・市民の民主化要求 ▸ゴムウカ政権が成立して**自主解決**
	ハンガリー反ソ暴動
	・ナジ=イムレ政権が成立し，**自由化政策**を推進
	・**ソ連（フルシチョフ）**の**軍事介入**→ハンガリー事件の発生
	・ナジ=イムレを逮捕・処刑→事件後，親ソ派政権が成立
1961年	**アルバニアの対ソ断交**
	・ソ連の諸政策（スターリン批判・平和共存（きょうそん）など）に反発して断交
	・チェコ事件に反対→ワルシャワ条約機構から脱退（1968）
	・**中ソ対立**では中国を支持

1965年	**ルーマニアの独自路線化**
	・**チャウシェスク**政権がソ連と距離を置く**独自外交**を展開
	・チェコ事件ではワルシャワ条約機構軍の軍事介入に参加せず
1968年	チェコスロヴァキアの民主化運動（プラハの春）
	・ドプチェク政権が成立し，**自由化政策**を推進
	・**ソ連（ブレジネフ）**の**軍事介入**→チェコ事件の発生
	・ドプチェクは失脚→事件後，親ソ派政権が成立
1980年	**ポーランドの「連帯（れんたい）」運動**
	・自主管理労組**「連帯」**（議長ワレサ）による**民主化要求**
	・**ソ連（ブレジネフ）**の圧力→戒厳令（かいげんれい）で「連帯」を**非合法化**

精講 37-3 ラテンアメリカ情勢

キューバ	キューバ革命（1959） ・カストロ，ゲバラが親米派のバティスタ独裁（どくさい）政権を打倒 ・**アメリカ合衆国**と国交断絶（1961） ・カストロの「**社会主義**」宣言→**ソ連**に接近 ・**米州機構（ＯＡＳ）**からのキューバ除名（1962） キューバ危機（1962） ・ソ連のミサイル基地建設をめぐって**米ソ**が対立 ・ソ連によるミサイル撤去で**核（かく）戦争**の危機を回避
チリ	**チリ人民連合政権（1970～73）** ・選挙で誕生した世界最初の社会主義政権 ・アジェンデ大統領の就任 軍部クーデタ（1973） ・アジェンデ政権の崩壊→軍部の独裁政治が展開
ニカラグア	ニカラグア革命（1979） ・ソモサ独裁政権の崩壊（サンディニスタ政権の成立）
アルゼンチン	ペロン大統領（1946～55，73～74） ・社会主義政策の実施 フォークランド戦争（1982） ・フォークランド諸島領有問題で**イギリス**と開戦 ・イギリス（**サッチャー**首相）に敗北

精講 37-4 その他の基礎用語

- **ベルリン封鎖（1948〜49）**…ドイツの**西側管理地区**において**米・英・仏が通貨改革**を実施したことに反発した**ソ連**が強行。西側占領下の**西ベルリン**に通じる陸路をすべて封鎖し，物資搬入を阻止した。西側諸国は**大空輸作戦**で対抗した。
- **ジュネーヴ4巨頭会談（1955）**…1955年に開かれた東西首脳会談。**アイゼンハワー**（米），**イーデン**（英），**フォール**（仏），**ブルガーニン**（ソ連）が参加。**「雪どけ」**の到来を助長した。
- **ベルリンの壁建設（1961）**…東ドイツ市民の西ドイツ亡命を阻止するために東ドイツが建設。1989年の**東欧革命**で開放された。
- **キューバ危機（1962）**…キューバ（**カストロ**政権）におけるソ連の核ミサイル配備をめぐって**米ソ間に核戦争の緊張**が高まった事件。ソ連のミサイル撤去で危機は回避されたが，核兵器廃絶の国際世論を呼び起こし，1963年の**部分的核実験禁止条約（ＰＴＢＴ）**の締結につながった。
- **中ソ対立**…**フルシチョフ**の**スターリン批判**とアメリカとの**平和共存路線**に反発した**中華人民共和国**が，対米対決を主張して**ソ連**に反発。1959年の**ソ連による中ソ技術協定破棄**や，1969年の**中ソ国境紛争**などに発展した。
- **フランスの独自外交**…**第五共和政**の初代大統領**ド＝ゴール**は反米・反英の独自外交を展開。アメリカの対中国外交に対抗して1964年に**中華人民共和国を国家承認**し，1966年には**ＮＡＴＯの軍事部門から脱退**した。
- **ゴルバチョフ書記長**…1985年に**ソ連書記長**に就任。1986年以降は自由化・民主化を進める**ペレストロイカ（改革）**を展開し，**グラスノスチ（情報公開）**によって言論の自由化を進めた。対外的には対米対決を前提とした冷戦時代の外交を転換する**新思考外交**を提唱し，1988年には**新ベオグラード宣言**で東欧諸国に対するソ連の指導性を否定し，1989年の**東欧革命**に道を開いた。
- **中距離核戦力（ＩＮＦ）全廃条約（1987）**…米ソ間で初の核兵器削減を実現させた軍縮条約。アメリカの**レーガン大統領**とソ連の**ゴルバチョフ書記長**とで締結。2019年8月失効。
- **マルタ会談（1989）**…アメリカの**ブッシュ（父）大統領**とソ連の**ゴルバチョフ書記長**が地中海の**マルタ島**で会談し，**冷戦終結**を宣言した。

補講③ 朝鮮史Ⅲ（近現代史の年表整理）

補講②（P.167）より続く

1811年 **洪景来の乱**（～12）…没落両班が起こした反乱

1863年 **大院君**の政権掌握（～73）

> 詳しく！ 大院君は朝鮮国王の高宗の父。鎖国政策を展開。

1873年 **閔氏**（**閔妃**〔**高宗**の妃〕の一族）**のクーデタ**→大院君から政権を奪う

1875年 **江華島事件**…朝鮮軍の日本軍艦への砲撃事件→日本の朝鮮進出の契機

1876年 **日朝修好条規**の締結…**朝鮮**の**自主独立**，**釜山**など**3港**開港，**治外法権**の承認

1882年 **壬午軍乱**…閔氏政権に対する大院君派軍隊の反乱→**清軍**が反乱を鎮圧

事大党（**親清派**で**閔氏**中心）と開化派（**独立党**）（**親日派**の**金玉均**ら）の対立

1884年 **甲申政変**…日本軍に支援された**開化派**のクーデタ→**清軍**の介入で失敗

1885年 **天津条約**の締結…日清間で将来の朝鮮出兵に対する相互の事前通知を約束

1894年 **甲午農民戦争**（**東学の乱**）…**全琫準**の指導→日清の出兵（対立激化）

日清戦争（～95）の勃発

・**日本**の勝利→**下関条約**の締結（1895）

> 詳しく！ 清朝は朝鮮王朝の宗主権を放棄し，独立を承認。

1895年 **三国干渉**（**ロシア・フランス・ドイツ**）

・日本は**遼東半島**を清に返還，朝鮮はロシアに接近

1897年 **大韓帝国**の成立…**朝鮮王朝**から国号を改称，近代的諸改革の実施

1904年 **日露戦争**（～05）の勃発

第1次日韓協約…日本推薦の外交・財政顧問の設置

1905年 **ポーツマス条約**…日露戦争の講和条約

> 詳しく！ ロシアは日本の韓国支配を承認。

第2次日韓協約

・**外交権**を奪い韓国を**保護国化**，**韓国統監府**の設置（初代統監は**伊藤博文**）

義兵闘争の展開

・日本支配に対する朝鮮民衆の**反日武装闘争**

> 詳しく！ 知識人は民族意識の高揚と朝鮮の独立をめざす愛国啓蒙運動を展開。

1907年 **ハーグ密使事件**

・高宗が**ハーグ万国平和会議**に日本の侵略を提訴しようとしたが失敗

第3次日韓協約…日本の内政権掌握（韓国軍隊の解散）→義兵闘争の激化

1909年 **伊藤博文暗殺事件**…**安重根**によってハルビンで暗殺される

1910年 **日本**の**韓国併合**（「**韓国併合に関する条約**」）

・**朝鮮総督府**の設置（京城〔ソウル〕）→**寺内正毅**（初代総督）

・**武断政治**の展開…**憲兵警察制度**（軍隊的警察制度）の導入

・**土地調査事業**の実施…所有権の不明な土地を朝鮮人から奪う

補講④（P.275）へ

38 第二次世界大戦後の中東・アフリカ

STEP 1 基本レベル

1A 次の文章を読み，また下の略地図A・Bを見て(1)〜(5)の問いに答えよ。

(日本大・改)

大戦中 1 イギリスは中東に関して矛盾した外交を展開し，中東問題（パレスチナ問題）のもとを開いた。さらに戦後にはフランスとともに中東諸地域を 2 委任統治領として獲得した。第二次世界大戦後，パレスチナにはイスラエルが建国され，以後 3 4回の中東戦争が起こって紛糾したが，イギリスの影響力は後退する一方だった。他方，イランにはアメリカが影響力を強めていったが，4 1979年のイラン革命は西アジアに激震を起こした。

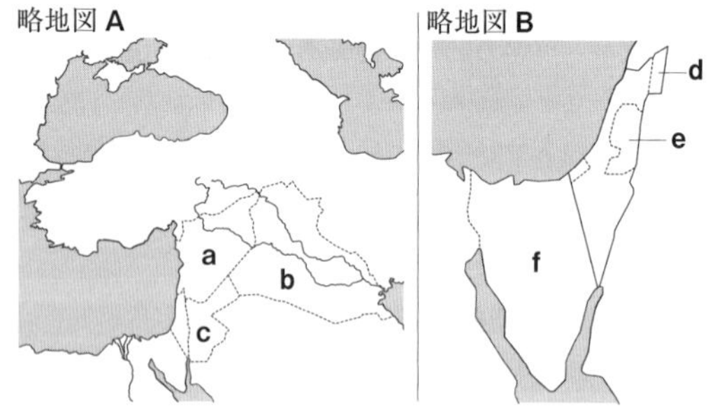

□ (1) 下線部1に関連して，パレスチナにおけるユダヤ人国家建設を支持する姿勢を表明したものを1つ選べ。

①バルフォア宣言　②フセイン（フサイン）・マクマホン協定

③サイクス・ピコ協定　④四月テーゼ

□ (2) 下線部2に関連して，委任統治を行った国，統治領名，略地図A中の位置がすべて正しく組み合わせてあるものを1つ選べ。

（委任統治を行った国）—（統治領名）—（略地図A中の位置）

① フランス — トランスヨルダン — a

② フランス — シリア — b

③ イギリス — イラク — b

④ イギリス — シリア — c

□ (3) 下線部3に関連して，第3次中東戦争でイスラエルが占領した地と，その略地図B上の位置との組合せとして最も適切なものを1つ選べ。

①ゴラン高原—d　②ゴラン高原—e　③ガザ地区—d　④ガザ地区—e

□ (4) 下線部4に関する説明として最も適切なものを1つ選べ。

① 国王イブン＝サウードの近代化政策に対する国民の反発が背景にあった。

② モサデグ首相の指導で達成された。

③ この革命は第2次石油危機を引き起こした。

④ この革命が起こった年には，アメリカがアフガニスタンへ侵攻した。

□ (5) 略地図B上のfのシナイ半島は一時イスラエルが占領したが，1979年のエジプト・イスラエル平和条約でエジプトへの返還が決定された。この平和条約の締結時のエジプト大統領と，これを仲介したアメリカ大統領の組合せとして最も適切なものを1つ選べ。

①サダト ― クリントン　②サダト ― カーター

③ナセル ― クリントン　④ナセル ― カーター

1B 次の文章を読み，下の問いに答えよ。 (東洋大・改)

エジプトでは1952年に［A］が革命を起こして王政を倒し，翌年には共和国を樹立した。1956年にはこの国の大統領に［B］が就任し，積極的中立政策をとなえて社会主義国に接近した。しかし，こうした外交姿勢はイギリスやアメリカ合衆国の反発を招き，［B］がスエズ運河の国有化を宣言したことをきっかけに，スエズ戦争（第2次中東戦争）が勃発した。

その他のアフリカ諸地域では，1956年にモロッコと［C］がフランスの支配から独立し，翌年にはエンクルマ（ンクルマ）を指導者とする［D］が独立を果たした。［E］年は「アフリカの年」とよばれるように，この年に17の新興独立国がうまれた。1963年には30カ国が参加するアフリカ諸国首脳会議が開催され，［F］を結成してアフリカ諸国の連帯や植民地主義の克服をめざした。

問．空欄［A］～［F］に入る語句として正しいものを一つずつ選べ。

□ ［A］ ①国民会議派　②自由将校団　③赤色クメール（クメール＝ルージュ）　④タキン党　⑤ワフド党

□ ［B］ ①カセム　②サダト　③ナギブ　④ナセル　⑤ムバラク

□ ［C］ ①アルジェリア　②ギニア　③スーダン　④チュニジア　⑤リビア

□ ［D］ ①ガーナ　②コンゴ　③ナミビア　④ハイチ　⑤ローデシア

□ ［E］ ①1958　②1959　③1960　④1961　⑤1962

□ ［F］ ①アフリカ民族会議（ANC）　②アフリカ連合（AU）　③民族解放戦線（FLN）　④アフリカ統一機構（OAU）　⑤南西アフリカ人民機構（SWAPO）

STEP 2 実戦レベル

2 次の文を読み，下記の設問A・Bに答えよ。 (立教大・改)

近年，いわゆる「ジャスミン革命」を端緒に民主化の激しい動きが連鎖的に巻き起こったイスラーム圏の北アフリカ地域は，もともと第二次世界大戦後，活発な植民地独立運動の舞台となったところでもある。1955年にインドネシアで開かれたアジア＝アフリカ会議の成功を機に北アフリカではスーダン，モロッコ，チュニジアが相次いで独立を果たした。1960年には大陸全土で(1)17カ国が一挙に新興独立国となり，この年は「アフリカの年」と呼ばれた。1963年には植民地主義との対決を掲げた（ イ ）が設立され，アフリカ諸国の連帯を強く訴えかけた。

他方，同時期の中東地域でも複雑な動きが活発化した。イギリスによるパレスチナの（ ロ ）の終了をにらんで，1947年に国際連合がパレスチナ分割案を提示し，これをもとに翌48年，イスラエルが建国を宣言した。イスラーム諸国では欧米の石油資本と結びついて利権を得る国王や特権階級が一帯を支配していたが，民主化の動きが次第に強まった。エジプトではナセルに率いられた自由将校団が軍事クーデタで王政を廃止し，共和政に改めて大胆な土地改革と(2)イギリス軍の撤退を実現させた。彼はインドのネルー，中国の周恩来らとともにいわゆる第三世界（第三勢力）の非同盟・中立主義に賛同する立場を鮮明にしたが，ナセルの動きを敵視したイギリス・フランス両国はイスラエルとともにエジプトに対して軍事行動を起こした。しかしこの第2次中東戦争では仕掛けた側のもくろみは達成されず，一連の動きの影響は，1958年7月の（ ハ ）における王政打倒など，周辺諸国にまで大きく及んだ。特に1964年，イスラエルに奪われた土地と権利回復のために結成された（ ニ ）は，非国家組織ながら，その後長らく中東情勢を左右する大きな存在感を発揮した。

その後，中東地域ではイギリス・フランスに代わってアメリカ合衆国がしだいに影響力を強め，アラブ諸国における親米政権とのつながりを通して安定化をはかったが，1979年，中東地域でとりわけ西洋化の進んでいたイランで(3)王政が打倒され，イラン＝イスラーム共和国が成立した。これ以後，中東地域はアメリカにとって対応に苦慮する地域のひとつとなったのである。

□ **A**. 文中の空所（ **イ** ）～（ **ニ** ）それぞれにあてはまる適当な語句をしるせ。

B. 文中の下線部⑴～⑶にそれぞれ対応する次の**問1～3**に答えよ。

□ **1.** この17カ国に属さない国を，次の**a～f**から**2**つ選べ。順序は問わない。

a. ガーナ　**b**. ソマリア　**c**. チャド

d. ナイジェリア　**e**. ニジェール　**f**. リビア

□ **2.** イギリスとの度重なる戦争を経て，1919年，イギリスの保護国の立場を脱して独立を宣言した国を，次の**a～d**から**1**つ選べ。

a. アフガニスタン　**b**. イエメン

c. クウェート　**d**. ヨルダン

□ **3.** こののちイランに帰国し，イラン＝イスラーム共和国を率いた宗教指導者の名をしるせ。

解答力UP! 第1次中東戦争と第3次中東戦争は，イスラエルの占領地を地図で問われるので注意しよう！

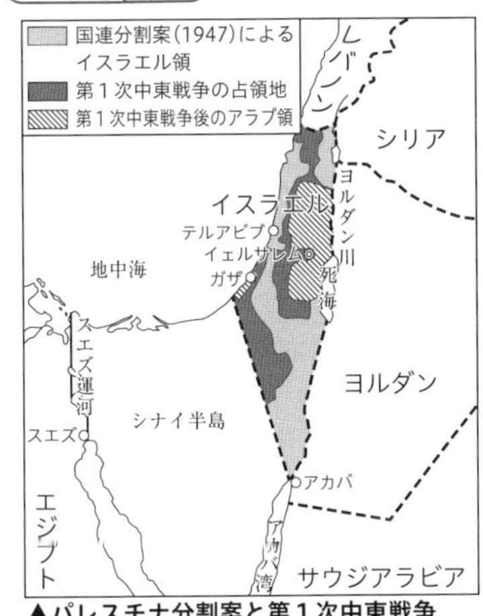

▲パレスチナ分割案と第1次中東戦争

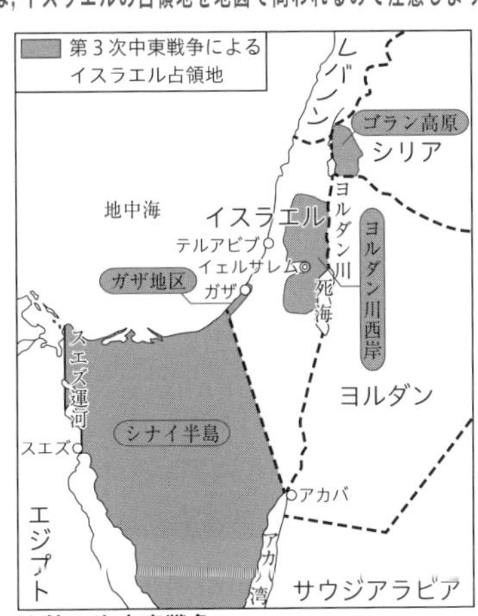

▲第3次中東戦争

38 第二次世界大戦後の中東・アフリカ 解答・解説

1A (1) ① (2) ③ (3) ① (4) ③ (5) ②

1B A ② B ④ C ④ D ① E ③ F ④

解説 **1A** (1)－バルフォア宣言はイギリス外相がユダヤ系資本の**ロスチャイルド家**への書簡のなかで，パレスチナにユダヤ人の民族的郷土の建設支援を約束したもの。それに先行する1915年のフセイン（フサイン）・マクマホン協定でパレスチナを含むアラブ人居住地域のオスマン帝国からの独立を約束し，1916年には英仏露によってアラブ人居住地域の分割とパレスチナの国際管理が決められていた。

(2)－第一次世界大戦後，旧オスマン帝国領の**アラブ人居住地域**のうち，**イギリス**がイラク・トランスヨルダン・パレスチナを，**フランス**がシリア・レバノンを**委任統治領**とした。略地図**A**の**a**は**シリア**，**b**は**イラク**，**c**は**トランスヨルダン**。

(3)－**精講** 38-1の**第3次中東戦争**を参照。略地図**B**の**d**は**ゴラン高原**，**e**は**ヨルダン川西岸地区**，**f**は**シナイ半島**。

(4)－イラン革命（1979）は国王**パフレヴィー2世**の**白色革命**（上からの近代化）で生じた社会矛盾（貧富の差の拡大など）を背景に，**シーア派**指導者ホメイニが指導する**イスラーム原理主義勢力**が起こした革命。**パフレヴィー朝**は打倒され，イラン＝イスラーム共和国が成立した。この革命期にイラン産原油の産出量が激減したことが，第2次石油危機を引き起こした。①は「**イブン＝サウード**」ではなく「**パフレヴィー2世**」。イブン＝サウード（アブド＝アルアジーズ）は**サウジアラビア**の国王。②は「**モサデグ首相**」ではなく「**ホメイニ**」。モサデグは1951年に**イギリス系**の**アングロ＝イラニアン石油会社**の接収をはかったイランの民族主義政治家。1953年の**イラン軍部のクーデタ**で失脚し，石油会社の国有化は挫折した。④は「**アメリカ**」ではなく「**ソ連**」。**アメリカ**の**アフガニスタン攻撃**は2001年のことで，**同時多発テロ事件**を主導したアル＝カーイダの引き渡しを拒否するターリバーン政権を攻撃した。

(5)－エジプト＝イスラエル平和条約（1979）は，**アメリカ**のカーター大統領の仲介により，**エジプト**のサダト大統領と**イスラエル**のベギン首相が単独和平に合意した**キャンプ＝デーヴィッド会談**（1978）を受けて実現した。

1B **A・B**－**精講** 38-1を参照。

C・D・E・F－**精講** 38-2を参照。

精講 38-1 中東戦争（第１次～第４次）

第１次中東戦争 （1948～49）	別名パレスチナ戦争。**パレスチナ分割案**（1947）に反対した**アラブ連盟**が，ユダヤ人の**イスラエル**建国宣言を受けて開戦。イスラエルが勝利し，分割案以上の領土を獲得。**エジプト**がガザ地区を，**ヨルダン**がヨルダン川西岸地区を占領し，パレスチナは３国によって分割された。
第２次中東戦争 （1956～57）	別名スエズ戦争。エジプト大統領ナセル（**エジプト革命**を主導した**自由将校団**の指導者）がスエズ運河国有化を宣言したことに**イギリス**と**フランス**が反発。両国は**イスラエル**と連携してスエズに侵攻した。これに対して**アメリカ**と**ソ連**が反対し，国連も即時撤退決議を採択するなど３国は撤兵を余儀なくされ，エジプトの外交的勝利で終結。エジプトを中心にアラブ民族主義が高揚した。
第３次中東戦争 （1967）	別名６日戦争。エジプトとシリアの経済封鎖に反発したイスラエルの先制攻撃で開戦。６日間で圧勝したイスラエルは**エジプト**からガザ地区とシナイ半島を，**ヨルダン**からヨルダン川西岸地区を，**シリア**からゴラン高原を奪い，国連の即時撤退勧告を無視して占領を続けた。
第４次中東戦争 （1973）	別名十月戦争。第３次中東戦争の報復としてエジプトとシリアがイスラエルに奇襲攻撃をしかけて開戦。**アラブ石油輸出国機構（OAPEC）**がイスラエル支援国への石油供給を禁止する石油戦略を発動し，これに**石油輸出国機構（OPEC）**の原油価格引き上げが重なって石油価格が４倍に高騰する第１次石油危機が発生した。

2 **A** **イ** アフリカ統一機構（OAU） **ロ** 委任統治 **ハ** イラク
ニ パレスチナ解放機構（PLO）
B **1** a・f **2** a **3** ホメイニ

解説 **A** **イ**－アフリカ統一機構（ＯＡＵ）は1963年に**パン＝アフリカニズム**を提唱する**ガーナ**の大統領エンクルマ（ンクルマ）の指導で結成された地域協力機構。植民地主義の根絶などを訴え，2002年に**アフリカ連合**（ＡＵ）へと発展して消滅した。**ロ**－**1A**の解説参照。**ハ**－**イラク革命**（1958）はカセムらの軍人が主導した王政打倒のクーデタで，**イラク共和国**が成立した。**ニ**－パレスチナ解放機構（ＰＬＯ）はアラブ諸国からの資金援助を受けてイスラエル支配からのパレスチナ解放をめざす武装組織。パレスチナ難民を中心に結成された。

B やや難 **1** －精講 38-2 を参照。**2** －イギリスは**第２次アフガン戦争**（1878～80）でアフガニスタンを事実上の保護国としたが，1919年の**第３次アフガン戦争**に敗北して保護権を放棄し，アフガニスタンの独立を承認した。**3** －**1A**(4)の解説参照。

精講 38-2 アフリカ諸国の独立

北アフリカ（アラブ地域）	1951年　リビア独立 1954年　アルジェリア戦争（～62） ・対フランス闘争，ド＝ゴールが独立を承認 1956年　**スーダン・モロッコ・チュニジア独立**
サハラ以南（黒人地域）	1957年　ガーナ独立…大統領エンクルマ 1958年　**ギニア独立**…大統領**セク＝トゥーレ** 1960年　「アフリカの年」…**17カ国**が独立 コンゴ動乱（1960～65） ・旧ベルギー領コンゴで起こった動乱 ・**ルムンバ**大統領暗殺，軍部クーデタで終結 1963年　**アフリカ統一機構（ＯＡＵ）**の結成 1967年　ナイジェリア内戦（ビアフラ戦争；～70） ・イボ族の分離独立闘争，独立は失敗

1970年代以降のアフリカ情勢	1974年　エチオピア革命…軍部クーデタで帝政を打倒 1975年　アンゴラ・モザンビーク独立…旧ポルトガル領 1980年　ジンバブエ独立 ・**黒人勢力**が**ローデシア**の**白人政権**を打倒 ・ジンバブエ共和国として再独立 1990年　ルワンダ内戦（～94） ・**フツ族**（多）と**ツチ族**（少）の内戦激化 1991年　**南アフリカ共和国**の**アパルトヘイト撤廃** ・黒人大統領マンデラの就任（任1994～99）

アフリカ諸国の独立は，「北アフリカ」「サハラ以南」「1970年代以降のアフリカ情勢」の3つに分けて確認しておこう。

精講 38-3 その他の基礎用語

・インティファーダ…1987年にイスラエルのパレスチナ占領地で広がった**パレスチナ人の民衆蜂起**。イスラエルの武力弾圧は国際的非難を受けた。

・イラクのクウェート侵攻（1990）…イラクの**フセイン**政権が強行。撤兵条件としてイスラエルのパレスチナ占領地からの撤退を要求したが，**湾岸戦争**（1991）で**アメリカ軍**を中心とする**多国籍軍**がクウェートを解放した。

・パレスチナ暫定自治協定（1993）…イスラエルの**ラビン**首相とＰＬＯの**アラファト**議長が相互承認を表明し，パレスチナ人の自治を認めた協定。**ノルウェー**が仲介したことから**オスロ合意**とも呼ばれる。後見人はアメリカ大統領**クリントン**。

・アメリカ軍のアフガニスタン攻撃（2001）…**同時多発テロ事件**（2001）を起こした**アル＝カーイダ**の指導者**ビン＝ラーディン**の引き渡しを拒否した**ターリバーン政権**をアメリカ軍が攻撃。ターリバーン政権は崩壊した。

・イラク戦争（2003）…大量破壊兵器保有を理由にアメリカ・イギリス連合軍が国連決議を受けずにイラクを攻撃した戦争。**フセイン**政権は崩壊した。

・アパルトヘイト政策…**南アフリカ**で実施された**人種差別的隔離政策**。少数の白人による政治主導を可能にするため，黒人やインド系など非白人を徹底して政治から排除した。1991年に白人の**デクラーク**政権下で**アパルトヘイト**の**法的撤廃**が実現した。

第4章 地球世界の形成と混迷

39 第二次世界大戦後の東南アジア

STEP 1 基本レベル

1 以下の文章を読み，(1)〜(6)の（　　　）内にあてはまる最も適当な語句を下の選択肢から選べ。また，下線部分(A)についての問題に答えよ。

（青山学院大・改）

第二次世界大戦以後の東南アジアでは，日本の敗戦にともなって，（ (1) ）らがインドネシア共和国の独立を宣言し，オランダに対する独立戦争をたたかった。1948年には，ビルマが（ (2) ）から独立し，共和国となった。また，マレーは，1957年にマラヤ連邦として独立し，フィリピンなどの反対をおしきって，マレーシア連邦を結成した。しかし，1965年に中国系住民の多い（ (3) ）が分離独立した。

インドネシアは，非同盟中立主義をその外交理念とし，1955年，アジア＝アフリカ会議を（ (4) ）で開催し，この会議には，29ヵ国が参加した。そして，その前年に中国の（ (5) ）などによってまとめられた平和五原則（領土と主権の尊重，相互不可侵，内政不干渉など）を発展させた平和十原則を発表した。

非同盟中立主義は，ユーゴスラヴィアの大統領となったティトーやエジプトの大統領となったナセルなどが1961年に開催した非同盟諸国首脳会議へと発展していった。しかし，インドネシアでは，（ (6) ）年の九·三〇事件をきっかけとして，大統領が失脚し，親米反共路線がとられるようになった。その後，(A)1967年にはASEANが結成された。

□ (1) a．スカルノ　b．スハルト
c．ゴ＝ディン＝ジエム　d．ホー＝チ＝ミン

□ (2) a．ポルトガル　b．フランス　c．イギリス　d．アメリカ

□ (3) a．ペナン　b．マラッカ　c．シンガポール　d．サラワク

□ (4) a．ジュネーヴ　b．バンドン　c．コロンボ　d．バンコク

□ (5) a．周恩来　b．林彪　c．蔣介石　d．汪兆銘

□ (6) a．1965　b．1960　c．1955　d．1950

□ (A) この時のASEANの加盟国として正しくないものを選べ。
a．ベトナム　b．フィリピン　c．マレーシア　d．タイ

この用語もおさえる！

- **開発独裁**…政府主導の経済発展を効率的に行うために正当化された独裁体制。韓国の**朴正熙**政権，インドネシアの**スハルト**政権，シンガポールの**リー＝クアンユー**政権などがその典型。
- 「ドイモイ（刷新）」…1986年に始まった**ベトナム**の開放経済政策。ソ連のペレストロイカの影響下に**市場経済**の導入をはかり，ベトナムの経済成長を促した。
- アジア通貨危機（1997）…**タイ**の通貨バーツの暴落に始まる経済危機。**インドネシアやフィリピン**，**韓国**などにも波及し，**国際通貨基金（IMF）**による緊急融資が行われた。
- マルコス…**フィリピン**の大統領（任1965～86）。長期の**開発独裁政権**を築いたが腐敗が進み，1986年の革命で失脚。コラソン＝アキノ大統領に交替した。

STEP 2 実戦レベル

2 **次の設問（1～6）は東南アジアの歴史に関するものである。設問をよく読んで答えよ。**

（中央大・改）

□ **1.** 東南アジア諸国連合（ASEAN）の設立と加盟の歴史に関して，正しいものを1つ選べ。

ア．東南アジア諸国連合は，1967年に，インドネシア・マレーシア・フィリピン・シンガポールの4カ国によって設立された。

イ．東南アジア諸国連合は，設立された当初，反共軍事同盟の色彩が強かった。

ウ．東南アジア諸国連合は1967年に設立された後，タイ・ブルネイ・ベトナム・ラオス・ミャンマーの順に加盟した。

エ．カンボジアは1997年にシンガポールで加盟議定書に調印し，正式に加盟した。

オ．現在では，13カ国が加盟し，総人口5億人ほどの経済圏となっている。

□ **2.** カンボジアの歴史に関して，誤りのあるものを1つ選べ。

ア．カンボジアは1954年にフランスから完全に独立し，シハヌークのもとで中立政策とバランス外交を推し進めた。

イ．シハヌーク時代の1964年に社会主義体制に移行し，南ベトナム解放民族戦線を支援した。

ウ．1974年にロン＝ノルが政権を掌握し，カンボジア共和国と改称し，共和制に移行した。

エ．1976年にポル＝ポトが民主カンプチア（民主カンボジア）政府の首相に就任し，住民の大量強制移住や大量虐殺をおこなった。

オ．1991年に日本を含む18カ国が「カンボジア和平協定」に調印し，国連カンボジア暫定統治機構の設立などが決められた。

□ **3.** ベトナムの戦後の歴史に関して，誤りのあるものを1つ選べ。

ア．1945年，日本降伏後，ベトミンが全土で蜂起した八月革命が起こった。

イ．1945年，ハノイで独立宣言が出されてベトナム民主共和国が成立し，ホー＝チ＝ミンが初代大統領に就任した。

ウ．1946年に植民地化政策を復活させようとしたフランスとのあいだにインドシナ戦争が勃発したが，フランス軍はディエンビエンフーの戦いで敗北した。

エ．1949年にアメリカの支援でバオダイが国王となり，ベトナム国が成立した。

オ．1954年にジュネーヴ休戦協定が締結され，ベトナムは南北に分断された。

□ **4.** マレーシアの歴史に関して，誤りのあるものを1つ選びなさい。

ア. 14世紀末ごろにイスラーム国家としてマラッカ王国が成立した。

イ. マラッカ王国は16世紀初めにオランダ人に占領されて滅亡した。

ウ. 1957年にイギリス連邦内の自治領として独立した。

エ. 1963年にマラヤ連邦・シンガポール・サバ・サラワクを統合してマレーシア連邦を形成した。

オ. マレーシアのマハティール首相は，日本や韓国の経済発展に学ぶ「ルック＝イースト」政策を主張した。

□ **5.** シンガポールの歴史に関して，正しいものを1つ選べ。

ア. イギリスは19世紀初めにペナン・マラッカ・シンガポールを領有し，1826年にこれらをマレー連合州とした。

イ. オランダの植民地行政官ラッフルズは，シンガポールを獲得し，そこに中継貿易港を建設した。

ウ. 1941年に太平洋戦争が始まり，日本軍はマレー半島を占領したが，シンガポールは占領しなかった。

エ. 1965年，中国系住民の多いシンガポールはイギリスから独立した。

オ. リー＝クアンユーは，シンガポールの工業化を推し進め，急速な経済発展を達成した。

□ **6.** インドネシアの第二次世界大戦後の歴史に関して，正しいものを1つ選べ。

ア. 1948年8月にインドネシアは独立宣言を出したが，オランダは独立を認めなかった。

イ. インドネシアは1949年のハーグ協定で国連の仲介によってオランダから独立が認められた。

ウ. スハルトはインドネシア独立運動の指導者で，1955年にアジア＝アフリカ会議を主催するなど，非同盟諸国の指導者として活動した。

エ. 1965年にインドネシアは国連を脱退したが，国連に復帰したのは1970年代に入ってからである。

オ. 1965年の九・三〇事件によって，軍部の右派が政権をとり，スハルトは失脚した。

39 ｜ 第二次世界大戦後の東南アジア　解答・解説

1 (1) a (2) c (3) c (4) b (5) a (6) a
(A) a

解説 (1)－**インドネシア国民党**の指導者スカルノは，1945年にインドネシア共和国の独立を宣言。宗主国**オランダ**との武力闘争の末，1949年のハーグ協定で独立を達成した。その後の**インドネシア情勢**については，精講 39-1 を参照。

(2)－**イギリス領**であったビルマは，1948年にビルマ連邦共和国として独立を達成し，イギリス連邦からも離脱。しかし，軍事政権の成立が相次ぎ，**軍部クーデタ**（1988年）後の1989年に国号をミャンマーと改称した。その後，スー＝チー（ビルマ独立の父**アウン＝サン**の娘）の民主化要求運動が実を結び，民政に移行した。

(3)－1963年に**イギリス**から独立したシンガポールは，同年**マラヤ連邦**や**北ボルネオ**（サバ州・サラワク州）とともにマレーシア連邦を形成したが，華僑が7割を占めるシンガポールはマレー人を優遇する諸政策に反発し，1965年に**分離・独立**を果たした。その後，シンガポールはリー＝クアンユー首相の**開発独裁政権**の下で急速な経済成長を遂げた。

(4)・(6)－精講 39-1 を参照。

(5)－インドのネルーと**中華人民共和国**の周恩来がチベット問題などを協議した1954年の会談では，**領土と主権の相互尊重**，**相互不侵略**，**内政不干渉**，**平等と互恵**，**平和的共存**からなる平和五原則が確認された。

(A)－ベトナムの**ＡＳＥＡＮ（東南アジア諸国連合）**加盟は1995年。1967年のＡＳＥＡＮ発足当初の加盟国はインドネシア・マレーシア・フィリピン・タイ・シンガポールの5カ国。その後，1971年の**中立地帯宣言**で反共的組織から中立的な地域協力機構に移行し，1984年に**ブルネイ**，1995年に**ベトナム**，1997年に**ミャンマー**と**ラオス**，1999年に**カンボジア**が加盟。現在は10カ国体制となっている。

2 1 イ 2 ウ 3 エ 4 イ 5 オ 6 イ

解説 やや難 1 －**1**(A)の解説参照。**エ**は「1997年」ではなく「1999年」。**オ**は「13カ国」ではなく「10カ国」。

やや難 2 －「1974年」ではなく「1970年」。▶精講 39-2

やや難 3 －「アメリカ」ではなく「フランス」。▶精講 39-3

4 －「オランダ人」ではなく「ポルトガル人」。

やや難 5 －**ア**は「マレー連合州」ではなく「海峡植民地」。**イ**は「オランダ」ではなく「イギリス」。**ウ**は太平洋戦争期，**日本軍**はシンガポールを攻撃し，1942年に占領している。**エ**は「イギリス」ではなく「**マレーシア連邦**」。

難 **6** −精講 39-1 を参照。**ア**は「1948年」ではなく「**1945年**」。**ウ**は「スハルト」ではなく「**スカルノ**」。**エ**はインドネシアの国連復帰は「1970年代」ではなく「**1966年**」。**オ**は「スハルト」ではなく「**スカルノ**」。

精講 39-1 インドネシア情勢

1955年	第1回アジア=アフリカ会議…**バンドン**で開催，平和十原則
1965年	**国際連合脱退**…領土係争中のマレーシアの国連安保理選出が理由
	九・三〇事件…左派(さは)クーデタをスハルトが弾圧(だんあつ)，スカルノは失脚
1966年	**国際連合復帰**
1968年	**スハルト**の大統領就任（〜98）…親米(しんべい)の**開発独裁(どくさい)政権**
1976年	東ティモール（旧**ポルトガル**領）を併合(へいごう)→2002年に分離・独立

精講 39-2 カンボジア情勢（政変・内戦による国名の変遷）

カンボジア王国（1953〜）

↓ ・**ジュネーヴ休戦協定**（1954）で**フランス**から完全独立

カンボジア共和国（1970〜）

↓ ・カンボジア政変で成立（親米派のロン=ノル政権）→**内戦激化**

民主カンプチア（1976〜）

↓ ・親中国派のポル=ポトが内戦に勝利して建国→反対派を**大量虐殺**

・**ベトナム軍**の**カンボジア侵攻**→**ポル=ポト政権**を打倒（1979）

カンボジア人民共和国（1979〜）

↓ ・親ベトナム派のヘン=サムリン政権が成立→**内戦激化**

・**パリ国際会議**の開催（1991）→カンボジア内戦の終結

・**国連カンボジア暫定(ざんてい)統治機構（UNTAC）**の設置（1992）

カンボジア王国（1993〜）…シハヌークの王位復活

精講 39-3 ベトナム情勢（インドシナ戦争・ベトナム戦争）

1945年	ベトナム民主共和国の独立宣言（**北ベトナム**，首都**ハノイ**）
	・ホー＝チ＝ミン指導のベトナム独立同盟会（ベトミン）が建国
	・社会主義国家を志向
1946年	宗主国(そうしゅこく)**フランス**の反発→インドシナ戦争の勃発(ぼっぱつ)（～54）
1949年	ベトナム国の建国（**南ベトナム**，首都**サイゴン**）
	・フランスの傀儡(かいらい)国家，大統領はバオダイ（阮(げん)朝最後の国王）
1954年	ディエンビエンフーの戦い…フランス軍の大敗
	ジュネーヴ休戦協定の成立
	・**北緯17度線**を南北ベトナムの境界線としてフランス軍は撤兵(てっぺい)
	・２年後に**南北ベトナム統一選挙**を実施することを決定
	・ラオスとカンボジアの**完全独立**を承認
	アメリカは休戦協定を拒否→東南アジアの反共体制を強化
	・**東南アジア条約機構**（**SEATO**(シアトー)）の結成…反共軍事同盟
1955年	ベトナム共和国の成立（**南ベトナム**，首都**サイゴン**）
	・親米(しんべい)派のゴ＝ディン＝ジエムがバオダイを追放して建国
1960年	南ベトナム解放民族戦線の結成
	・反ジエム・反アメリカの民族統一戦線，**北ベトナム**が支援
	南ベトナム内戦の激化（～75）→解放民族戦線側が優勢
1964年	トンキン湾事件の発生
	・北ベトナム軍がアメリカ海軍駆逐艦(くちくかん)を攻撃したとされる事件
	・アメリカはこの事件を口実に内戦への軍事介入を準備
1965年	アメリカ軍の**北ベトナム爆撃**(ばくげき)（**北爆**(ほくばく)）…大統領ジョンソンの時代
	ベトナム戦争の本格化（～73）
	・**北ベトナム軍**（ソ連が援助）による**アメリカ軍**への徹底抗戦
	・アメリカ国内で**ベトナム反戦運動**が拡大
	・アメリカの軍事費増大→財政難と貿易赤字が深刻化
1973年	ベトナム（パリ）和平協定の成立
	・大統領ニクソンの時代，アメリカ軍は**南ベトナム**から撤退(てったい)
1975年	**サイゴン**陥落(かんらく)…南ベトナム政府は降伏→南ベトナム内戦の終結
1976年	**南北ベトナム統一選挙**の実施
	ベトナム社会主義共和国の成立（首都**ハノイ**）

補講④ 朝鮮史Ⅳ（現代史の年表整理）

補講③（P.259）より続く

1914年 **第一次世界大戦**（～18）の勃発

> **詳しく！** ロシア革命やウィルソンの十四カ条で提唱された民族自決主義が背景。

1919年 **三・一独立運動**

- 朝鮮民衆による独立宣言，全国各地でデモや集会を開催
- 日本は鎮圧後に「**文化政治**」に転換，言論・結社の自由を一部認める

大韓民国臨時政府の樹立

- 三・一独立運動後，**李承晩**（イスンマン）らの指導で中国の上海で成立

1937年 **日中戦争**（～45）の勃発

- 朝鮮に対する支配を強化
- **皇民化政策**の実施

> **詳しく！** 日中戦争の勃発後から実施。神社参拝や日本語の強制，創氏改名など。

1941年 **太平洋戦争**（～45）の勃発

- **徴兵制**の導入，炭鉱労働者・従軍慰安婦などとして朝鮮人を徴用

1945年 **第二次世界大戦**の終結

- 日本の敗戦（1945）

> **詳しく！** 北緯38度線の南側をアメリカが，北側をソ連が占領下に置き，その後，米ソ冷戦へ。

1948年 朝鮮半島の**南北分断**

- **大韓民国**（**南**）…大統領は**李承晩**，首都は**ソウル**
- **朝鮮民主主義人民共和国**（**北**）…首相は**金日成**（キムイルソン），首都は**平壌**

1950年 **朝鮮戦争**（～53）の勃発

- **北朝鮮軍**が北緯38度線を突破して韓国領内に侵攻
- **国連安全保障理事会**（ソ連は欠席中）は北朝鮮の軍事行動を侵略と断定
- **国連軍**（**米軍**が中心）の派遣→**仁川**に上陸→中国国境付近に迫る
- **中華人民共和国**が北朝鮮を支援して**人民義勇軍**を派遣→国連軍と交戦

1953年 **朝鮮休戦協定**の成立…北緯38度線が軍事境界線となる

第4章 地球世界の形成と混迷

40 第二次世界大戦後の中国（中華人民共和国）

STEP 1 基本レベル

1 中華人民共和国の建国やその後の民主化運動などについて述べた次の文章を読み，下の問いに答えよ。 （東洋大・改）

中国では，日本が1945年8月に無条件降伏すると，それまで日本軍を共通の敵として戦ってきた中国共産党と中国国民党との主導権争いが激化し，内戦となった。勝利をおさめたのは共産党で，毛沢東は1949年10月1日，北京の天安門広場をうめつくした民衆の前で中華人民共和国の成立を宣言した。一方，［ A ］が率いる国民党は台湾に逃れた。中国は［ B ］年，ソ連と中ソ友好同盟相互援助条約を結んで東側陣営に加わり，ソ連の援助のもとで第1次五カ年計画をおしすすめた。しかし，毛沢東は社会主義革命の方式や民族解放闘争の進め方をめぐってソ連指導部と対立し，ソ連が西側との平和共存の動きをみせたことで，中ソの対立は決定的となった。そして，毛沢東は1958年，［ C ］と呼ばれる生産力増強政策をスタートさせ，生産活動と行政・教育活動などを一体化した組織，人民公社をつくった。だが，ソ連が1960年に経済援助を停止し，ソ連人技術者を引きあげたこともあって，こうした急進的な経済建設が破綻してしまい，毛沢東の権威にかげりがでた。このため，［ D ］が毛沢東にかわって国家主席に就任して行きすぎた政策を是正し，経済の立て直しに乗り出した。しかし，毛沢東は1966年に教育・学術・思想の変革を掲げた［ E ］を発動し，政治の主導権を奪い返した。だが，これで経済は再び悪化し，中国全土が長期にわたって大混乱に陥った。［ F ］年に毛沢東が死去すると，現実主義者の［ G ］が徐々に実権を握り，「四つの現代化」を掲げ，経済を急速に発展させた。だが，共産党による一党独裁のもとで，指導者や幹部の腐敗が横行し，貧富の差が拡大して，民衆の不満が高まった。この中で，［ H ］年には，民主化を求める学生らに人気のあった指導者，胡耀邦の死去をきっかけとし，北京で腐敗追及や民主化をもとめる大規模なデモが起きた。だが，［ G ］を含む党の長老や保守派指導者が人民解放軍の出動に踏み切り，学生や市民らが武力弾圧され，流血の大惨事となった。これを［ I ］と呼ぶ。しかし，中国の民主化を求める運動は今も続いている。

□ **問1.** 空欄［ A ］に入る人名として正しいものを，次のうちから一つ選べ。

①孫文　②宋教仁　③張学良　④汪兆銘（汪精衛）　⑤蔣介石

□ **問2.** 空欄［ B ］に入る数字として正しいものを，次のうちから一つ選べ。

①1949　②1950　③1951　④1952　⑤1953

□ **問 3.** 空欄 C に入る語句として正しいものを，次のうちから一つ選べ。

①羈縻政策　②三光政策　③大躍進
④調整政策　⑤改革・開放政策

□ **問 4.** 空欄 D に入る人名として正しいものを，次のうちから一つ選べ。

①陳独秀　②劉少奇　③林彪　④華国鋒　⑤江青

□ **問 5.** 空欄 E に入る語句として正しいものを，次のうちから一つ選べ。

①文化大革命　②文学革命　③易姓革命　④辛亥革命
⑤国民革命

□ **問 6.** 空欄 F に入る数字として正しいものを，次のうちから一つ選べ。

① 1967　② 1970　③ 1973　④ 1976　⑤ 1979

□ **問 7.** 空欄 G に入る人名として正しいものを，次のうちから一つ選べ。

①鄧小平　②趙紫陽　③江沢民　④朱鎔基　⑤胡錦濤

□ **問 8.** 空欄 H に入る数字として正しいものを，次のうちから一つ選べ。

① 1986　② 1989　③ 1992　④ 1995　⑤ 1998

□ **問 9.** 空欄 I に入る語句として正しいものを，次のうちから一つ選べ。

①戊戌の変法　②五・四運動　③西安事件
④五・三〇運動　⑤天安門事件

この用語もおさえる！

- 土地改革法（1950）…国共内戦中の1947年に**中国共産党**が発表した**中国土地法大綱**を法制化したもの。地主の土地を没収して農民への再分配をはかることを目的としたが，**人民公社**による**農業の集団化**を背景に農民の所有権は否定された。
- 国連の中国代表権問題…1949年の**中華人民共和国**の建国によって生じた国際問題。**国際連合**設立当初からの**常任理事国**であった**中華民国**は台湾に移ってからもアメリカ合衆国の支持により**国連の中国代表権**を維持したが，米中接近を背景に1971年に**中華人民共和国**が中国代表権を獲得し，中華民国は国連から追放された。その翌年，**ニクソン訪中**が実現し，**米中和解**が実現した。
- 日中国交正常化（1972）…ニクソン訪中による米中和解を受け，日本の**田中角栄**首相が訪中して実現。1978年には**日中平和友好条約**が結ばれた。
- 香港返還協定（1984）…イギリス首相**サッチャー**と**鄧小平**との間で結ばれた協定。1997年に**イギリス**からの**香港返還**が実現した。また1999年には**ポルトガル**からの**マカオ返還**も実現した。ともに**一国二制度**を採用。

STEP 2 実戦レベル

2 次の文章を読み，問 1 から問 14 までの設問に答えよ。 （青山学院大・改）

第二次世界大戦後，中国では［ A ］党と①共産党との内戦が再開された。内戦を優位に進めた共産党は，民主諸党派を（ a ）会議に招集した。この会議において 1949 年 10 月，中華人民共和国の成立が宣言された。建国後，社会主義化が進むことになる。1953 年からの第 1 次五カ年計画では工業化と農業の集団化が進められ，58 年の第 2 次五カ年計画ではその前年に毛沢東が指示した［ B ］運動に基づき農村での人民公社設立が進められた。しかしその性急な手法は，多数の餓死者を出したといわれるなど失敗に終わり，求心力の低下した毛に代わって（ b ）が 59 年，国家主席に就くことになる。59 年には（ c ）において仏僧などが武装し抵抗運動が生じている。運動は人民解放軍により鎮圧され，最高指導者ダライ＝ラマ 14 世は［ C ］に亡命した。

その後，党主席にとどまった毛沢東は，ソ連の平和共存路線を批判した。それに対しソ連は 1960 年，中国への経済援助を停止し（ d ）を破棄したため，中ソ対立は深刻化した。中ソ対立は中国共産党内でも対立を引き起こした。毛は，急進的な社会主義を緩和する政策をとった（ b ）らを②修正主義者と批判し，③プロレタリア文化大革命を推進した。毛の死後，華国鋒首相は毛夫人の［ D ］らからなる四人組を逮捕し，77 年，文化大革命は終了を告げた。その後，（ e ）を中心とする新指導部は④「四つの現代化」を実施したほか，生産請負制や外国資本の導入からなる（ f ）化を進めた。

□ **問 1.** ［ A ］に入る語句を，記入せよ。

□ **問 2.** 下線部①の党の初期の指導者として，最も適切な人名を次の選択肢の中から 1 つ選べ。

1. 陳独秀　**2.** 孫文　**3.** 張学良　**4.** 蔣介石

□ **問 3.**（ a ）に入る語句として，最も適切なものを次の選択肢の中から 1 つ選べ。

1. 中華ソヴィエト臨時　**2.** 全国人民代表

3. 人民政治協商　**4.** 人民戦線

□ **問 4.** ［ B ］に入る語句を，漢字で記入せよ。

□ **問 5.**（ b ）に入る人名として最も適切なものを次の選択肢の中から 1 つ選べ。

1. 周恩来　**2.** 李大釗　**3.** 劉少奇　**4.** 汪兆銘

□ **問 6.**（　c　）に入る地名として最も適切なものを次の選択肢の中から1つ選べ。

1. 香港　**2.** チベット　**3.** ウイグル　**4.** 内モンゴル

□ **問 7.** [C]に入る国名を，記入せよ。

□ **問 8.**（　d　）に入る語句として最も適切なものを次の選択肢の中から1つ選べ。

1. 中ソ平和友好条約　**2.** 中ソ和平協定

3. 中ソ友好同盟相互援助条約　**4.** 中ソ技術協定

□ **問 9.** 下線部②と同義で使われる語句として，最も適切なものを次の選択肢の中から1つ選べ。

1. 民主派　**2.** 実権派　**3.** 造反派　**4.** 進歩派

□ **問 10.** 下線部③に関する記述として，最も適切なものを次の選択肢の中から1つ選べ。

1. 毛沢東を支持する紅衛兵は，共産党幹部を批判対象とはしなかった。

2. この革命運動の路線について，中国共産党は今なお必ずしも否定していない。

3. この革命運動の後半には，都市の多くの知識青年が農村に移住させられ，労働に従事した。

4. この革命運動の初期には，周恩来の死去を悼んで天安門広場に集結した人々が弾圧される第1次天安門事件が起きた。

□ **問 11.** [D]に入る人名を，漢字で記入せよ。

□ **問 12.**（　e　）に入る人名として，最も適切なものを次の選択肢の中から1つ選べ。

1. 鄧小平　**2.** 周恩来　**3.** 江沢民　**4.** 林彪

□ **問 13.** 下線部④の対象として<u>適切ではないもの</u>を次の選択肢の中から1つ選べ。

1. 科学技術　**2.** サービス業　**3.** 農業　**4.** 工業

□ **問 14.**（　f　）に入る語句として最も適切なものを次の選択肢の中から1つ選べ。

1. 自由市場経済　**2.** 国家資本主義

3. 社会主義集団経済　**4.** 社会主義市場経済

40 ｜ 第二次世界大戦後の中国（中華人民共和国） 解答・解説

1 問1 ⑤ 問2 ② 問3 ③ 問4 ② 問5 ①
問6 ④ 問7 ① 問8 ② 問9 ⑤

解説 **問1** －**中国国民党**の蔣介石は，台湾に**台北国民政府**を樹立して**中華民国**を再建。**中国共産党**の毛沢東は1949年に**北京**で**人民政治協商会議**を開催し中華人民共和国の建国を宣言した。

問2 －精講 40-1 を参照。

問3・問4 －**ソ連**の指導下で重工業建設などを進めた**第1次五カ年計画**（1953～57）が成功すると，**毛沢東**は「**大躍進**」と呼ばれる**第2次五カ年計画**（1958～62）の開始を宣言し，**人民公社**を設立して農業の集団化を進めた。しかし，自然災害や急激な集団化による農村部の混乱に加え，1956年に始まる**中ソ対立**を背景とした**ソ連**の**中ソ技術協定破棄**も重なり，２千万～４千万人もの餓死者を出す大混乱が生じた。この間，毛沢東に代わって**国家主席**に就任した**劉少奇**は大躍進政策を修正し，自由な経済活動を一部復活させる**調整政策**を実施した。

問5・問6 －**プロレタリア文化大革命**（1966～77）は学生主体の**紅衛兵**が中心となり，教育・学術・思想界からブルジョワ的知識人を一掃することをめざした文化闘争。暴力によって教師を含む多くの知識人が殺害され，中国社会は大混乱に陥った。**毛沢東**は調整政策をとる**劉少奇**らを**実権派**（**走資派**）と呼んで批判し，紅衛兵を利用した奪権闘争を展開して劉少奇らを失脚させた。その後も，**毛沢東夫人**の**江青**を中心とした「**四人組**」と呼ばれる毛沢東の側近たちが文化大革命を主導し，社会・経済の混乱は深刻化したが，1976年に毛沢東が死去すると（同年，建国以来首相〔国務院総理〕を務めた周恩来も死去），新首相となった**華国鋒**が「四人組」を逮捕し，**文化大革命の終結**が宣言された。

問7・問8・問9 －華国鋒を失脚させ，1978年に中国最大の実力者となった**鄧小平**は，「**文化大革命は重大な誤り**」として毛沢東の時代との決別を宣言。**改革・開放政策**の下，**農業・工業・国防・科学技術**の近代化をめざす「**四つの現代化**」を実施し，**人民公社の解体**を進め，**経済特区**を設置して外国資本の導入をはかったが，政治的には共産党の独裁体制を堅持したため，1989年には民主化を訴える学生運動を軍事弾圧する**天安門事件**（第２次）が起こった。

2 **問1** 国民 **問2** 1 **問3** 3 **問4** 大躍進 **問5** 3 **問6** 2
問7 インド **問8** 4 **問9** 2 **問10** 3 **問11** 江青 **問12** 1
問13 2 **問14** 4

解説 **問1・問3・問4・問5** －**1**の解説参照。

問2 －**陳独秀**(ちんどくしゅう)は共産党設立当初の委員長。

問6・問7 －**インド**と**中国**は1954年のネルー・周恩来会談でチベット問題を協議し，平和五原則を確認していたが，1959年に漢人(かんじん)への同化(どうか)政策を強制する中国政府に対してチベット人の反乱が起こり，チベット仏教の最高指導者ダライ＝ラマ14世が**インド**に亡命(ぼうめい)すると，身柄引き渡しをめぐって対立が生じ，**中印国境紛争**（1959～62）が発生した。

問8・問9・問11・問12・問13 －**1**の解説参照。

難 **問10** －劉少奇らを失脚させた**毛沢東**は，紅衛兵の主体となった都市の知識青年の多くを農業実習の名目で地方に追放した。**1** －紅衛兵は**劉少奇**や**鄧小平**など共産党幹部も実権派と呼んで激しく批判した。**2** －**1**の解説参照。鄧小平によって文化大革命は否定された。**4** －「初期」ではなく「**末期**」。周恩来の死去は1976年で，文化大革命が終結する前年のこと。

問14 －**社会主義市場**(しじょう)**経済**は，共産党独裁の社会主義的体制をとりつつ，経済面では**資本主義的な市場原理**を採用する経済体制のこと。1993年から実施。

精講 40-1 中華人民共和国の外交（米ソとの外交関係の推移）

▶ **中ソ関係の強化（アメリカ合衆国との対決）**
- 中ソ友好同盟相互援助条約（1950）…**日米**を仮想敵国として結束
- **朝鮮戦争**（1950～53）…人民義勇軍(ぎゆうぐん)を派遣し，**国連軍（米軍）**と戦う

▶ **中ソ対立の時代（1956～89）**
- ソ連共産党第20回大会（1956）…**平和共存**(きょうぞん)を提唱→中ソ対立の開始
- ソ連，中ソ技術協定破棄を通告（1959）→「**大躍進**」の失敗に影響
- プロレタリア文化大革命をめぐる**中ソ論争**が激化（1966～）
- 中ソ国境紛争（1969）…ウスリー川のダマンスキー（**珍宝**(ちんぽう)）島で衝突

▶ **米中関係の改善と中ソ和解（1970年代～）**
- 中国（ソ連との衝突）とアメリカ（ベトナム戦争の泥沼化(どろぬま)）が相互に接近
- **ニクソン訪中**（1972）…**米中和解**を実現→**米中国交正常化**（1979）
- ゴルバチョフ訪中（1989）…米ソ接近を背景に，**中ソ和解**が実現

第4章 地球世界の形成と混迷

さくいん

あ

い

う

え

お

か

き

さ

し

す

せ

そ

た

ち

つ

て

と

な

に

ぬ

ね

の

は

ひ

ふ

へ

め

も

や

ゆ

よ

ら

り

る

れ

ろ

わ

欧文略語さくいん

A

E

I

K

N

O

P

S